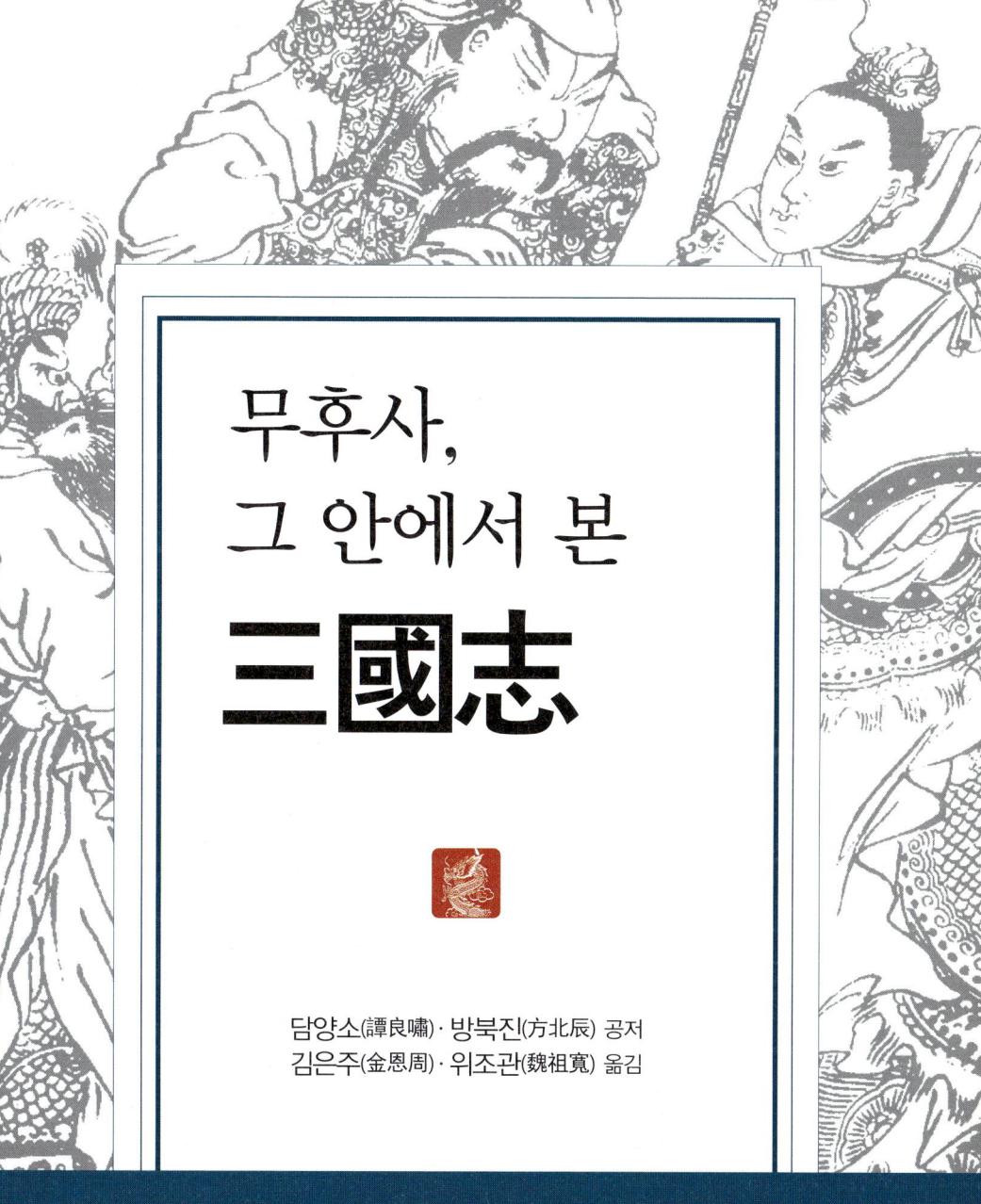

무후사, 그 안에서 본 三國志

담양소(譚良嘯)·방북진(方北辰) 공저
김은주(金恩周)·위조관(魏祖寬) 옮김

신아사

머리말

무후사(武侯祠, 우허우츠)는 제갈량을 기념하기 위해 세운 사당이다. 중국 사천(四川, 쓰촨)성 성도(成都, 청두)시에 있는 무후사는 진나라와 당나라 시기 이후 백성들이 제갈량과 삼국지에 등장하는 촉한 시대 영웅들의 승적을 추모하기 위해 세운 사당으로, 제갈량과 유비의 군신 합동 제사를 지낸 것으로 유명해졌다.

천백 년 동안 성도 무후사에는 많은 사람들이 인정하고 가장 숭배하는 정신인 충성, 신의, 인덕, 집념, 사명감, 과감함, 지혜, 담백함, 청렴함이 응축되어 있다. 이 기상은 오래된 초목 속에 깃들여져 있고, 무덤 사이사이로 흐르며 조각상과 기념비 위에도 침전되었으며 현판과 대련 안에서도 엿볼 수 있다. 이 기상들은 삼국 애호자들의 마음 속에서 아주 견고하고 신성한 신앙이 되었다.

성도 무후사에 들어가 그 안을 거닐어 보면 여러 가지 의문이 머리 속에 떠오른다. 무후사 대문에는 왜 "한소열묘(漢昭烈廟)"라는 현판이 걸린 걸까? 문신 무장들은 왜 28명이었을까? 공명전은 왜 "정원당(靜遠堂)"이라고 불렸을까? 유비의 묘 면적은 왜 이렇게 작은 걸까?

이 책을 쓴 열 몇 명의 작가들은 모두 성도 무후사 박물관의 큐레이터들이다. 그들은 단순하고, 소박하며, 자신의 일을 열렬히 사랑했고, 심지어 수 십 년 동안 사당과 함께 계절의 변화를 겪으며 잎이 자라고 떨어지는 모습을 보았다. 이러한 열정과 경험이 쌓여 성도 무후사에 대해 속속들이 알게 되었다. 그들이 그동안 국내 및 해외 여행객들에게 받은 무수히 많은 질문 중, 가장 대표적인 질문 100가지를 골라 답을 찾고 해설해 주었다. 그 답 속에 사람들의 가치관과 윤리 도덕관이, 사당 내 문물에 담겨있는 문화 민족의 피와 유전자가 담겨 있다. 이에 사람들이 내용을 모두 살펴본 뒤에 진정한 깨달음을 얻을 수 있게 될 것이다.

중국의 우수한 전통 역사문화는 당연히 감별하여 버릴 것은 버리고 좋은 것은 계승해야 한다. (중국 국가주석 시진핑의 말) 이러한 정신에 따라 삼국지에 담겨진 역사적 문화 유산을 계승하며, 그중에 담겨 있는 긍정적인 에너지를 찾아서 오늘날 정신 문명과 윤리 도덕에 긍정적인 영향을 미칠 수 있도록 해야 한다. 바로 이것이 이 책을 집필하고자 하는 가장 큰 목적이다.

이 책을 위해 작가와 엮은이가 최선의 노력을 기울였지만, 혹시나 있을 부족함과 실수에는 독자 분들의 양해와 가르침을 구하는 바이다.

2017년 10월
중국 성도에서
엮은이

차례

01 제갈량을 기념하기 위한 사당은 왜 무후사라고 불리는가 • 13
02 첫 번째 무후사는 언제 지어졌으며 무슨 연유로 지어졌는가 • 16
03 역사상 무후사는 몇 곳이나 존재했는가 • 19
04 중국에 현존하고 있는 무후사는 몇 곳일까 • 22
05 성도 역사에는 몇 개의 무후사가 있었는가 • 26
06 왜 무후사의 대문에는 "한소열묘"라는 현판을 걸고 있는가 • 30
07 무후사 대문 밖에는 어째서 조벽과 돌사자가 있는가 • 33
08 당비는 왜 "삼절비"라고 불리는 것일까 • 37
09 명비의 비좌는 무슨 동물인가 • 40
10 〈명량천고〉의 〈명(明)〉은 잘못된 글자인가 • 43
11 어떻게 〈합조손부자〉 대련을 풀이할 것인가 • 46
12 유비 조각상의 모습은 사서의 기록과 부합하는가 • 50
13 왜 〈업소고광(業紹高光)〉이라는 말로 유비를 칭찬했는가 • 54
14 유비의 국호는 〈한〉인데 어째서 〈촉〉이라고 불린 것일까 • 58
15 유비는 몇 명의 아내와 첩을 두었으며 그녀들은 어떤 일을 겪었는가 • 61
16 손부인과 유비는 정말로 사랑하였는가 • 65
17 유비의 오나라 정벌 이유는 관우를 위한 복수 때문이었을까 • 68
18 유비는 임종 때 유선에게 무엇을 말했을까 • 71
19 유선은 정말 '도와줘도 소용없는 아두'였을까 • 75
20 유비의 아들 유선의 이름에 관해 • 79
21 유비전에는 왜 유선의 조각상이 없는가 • 82
22 유비의 손자 유심은 왜 함께 제사지낼 자격이 있는가 • 85
23 유비의 아들과 손자는 몇 명일까 • 88

24 유비의 후예는 현재 어디에 있는가 • 92
25 관우는 왜 머리에 제왕 평정관을 쓰고 있는가 • 94
26 관우는 왜 후세에 재신으로 봉해졌을까 • 97
27 왜 관우도 여자를 좋아했다고 말할까 • 100
28 관우에게는 몇 명의 아들, 딸이 있었는가 • 103
29 관색은 관우의 아들인가 • 106
30 조루, 주창은 어떤 사람이었을까, 어째서 관우와 함께 모셨을까 • 109
31 관우는 왜 몸과 머리가 각각 다른 곳에 묻혔을까 • 112
32 장비상의 얼굴은 왜 검을까 • 115
33 장비의 자는 '翼德'이 맞는가 '益德'이 맞는가? • 118
34 왜 장비는 서예가로 불릴까 • 121
35 장비의 부인은 누구였는가 • 124
36 장비의 자식은 몇 명이었는가 • 127
37 장비는 왜 머리와 몸이 다른 곳에 묻힌 것일까 • 130
38 28명의 문신·무장 조각상에는 어떠한 숨겨진 의미가 담겨 있는가 • 133
39 조운은 왜 늙은 문관상으로 조각되었는가 • 137
40 마초는 삼국시기의 모든 것을 갖춘 미남이었는가? • 140
41 강유는 왜 오나라에서 제갈량의 후계자로 여겨졌는가 • 143
42 황충의 자리는 왜 중간에 있을까 • 146
43 〈촉에는 대장이 없어, 요화를 선봉으로 하였다〉라는 말은 사실인가 • 149
44 방통은 왜 '봉추'로 불렸는가 • 152
45 제갈량의 후계자는 도대체 누구인가 • 155
46 촉한에서 유명한 외교관은 누가 있는가 • 158

47 진밀과 장온의 변론대회는 누구의 승리로 끝났는가 • 161
48 이 마량이, 그 마량인가 • 165
49 조각상 중에는 왜 법정과 위연이 없을까 • 168
50 공명전 지붕에 있는 조각상은 어떤 의미를 지니는가 • 171
51 왜 제갈량전은 '정원당(靜遠堂)'이라고도 불리는가? • 174
52 왜 공명전에는 동으로 만든 북이 있으며, 제갈고라고 불리는 것일까 • 178
53 제갈량의 키는 몇이며, 어떤 이미지의 사람이었을까 • 181
54 '우선륜건(손에 우선을 들고 머리에 청색 실을 넣은 두건을 쓰다)'이라는 말은 어떻게 제갈량만의 문장이 되었을까? • 184
55 제갈량은 왜 도사의 팔괘의를 입고 있었던 것일까 • 187
56 왜 제갈량은 성이 '갈'씨로 또 하나의 성이 더 있는 것인가 • 190
57 무후사의 제갈량상은 맨 처음에 어떤 모습이었을까 • 193
58 제갈량의 농경지는 어느 지방에 있었을까 • 197
59 제갈량은 왜 양부음(梁父吟)을 좋아하였을까 • 200
60 융중에서 제갈량의 친구는 어떤 사람이 있었는가 • 203
61 제갈량은 왜 유비를 보좌하기로 선택하였는가 • 206
62 제갈량은 남정 승리에 왜 반년이나 걸린 것일까 • 210
63 악비는 〈출사표〉를 집필할 때 왜 울었을까 • 214
64 〈후출사표〉는 제갈량이 지은 것이 맞는가 • 218
65 왜 〈출사표〉를 읽고 울지 않은 자는 충성스럽지 않다고 말하는가 • 222
66 제갈량은 왜 마속을 베며 '눈물을 훔쳤을까' • 226
67 제갈량은 왜 북벌을 고집하였을까 • 230
68 왜 제갈량을 '군사'라고 부르는 것이 틀린 말인가 • 234

69 〈제갈완〉은 어디서 유래한 것일까 • 237

70 왜 제갈량은 훌륭한 구상을 하는 데 뛰어났다고 말하는가 • 240

71 제갈량에게서 유래한 만리교의 이름 • 243

72 제갈량은 왜 '집사광익'이라는 말을 했을까 • 246

73 검문관은 누가 설립한 것일까 • 249

74 중국역사에서 가장 능동적으로 자신의 재산과 모든 것을 공개하였던 제갈량 • 253

75 제갈량을 '훈고관악(勳高管樂)'이라고 말하는 것은 무슨 뜻인가 • 257

76 왜 '개성포공'이라는 말로 제갈량을 칭송했을까 • 259

77 제갈량은 왜 정군산에 안장되었는가 • 261

78 제갈량의 옛집과 뽕나무밭은 어느 지방에 있었을까 • 264

79 제갈량은 몇 명의 형제자매가 있었는지 관련된 사적이 있는가 • 267

80 제갈량의 부인은 누구일까 미녀였을까 • 270

81 제갈량은 아들딸이 몇 명 있었을까 • 274

82 제갈량의 자손은 왜 그의 양측에서 함께 합동 제사를 지내는 것일까 • 277

83 제갈량의 후손은 아직도 존재하는가 • 280

84 무후사전 앞에 놓여 있는 정과로는 어느 시대의 문물인가 • 284

85 무후사의 편련은 왜 대부분 두보의 시구에서 가져온 것일까 • 287

86 무후사의 편액과 대련 중 왜 '마음을 공략하다(攻心)'라는 말이 가장 유명할까 • 290

87 유비는 봉절에서 병으로 서거하였는데 왜 성도까지 운반되어 안장되었을까 • 293

88 유비의 시신은 어떻게 성도로 운반되어 안장된 것일까 • 296

89 유비 능에는 처와 첩이 같이 안장되었는가 • 300

90 유비 능의 봉토와 규모는 왜 이렇게 작은 것일까 • 304

91 유비 능은 도굴을 당한 적이 있는가 • 307

92 '혜릉'은 유비 능의 공식적인 칭호다 무슨 뜻일까 • 310

93 혜릉신도에 돌조각은 왜 귀여운 것일까 • 313

94 '백삼삼(柏森森)'은 어떻게 무후사의 상징적인 경관이 되었는가 • 316

95 무후사의 식물은 어떠한 특수한 의미가 있는가 • 320

96 무후사는 왜 '희신방(喜神方)'이 되었는가 • 323

97 촉한의 영토는 얼마나 컸으며, 얼마나 많은 인구를 가지고 있었을까 • 326

98 유비, 관우, 장비, 제갈량의 친척 관계는 어떠했을까 • 330

99 촉한 영웅의 묘지를 얼마나 알고 있는가 • 333

100 삼국시기의 '명함'은 어떤 모습이었을까 • 336

무후사,
그 안에서 본
三國志

01
제갈량을 기념하기 위한 사당은 왜 무후사라고 불리는가

성도 무후사

제갈량을 기념하기 위한 사당은 일반적으로 모두 "무후사"라고 불린다. 도대체 무슨 이유일까? "무후" 이 두 글자의 유래는 어떻게 되며, 어떠한 유래를 가지고 있는 것일까?

옛날 사람들에게는 이름과 더불어 자호가 있었다. 관리가 되고 나면 직무 직위가 생겼다. 직급이 올라가면 황제의 직위 하사가 있었다. 직위가 어느 정도 있던 사람이 세상을 떠나면 그들이 살았을 때의 업적과 인품, 덕에 따라 높고 낮음을 정해 시호를 하사했다. 제갈량의 자는 공명, 호는 "와룡"이었다. 촉한시기에 승상으로 활동하였으며, 서기 223년 "무향후" 직위 하사를 받았다. 서기 234년 병이 들어 죽음을 맞이하였으며, "충무후"라는 시호를 받았다. "충무후"라고 불린 이유는 〈시법〉 해설에 따르면 "위신봉상왈충(危身奉上曰忠)",

운남 보산 무후사 대문

"형민극복왈무(刑民克服曰武)", "집응팔방왈후(執應八方曰侯)"이기 때문이라고 한다. 그 뜻은 제갈량은 위기 속에서도 한나라 황실을 부흥시키기 위해 노력했으며, 나라와 법으로 백성들을 올바르게 이끌어 사람들의 칭송을 받았으며 그의 주장은 여러 곳에서 항상 지지를 받았기 때문이다. 이 시호를 살펴보면 제갈량의 인생 전체를 엿볼 수 있다.

중국은 예의를 중시하는 국가이다. 동년배 사이에도 바로 성과 이름을 부르는 것은 무례하고 타인을 존중하지 않는 행위라고 여겼다. 존경하는 사람과 선배에게는 더욱더 그 이름을 바로 부를 수가 없었다. 그저 자, 호 또는 직함으로 그 사람을 부를 수 있을 뿐이었다. 후세 사람들은 선조들을 부를 때 작위와 시호를 결합하여 존경의 뜻을 표했다. 제갈량의 작위와 시호는 모두 "무(武)"와 "후(侯)"자를 지니고 있다. 사람들은 존경을 표하기 위해 그를 "무후"라고 줄여 불렀으며 이에 그를 기념하는 사당도 "무후사"로 불리게 되었던 것이다.

중국에서 가장 처음으로 제갈량을 기념하기 위한 사당은 서기 263년에 지어졌다. 후에 군주 유선이 촉나라 상하의 요청에 따라 재건을 명령하였으며 합서 면현 정군산의 무후묘 옆에 위치하게 되었다. 이후 각지에서 제갈량을 기념하기 위한 사당이 여러 개 세워지기 시작했다.

촉나라 백성들도 과거 촉나라에게 무수한 번영과 안정을 가져다 준 시절을 깊이 그리워하기 시작했다. 전해지는 통계에 따르면 쓰촨에는 과거 30여 개의 무후사가 있었다고 한다. 성도(成都, 청두)는 삼국시대 촉한의 수도로서 역사적으로 7개의 무후사가 있었으며, 가장 오래전에 지어진 제갈량을 기념하는 공명묘는 청두 소성 안에 있으며, 지금의 인민공원 부근에 있다. 서기 347년 서진의 환온이 촉나라를 토벌하였다. 어느 날 환온이 백 살이 넘은 노인을 만나 이야기를 하던 도중, 그 노인이 과거 촉한 조정을 위해 일을 하던 관리라는 사실을 알았다. 환온은 그에게 도대체 제갈량의 어떤 점이 뛰어난 것인지를 물었다. 그 노인은 오랫동안 생각에 빠지더니 말했다. "제갈량이 있을 때는 그가 특별하다고 느끼지 않았는데, 그가 죽은 후로 그와 견줄 사람이 없다는 것을 알았습니다." 이 짧은 대화로 환온은 청두 역사상 제갈량을 기념하기 위한 첫 사당을 파괴하지 않고 남겨두었다. 작은 성들은 파괴하였지만, 공명묘는 남겨둠으로써 존경을 표한 것이다.

중국에서 과거에 존재하였고 현존하고 있는 많은 제갈량 기념 사당 중에서 성두 남교의 무후사가 가장 유명하다. 제갈량 사당은 유비 능과 묘가 나란히 한 특수한 군신 합사 형태로 이루어졌다. 이것은 촉나라의 백성들 마음속 깊이 제갈량이 차지하고 있었음을 보여주고 있는 것이다.

청두는 삼국 시대 촉한의 도성으로 삼국 역사의 흔적이 청두 사람들의 생활 곳곳에 조금씩 침투되어 있다. 무후구, 무후사대가, 무후대도, 무후입교교 등 이러한 지명들은 모두 "무후(武侯)" 두 글자를 이름으로 하고 있으며, 이는 삼국 문화가 청두에 깊은 영향을 미쳤음을 반영하고 있다.

02
첫 번째 무후사는 언제 지어졌으며 무슨 연유로 지어졌는가

    제갈량은 서기 234년 8월 제5차 북벌전이 펼쳐진 오장원에서 병으로 서거하였다. 그리고 그의 유언에 따라 협서 한중 정군산 아래 묻혔다. 그 당시에는 그를 기념하기 위한 사당이 바로 지어지지 않았다. 서기 263년 봄이 되어서야 조정에서 정군산 무후묘 옆에 사당을 지어 그를 추모하는 것을 동의하였다. 즉 첫 번째 무후사는 제갈량이 죽고 28년이 지난 뒤에야 비로소 지어졌던 것이다.
    이유가 무엇일까? 이유를 말하자면 길다.
    제갈량의 인품, 재능, 업적은 모두 칭송할 만한 가치가 있었다. 그가 서기 213년 촉나라로 와서 병으로 사망하기까지 약 21년간 촉나라를 다스려 촉나라에게 무수한 번영과 안정을 가져다 주었음은 물론, 이로 인해 서남 각 민족 백성들이 큰 혜택을 얻었기 때문이다. 그래서 이 뛰어난 정치가가 병으로 세상을 떠났을 때 촉나라 백성들은 마치 부모를 잃은 것처럼 크게 상심하고 애도하였다. 사서에는 다음과 같이 말했다. "제갈량이 사망하자 각지에서 묘를 세울 것을 요청하였다. 하지만 조정에서는 예를 이유로 이를 무시하였다. 백성들은 이에 때가 되면 길거리에서 개인적으로 제사를 지내곤 하였다." 이와 같이 제갈량이 사망하자마자 각지에서 그를 위해 묘를 짓고 제사를

산서 면현 무후사 패루

지낼 것을 요청하였으나, 조정에서는 예법에 부합하지 않는 것을 이유로 이를 거부하였다. 이에 제갈량의 생일, 제사일, 그리고 청명절이 되면 각지에서 백성들이 자발적으로 거리, 골목, 야외에서 그를 위한 제사를 개별적으로 지내기 시작했다. 이러한 자발적인 제사는 서남 지역의 각 민족 사이에서 아주 빈번하게 행해졌다. 매년 이렇게 제사를 지내자 몇몇 관원들이 감동을 받아 조정에 상소하여 성도에 제갈량을 위한 묘를 지어 제사를 지낼 수 있게 된 것이다. 하지만 그 뒤를 이은 군주, 유선은 이에 계속 동의하지 않았다.

이러한 제갈량을 위한 자발적인 제사는 매년 진행되어 그로부터 28년이 지난 봄까지 계속 진행되었다. 보병 교위 습륭, 중서랑 향충이 주도한 조정의 신하 무리들이 한꺼번에 군주에게 상소를 올려 제갈량을 위한 사당을 지어야 할 필요성과 구체적인 조치에 대해 이야기하였다. 이 때 상소한 표문은 몇 가지 의미로 나뉜다.

첫째, 덕에 대한 감사함을 기리기 위해서다. "한나라 부흥 이후, 작은 선과 덕을 표하기 위해 묘 도형을 세우고, 제갈량을 기리는 사람들이 많아졌다." 둘째, 제갈량의 업적은 세상이 모두 인정하였기 때문에 사당이 없을 수가 없었으며 민간에서만 제사를 지낼 수가 없다는 것이다. "제갈량의 덕은 곳곳에서 본보기가 되어, 그 업적이 세상에 널리 알려져 있다. 왕실이 나쁘게 인식되지 않았던 것은 바로 이 사람 덕분이었다. 그리하여 개인적인 제사에만 그쳐서는 안 되며 묘와 조각, 그리고 사당을 세워 백성들이 제사를 지낼 수 있게 해 주어야 한다. 융이의 제사를 들에서 지내는 것은 덕을 보존하고 공을 기리기 위함이 아니라, 옛사람에 대해 이야기하고 추모함에 있다." 셋째, 유선이 주저하며 제갈량을 위해 묘를 짓지 않았던 원인이다. "오늘날 만약 오직 민심만 따르게 된다면, 서로 업신여기고 모범이 없게 될 것입니다. 만약 사당을 수도에 세우게 되면 종묘를 위협하게 되는데, 이것이 바로 유일한 걱정입니다." 넷째, 그렇다면 어떻게 해야 할까? 정군산 무후묘 옆에 사당을 지어 제사를 지내면 된다는 것이다. "신은 그것을 무덤 옆인 묘양에 세우면 그 가족들이 때때로 제사를 지낼 것이며, 제사를 지내기를 원하는 사람들이 모두 그 사당을 찾게 될 것입니다. 그렇게 되면 개별적인 제사를 중단하고 정례로 숭배할 수 있게 될 것입니다." 그래서 그것을 따르기 시작하였다. 이 방안은 결국 유선의 허락을 받아 중국의 첫 번째 무후사가 탄생하게 되었던 것이다.

첫 번째 무후사의 건설은 민심과 예법의 힘겨루기 결과였으며, 백성들의 뜻과 예법이 서로 양보를 한 결과였다. 그 후 전국 각지에서 연속하여 무후사가 지어지기 시작했다. 이것은 바로 민심이 결국 봉건예법을 이겼다는 것을 의미하는 것이다.

첫 번째 무후사가 지어진 후, 처음으로 제사를 지내러 갔던 사람은 누구였을까? 사서에서는 그 사람이 바로 위나라 정서 장군 종회였다고 전해진다. 그가 병사들을 통솔하여 촉나라를 멸하러 갈 때 "어느 강가에 도달하여 제갈량의 묘에서 제사를 지내며 군사들에게 제갈량 묘 주위에 있는 풀 한 포기도 건드리지 말라고 명하였다."고 한다. 종회가 제갈량의 적국을 공격하러 가면서, 제갈량의 묘에 들러 제사를 지내고 군사들에게 명령을 내려 무덤을 보호하라고 할 만큼 제갈량의 인간적 매력은 감탄을 금치 않을 수가 없다.

03
역사상 무후사는
몇 곳이나 존재했는가

절강 남계 제갈촌 무후사

천백년 동안 제갈량이 활동했던 곳과 가보지 못했던 곳에 사람들은 얼마나 많은 사당을 자발적으로 지어 그를 기념했을까? 그렇다면 도대체 역사적으로 얼마나 많은 무후사가 지어졌던 것일까?

고대 전적 문헌, 특히 각지의 지방지에서 무후사에 대한 무수히 많은 글이 존재한다. 제갈량의 영향력이 비교적 컸던 지역인 운, 귀, 천 삼성의 명청 지방지를 살펴보면 대략적인 상황을 살펴볼 수가 있다.

사천에는 역사적으로 30개의 무후사가 있었는데 20여 개의 시, 현에 분포되어 있었다. 그중 성도, 신도, 면죽, 재동, 검각, 광원, 랑중, 미산, 노주, 아안, 천안, 회리, 흥문, 공현, 청계, 의빈, 균련, 뇌파, 마변, 면년 등의 지역에 모두 무후사가 있었다고 한다. 그 중에서 회리

현의 무후사는 현성 북가에 있었으며 명나라 융경년에 지어졌다. 노주의 무후사는 주서 보산 정상에 있으며, 삼충사로서 한나라의 제갈무후와 그의 제자들인 자첨과 손상에게 제사를 지냈다고 한다.

운남에는 역사적으로 34개의 무후사가 존재했었고, 32개의 시와 현에 분포되어 있었다. 그중에서도 통해, 곤명, 곡정, 마룡, 의량, 징강, 남화, 옥계, 숭명, 건수, 초웅, 요안, 대요, 미도, 외산, 상운, 빈천, 대리, 용평, 용승, 보산, 등충, 봉경, 경동, 신평 등 지역에 분포되어 있었다. 숭명 무후사는 명나라 시대에 지어졌으며 청나라 강희년에 다시 수리하였다고 한다. 초웅 무후사는 명나라 융경년에 지어졌고 강희년에 다시 지어졌으며 후에 안산 아래 금속암으로 옮겼다고 한다.

귀주에는 과거 18개의 무후사가 있었으며, 필절, 동재, 준의, 인회, 여평, 용강, 귀양, 관령, 시병, 동인 등 16개의 시 현에 분포되어 있었

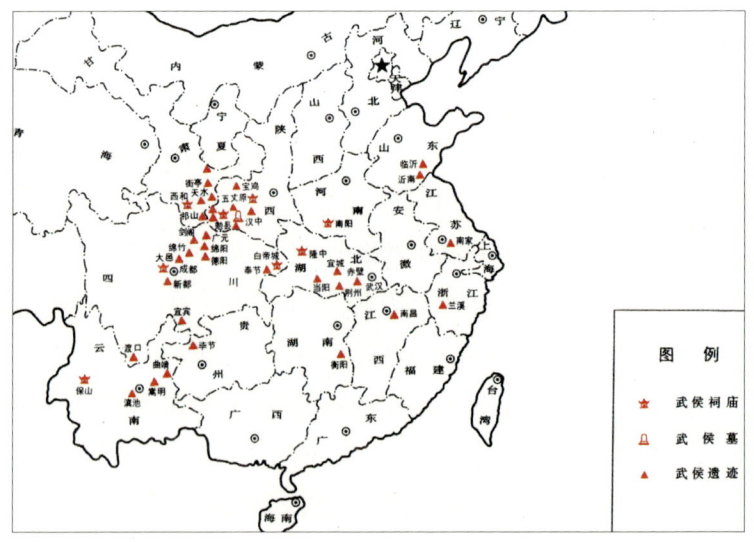

무후사 유지 분포 안내도 (부분)

다. 그중 필절 무후사는 칠성관에 있으며 명나라 시대에 지어졌고 청나라 강희년에 다시 지어졌다고 한다.

운, 귀, 천 삼성은 삼국시기 촉한 통치구역이었으며 제갈량의 영향과 은덕을 비교적 깊게 받은 지역이었다. 이로 인해 무후사가 비교적 많이 존재하는 편이다. 일부 무후사들은 시가지 안에 지어지기도 하였고, 또 다른 무후사들은 인적이 드문 먼 곳에 지어지기도 했다. 어떤 무후사는 규모가 컸고 어떤 무후사는 심지어 오래된 초가집, 성루 등지에 지어지기도 했다. 어떤 무후사는 제갈량만을 위한 곳이었으며 어떤 곳은 관우와 함께 제사를 지내기도 했다. 결론적으로 무후사가 어디에 지어졌든 향과 등촉은 항상 왕성했었다. 제갈량의 조각상이 어디에 존재하든지 사람들은 모두 그에게 경건을 표하고 숭배하였다.

위의 내용을 모두 종합해 보면 서남지역에는 역사적으로 총 82개의 무후사가 있었다. 이는 운귀주에 있던 것뿐만 아니라 명청시기의 일부 자료를 살펴본 뒤 나온 전반적인 수치이다. 시대의 변천과 자료의 산재, 사당의 부흥과 폐쇄, 이동 및 재건 등의 원인으로 무후사에 대한 전반적인 통계에는 분명 아주 많은 오류가 있을 것이다. 예를 들어, 성도에는 역사적으로 7개의 무후사가 있었다. 하지만 3성에는 82개의 무후사가 있었다고 전해진다. 이는 바로 문제에 대해서 이미 잘 설명해 주고 있다. 역사적인 인물로서 제갈량을 기념하는 사당의 수량이 이렇게 많았고, 분포된 지역이 이렇게 넓었다는 사실은 누구와도 비교할 수 없다(공자, 관우는 이미 성인으로 숭배 받는 인물로 이에서 제외하였다).

> 작은 것에서 큰 것을 볼 수 있듯이, 중국에는 전국적으로 과거에 약 100개의 무후사가 존재하였다. 아마 이보다 더 많을 수도 있다. 이로써 세기의 인물 제갈량의 인품과 공적의 영향이 얼마나 큰 지를 가늠해 볼 수 있다.

04
중국에 현존하고 있는 무후사는 몇 곳일까

대만성 남투 공명묘

제갈량이 죽은 뒤, 중국 몇 개 지방에 사당이 건축되었을까? 사적 및 지방 역사 기록에 따르면 산동, 호북, 하남, 사천, 중경, 운남, 협서, 감숙, 절강, 대만 등의 성(직할시)에 과거 무후사가 지어진 적이 있었다고 한다. 그중 사천, 운남, 귀주 이 세 성에서 지어진 무후사가 가장 많다.

현재 보존되어 오고 있는 문물 고적 중, 성도 무후사 외에 얼마나 많은 무후사와 제갈량 유적지가 있을까?

- 융중 무후사 호북 양양시 융중에 있다. 제갈량이 젊었을 때 이곳에서 농사를 지으며 책을 읽었다고 한다. 중국에서 중점적으로 관리하는 문물 보호 구역이다.
- 적벽 무후궁, 또는 "배풍대(拜風台)"라고도 불린다. 호북 적벽시 남이산에 있다. 제갈량이 동풍을 빌린 땅이며, 전당은 산 정상에 지어졌다고 한다. 현재 성급 문물 보호 단위로 지정되어 있다.
- 황우묘 무후사 호북 선창시 황우협의 황우묘 안에 있다. 제갈량이 촉나라에 와서 이곳에 사당을 짓고 대우와 황우신에게 제사를 지냈다고 한다. 후세 사람들이 무후에게 제사를 지내는 사당으로 바꾸었다고 한다. 현재 시급 문물 보호 단위로 지정되어 있다.
- 남양 무후사 하남 남양시 와룡강에 위치하고 있다. 제갈량은 "신은 본래 평민의 옷을 입고 남양에서 농사를 지었습니다."라고 말했다. 현재 중국의 전국 중점 문물 보호 단위로 지정되어 있다.
- 백제성 무후사 중경 봉절현 백제성에 위치하고 있다. 유비가 이곳에서 임종을 하며 부탁하여 지어졌다. 현재 중국 전국 중점 문물 보호 단위로 지정되어 있다.
- 기산 공명묘 감숙 예현 기산보에 위치하고 있다. 북벌 중 제갈량이 이곳에 군대를 주둔시킨 적이 있다.
- 면현 무후사 협서 면현 정군산 아래 위치하고 있다. 이곳에 무후의 무덤이 존재하여 무후사를 짓게 되었다. 현재 전국 중점 문물 보호 단위로 지정되어 있다.
- 오장원 제갈묘 협서 기산현 오장원에 위치하고 있다. 제갈량이 이곳에서 병으로 세상을 떠났다. 현재 성급 문물 보호 단위로 지정되어 있다.
- 보산 무후사 운남 보산시 보정산에 위치하고 있다. 제갈량이 이곳에서 남정을 하였다고 전해진다. 당대에 무후사를 지었으며 오늘날 재건하였다. 현재 시급 문물 보호 단위로 지정되어 있다.
- 숭명 무후사 운남 숭명현 숭양진에 위치하고 있다. 제갈량과 맹획

이 이곳에서 결맹을 맺었다고 한다.

- **기남 제갈량 기념관**   산동 기남현 황탄촌에 위치하고 있다. 제갈량이 이곳에서 태어났으며 원림 기시성 안에 무후사가 있고, 기남 황탄촌 제갈량 기념관은 새로 지어진 것이다.

- **란계 승상 사당과 대공당**   절강 란계시 제갈진 제갈촌에 위치하고 있다. 이곳에서는 이천여 명의 제갈량의 자손들이 모여 살고 있는 중국 최대의 제갈량 후예 거주지이다. 대공당과 승상 사당이 있으며 현재 중국 전국 중점 문물 보호 단위로 지정되어 있다.

- **대만 공명묘**   계시 현기원이라고도 불린다. 대만성 남투현 어지향 중명촌에 위치하고 있다. 묘는 청나라 광서 28년(1902년)에 지어졌으며 10m 높이의 제갈공명 선사 조각이 있다.

중국 전역에 현존하고 있는 십 여 곳의 제갈량 기념 사당 중, 성도 무후사가 가장 유명하며, 1961년 가장 처음으로 중국 전국 중점 문

하남 남양 무후사

물 보호 단위로 지정, 선포되어, 현재 세계에 가장 널리 알려진 삼국 문화의 성지가 되었다.

산서 기산 오장원 무후사

호북 양양 융중 무후사

문물 보호 단위는 중국 전국 중점 문물 단위, 성급 문물 보호 단위, 시급 문물 보호 단위, 현급 문물 보호 단위의 4가지 급으로 나뉜다. 현존하는 일부 무후사 혹은 공명묘들은 최근에 재건한 것이거나 새로 지어진 것으로, 문물 보호 단위 급수가 높지 않거나 문물 보호 단위로 지정되지 않았다.

05
성도 역사에는
몇 개의 무후사가 있었는가

구리제 유지 옆의 제갈묘

    성도 역사에는 총 7개의 무후사가 있었다. 이는 중국 단일 도시 중에서 가장 많은 것이다. 어째서 이렇게 많은 무후사가 성도에 몰려 있는 것일까? 한마디로 말하면 성도가 촉한의 도성이라는 이유로 제갈량의 은덕을 가장 많이 받은 지역이기 때문이다.

    성도에서 가장 오래된 무후사는 서진에 지어졌으며, 원소성 내에 있다. 송대 축목의 〈방여승람〉에서는 "이웅이 왕이 된 후 소성 안에 사당을 짓기 시작하였다. 환온이 촉을 정벌하며 소성을 파괴하였지만 공명묘는 남겨두었다"라고 적혀 있다. 이웅이 서진 용안 원년(304

년)에 왕이 되고, 환온이 동진 용화 3년(347년)에 촉을 정벌하였던 역사에 대해 기술되어 있다. 사당의 규모와 그 이후의 상황에 대해서는 구체적으로 기재되어 있지 않다.

성도에서 가장 유명한 것은 유비의 묘 옆에 있는 무후사이다. 이 무후사는 남북조(서기 5세기)에 지어졌다. 그 당시에는 유비와 제갈량의 사당이 모두 존재했으며 제갈량의 묘는 유비의 묘 옆에 있었다. 유비 능, 묘와 무후사는 당, 송나라 시대에 성도에서 가장 큰 명승고적이었다. 명나라 초, 촉헌왕(蜀獻王) 주춘(朱椿)이 유비와 제갈량의 제사를 합동으로 지냈다. 명나라 말, "군신일체"의 묘우가 전쟁으로 인해 파괴되고, 청대에 다시 세워져 오늘날의 군신 합사를 지내는 무후사가 탄생하게 되었다.

제갈량의 옛집에도 과거 무후사가 있었으며, 그 무후사는 당대에 지어진 것이었다. 제갈량이 성도에 21년 동안 거주하였으며, 옛집이 남아 있으니 후세 사람들이 그것을 무후사로 지은 것이다. 〈태평환우기〉 72권 내용에 따르면 "무후택은 저택 서북 2리에 있었다. 오늘날에는 승연관이 되었는데, 관 안에 사당이 있다"고 한다. 사당은 당나라 시대에 지어졌으며 송경 역년 기간 동안(1041~1048년) 승연관을 방문하는 사람이 없어 그에 따라 사당이 폐쇄되었다고 한다.

성도 원초당사 옆에도 무후사가 있었다. 두보 초당과 나란히 있는 명대 중엽에 지어진 건축이었다. 유비 묘 옆 무후의 단독 사당이 유비 묘로 편입된 후 백성들은 그 곳의 소열묘를 "무후사"라고 부르며 유비가 제갈량의 사묘 안으로 뛰어들어온 것이라고 여겼다. 이로 인해 명나라 가정제 21년(1542년)에 사천 순무왕 얼곡이 촉왕에게 다음과 같이 아뢰었다. "제갈의 공덕이 크니, 단독이 아니라면 어찌 숭배할 것이며, 숭배하지 않으면 무엇이라 불러야 하겠습니까?" 이 말은 즉, 제갈량의 공덕은 반드시 단독의 사당에서 제사를 지내야만 한다는 이야기다. 그래서 초당사 옆에 무후사 하나가 지어졌다. 이 사당은 명나라 말 전쟁으로 인해 불에 타 훼손되었다.

성도에는 제갈정이 있는데, 바로 이 우물 옆에 무후사가 있다. 〈화양현지〉에서는 다음과 같이 말했다. "제갈정이 바로 사당이니, 명나라 만력제 때 지은 것이고, 양명이 정사기를 썼으며, 금성 동금강 거리에 있었다." 신중국 설립 초기, 우물과 사당이 모두 존재하고 있었으며, 제갈공명의 조각도 있었다. 현재 우물과 사당은 모두 폐쇄되었다.

성도 구리제는 오래된 긴 둑이다. 이 둑은 제갈량이 지은 것으로 전해지며, 이곳에 제갈량의 묘가 있다고 한다. 〈성도현지〉의 내용에 따르면, "구리제의 남쪽은 제갈묘라고 불리는데, 지어진 시기는 알 수가 없다. 국조 건융 9년에 다시 지어졌다."라고 한다. 사당의 규모는 크지 않으며, 오늘날 또다시 지어졌다.

성도에는 또 하나의 승상사가 존재한다. 〈성도현지〉의 내용에 따르면, "현북 이리 파기가에 승상사라고 불리우는 곳이 있는데, 한나라 말기에 지어졌으며 국조시기에 보수되었다." 이 사당은 오늘날 성도에서 제6 중학교가 소재하는 곳이다. 명나라 말에 이곳에 사당이 있었으며 지금은 존재하지 않는다.

공명은 촉나라를 통치하며 백성들에게 큰 영향을 미쳤다. 그가 죽은 뒤 길거리에서 사적으로 제사를 지내며 사람들은 관아의 사당에서도 그를 위해 제사를 지냈다. 천 년 동안 백성들은 그를 계속 그리워하며 제사를 지냈다. 이 사당들은 바로 제갈량의 업적을 하나하나 기록하고 있는 셈인 것이다.

성도 남교 무후사

성도에는 역사적으로 몇 개의 무후사가 존재했었다. 비록 그중 부흥했던 것도 있고, 다시 폐쇄되었던 것도 있지만 모두 제갈량이 성도에서 남겼던 역사적 사실과 유관한 것이며, 사람들의 그에 대한 경앙심을 반영해 주고 있는 것이다.

06
왜 무후사의 대문에는
"한소열묘(漢昭烈廟)"라는 현판을 걸고 있는가

성도 무후사 문물구역 전경도

성도 무후사의 대문에 처음 오면 누구나 일종의 착각이 든다. "잘못 온 게 아닐까? 무후사에 온 것 같은데 어째서 여기 '한소열묘'라는 현판이 걸려 있는 거지?" 사실, 이것은 성도 무후사의 가장 큰 특색 중 하나인 "군신합사"를 보여주는 것이다. 이곳은 촉한 승상 제갈량의 사당일 뿐만 아니라 촉한 황제 유비의 묘우이기도 하며 유비의 황릉이 소재하고 있는 곳이기도 하다.

시간을 거슬러 올라가 그 유래를 살펴보기 위해서는 서기 221년 시기를 보아야 할 것이다. 당시 유비는 형주를 되찾아 관우의 복수

성도 무후사 대문 위의 "한소열묘" 현판

를 하기 위해 병사들을 통솔하여 동오를 공격하였다. 결과는 참혹한 패배였다. 쫓기고 쫓겨 백제성까지 오게 되고 서기 223년 4월 유비도 끝내 병을 얻어 운명하고 만다. 5월, 제갈량이 유비의 영구를 호송하며 백제성에서 성도로 돌아온다. 그 후 태자 유선이 즉위하게 되며, 유비를 "소열황제"라고 칭하게 된다. 이 "소열"이라는 두 자는 유비의 일생을 담고 있다. 비록 초창기에는 힘들었지만 결국 한나라의 업적을 계승하여 공적을 세우고 백성들을 편안하게 해 주었던 그의 일생이었다.

서기 223년 8월 성도 남교에 있는 혜릉의 건축이 완료되었고, 유비가 정식으로 "혜릉"에 묻히게 된다. 또한 한나라 제도에 따라 혜릉 옆에 전문적으로 유비를 위해 제사를 지내는 사당이 지어지게 된다. 그의 뒤를 이은 군주인 유선이 재위했을 때는 유비의 생일과, 기일마다 이곳에서 제사를 거행하였다. 그리고 유비에게 제사를 지내던 이 사당은 후세 사람들에 의해 '한소열묘'라고 불리게 되었다.

이곳은 유비의 능과 묘가 소재하는 곳인데 어째서 모두 이곳을 무후사라고도 부르는 것일까?

성도에서 가장 오래된 제갈량을 모시던 사당은 소성 안에 지어졌다. 대략 서기 5세기 무렵 사람들은 유비와 제갈량을 현명한 군주와 어진 신하의 모범이라고 생각해, 그들이 죽은 뒤에도 그들의 혼백을 함께 기리고 싶어 했다. 그리하여 유비 무덤 옆에 제갈량의 사당이 생기게 되었다. 이 사당은 아마도 소성 안에서 옮겨진 것일 수도 있고, 새로 지어진 것일 수도 있다. 이에 대한 증거는 전해지지 않는다. 하지만 이후로 한소열릉, 묘와 무후사는 천 년 동안 서로 함께 하게 되었다.

명나라 초기, 주원장의 11번째 아들 주춘이 촉헌왕으로 봉해져 성도에 오게 되었는데, 군권을 돋보이게 하기 위해 유비와 제갈량의 제사를 함께 지내기 시작했다. 하지만 백성들은 유비를 제갈량의 사당 안으로 옮겼다고 생각해, 이곳을 "무후사"로 통칭하였다. 명나라 말 혼란기의 전쟁 중에 사묘가 황폐해졌고, 유비 혜릉만 보존되었다. 청나라 강희제 11년(1672년)에 원래 있던 곳에 재건하여 현재의 능, 묘, 사가 하나로 합쳐진 모습을 형성하게 되었다.

제갈량은 충성스럽고, 청렴하며 지혜롭고 근면한, 전통의 미덕을 한 몸 안에 모두 담고 있어, 백성들이 깊이 존경하는 인물이었다. 이로 인해 한소열릉, 묘와 무후사가 어떻게 되든 사람들은 군신의 등급을 제치고 그를 존경하였고, 이곳을 계속해서 "무후사"라고 일컬었다.

민국시기의 추로 선생은 시를 지어 성도 무후사 안에 있는 바위에 새겼다. 그 시의 내용은 이렇다.

"문 앞에는 크게 소열묘라고 적혀 있으나, 사람들은 모두 무후사라고 불렀다. 명예와 지위가 훈업에게 패배한 것으로, 승상의 공이 더 높아 백대 동안 간직될 것이다."

이 시는 유비의 묘가 어째서 무후사라고 불리고 있는지에 대한 가장 좋은 해석이 될 것이다.

07
무후사 대문 밖에는 어째서 조벽과 돌사자가 있는가

성도 무후사 대문 밖의 조벽, 돌사자

 오늘날의 성도 무후사 건축물은 청나라 강희년에 원래의 위치에 다시 지어진 것이다. 한소열묘와 무후사는 모두 전형적인 명청 사합원의 건축 형식이다. 원은 북쪽에 위치하며 남쪽을 향하고 있고, 정갈하게 중축 선상에 배열되어 있으며, 넓은 기세와 장엄하고 엄숙함을 지니고 있다. 사우 대문 밖에는 살아 움직이는 듯한 돌사자 조형이 있으며, 돌사자 앞에는 묵색으로 된 크고 높은 조벽이 있다. 도대체 무슨 연유에서일까?

33

성도 무후사 대문 앞의 돌사자

　돌사자는 중국 전통 건축물에서 자주 보이는 장식이다. 대부분 궁전, 묘관, 관부아서 문 앞에 배치되어 있다. 돌사자의 문화적 함의에 대해서는 일반적으로 상서로운 동물이라 사악한 기운을 쫓아준다고 여기고 있다.

　하지만 중국 고대에는 야생 사자가 없었다. 한나라 무제 시대 장건이 서역으로 사절로 파견되었을 때 중국과 서역 각국의 왕래 통로가 개척되었고, 그 때 비로소 사자가 중국으로 들어오게 되었다. 중국 사람들은 위풍당당하고 웅건한 사자를 무척 좋아하였고, 그것을 "상서로운 짐승"이라고 칭하였다. 그로 인해 그 형상에 따라 돌사자를 조각하여 묘 앞에 진열하기 시작했다. 사천 아안현 고이묘 앞의 돌사자는 동한 시대의 유물이며 중국에 현존하는 가장 오래된 돌사자이다. 그래서 사자는 더 많은 지역에서 일종의 신화 속 동물로 여겨지며 기린과 함께 중국의 영수가 되었다. 수당 시기에 불교가 흥성하였는데, 불교의 시조 석가모니가 태어났을 때, 한 손은 하늘을 가리키고 한 손은 땅을 가리키며 사자 울음 소리를 냈다고 전해진다. 중국 불교의 많은 사찰에는 사자를 타고 있는 문수 보살상이 있는데, 전설 속에서 문수 보살이 사자를 타고 오태산으로 내려와 설법을 했다고 전해지기 때문이다. 그래서 불교도는 사자를 장엄하고 상서로운 신령의 짐승으로 여겨 숭배한다. 그리고 일부 당송 옛 묘 앞에도 돌사자가 지키게 되었다. 그렇게 점점 돌사자는 대문을 지키는 신수가 되었다. 중국인들은 역사적으로 돌사자를 상서로운 것으로 여겨 중국의 많은 고대 건축에서는 다양한 돌사자의 모습을 살펴볼 수 있다. 고대의 관아와 사당, 호화로운 저택의 대문 앞에는 모두 한 쌍의 돌사자가 대문을 호위하고 있다. 이로 인해 성도 무후사도 이러한 관습에서 빠지지 않았던 것이다. 지금까지 많은 건축물의 대문 앞에는 아직도 돌사자를 놓아 집을 지키고 있는데, 이는 중국식 건축의 아주 큰 특색이 되었다.

성도 무후사의 대문 밖에 있는 한 쌍의 돌사자는 명나라 시대의 문물로써, 높이는 2.7m로 딱딱한 재질의 홍사석으로 조각하여 만든 것이다. 살아있는 것처럼 생기 있는 모습을 하고 있으며 왼쪽과 오른쪽에 하나씩 있어 천 년이나 된 오래된 사당을 수호하고 있다.

조벽의 본명은 "영벽"이다. 대문 안 혹은 대문 밖에 세워진 장벽인데, 명청 시기에 특히 유행하였다. 실용적인 기능적 측면에서 조벽은 바람을 막아주고, 시선을 가려주며 안전하게 보호해 주는 작용을 한다. 벽면에 혹시 장식이 있다면 미적 효과도 있음은 물론이다. 전통 풍수학 관점에서 보았을 때, 풍수는 기를 유도하는 것을 무척 중시하는 데 기는 방이나 거실로 바로 들어가서는 안 된다. 만약 그렇게 되면 길하지 않은 것으로 본다. 기의 충돌을 막는 방법은 바로 집의 대문 앞에 벽을 하나 두는 것인데, 원활한 기의 흐름을 유지하기 위해서 이 벽은 막혀 있어서는 안 된다. 그래서 조벽은 이러한 건축 형식으로 형성되게 된 것이다. 성도 무후사의 앞 쪽에 있는 조벽은 소박하고 고풍스러우면서도 당당한 기세를 가지고 있다. 지난 세기 80년대에 지어진 것이며, 높이는 7.2m 넓이는 12m, 두께는 0.9m이다. 조벽 중간에는 쌍룡희주 도안이 있으며, 주변에는 봉황이 날고 있는 모습이 새겨져 있어 고귀하고 상서로운 의미를 포함하고 있다.

    성도 무후사 대문 밖의 돌 사자와 조벽은 사당의 고건축군에 있어 전도 작용을 한다. 또한 건축군의 위엄하고 엄숙한 기세를 더해 주고 있다.

돌 사자, 조벽은 중국 고대 한족의 전통 건축의 특징 중 하나다. 풍수, 풍속, 실용 기능 등 측면에서 고려되어 설치, 재건된 것이다. 전통 건축 문화의 운반체로서 그것은 아주 많은 의미를 내포하고 있다.

08
당비는 왜 "삼절비"라고 불리는 것일까

당비 비각

성도 무후사 당비의 전체 이름은 〈촉승상 제갈량 무후당비〉이다. 이 비석의 높이는 367cm, 넓이는 95cm, 두께는 25cm로 아주 크고 높으며 웅장한 모습을 하고 있어 사람들에게 엄숙한 느낌을 가져다 준다.

당 헌종 원년과 4년(809년), 검남 서천 절도사 무원형이 27명의 부하들을 이끌고 무후사에 와 참배를 하며 제갈량에 대한 숭배의 뜻을 표현했다. 그리고 절도사 장서기의 배도가 마침내 문장을 쓰고 비석을 세웠다.

배도는 당나라 중 후반 시기를 중흥시킨 명재상이었고, 사조재상

당비 탁본

을 역임한 적이 있었다. 그는 비문 속에서 제갈량에 대한 추앙과 흠모의 정을 드러내며 제갈량의 문치무공을 칭송하였다. 문장의 처음은 이렇게 시작한다. "나 배도는 지난 세대의 사서를 읽으며 옛 선현들의 행동을 자세히 탐구하였다. 어떤 자는 신하로서 군주를 모시는 충성을 다 하였지만 혼란을 평정하거나 왕업을 펼치는 능력은 없었다. 어떤 자는 처세에 능했지만 백성과 영토를 다스리는 능력은 부족했다. 만약 이 네 가지 미덕을 모두 겸비하고 있는 자, 그리고 이 네 가지 미덕을 가지고 자신의 정치 포부를 펼칠 수 있는 자가 누구냐고 묻는다면 바로 촉한 승상 제갈량이라고 말할 것이다!" 그리고 그는 문장에서 계속 제갈량의 촉나라 통치 이념에 대해서 찬미하였다. 형법 정령을 반포하고, 엄격한 기율을 만든 것은 물론 도덕 교화를 치국치민의 근본으로 삼고 예의와 성실함을 국가 보위의 무기로 삼았다는 점을 말이다. 제갈량은 걸출한 재능과 청렴하고 높은 덕으로 촉나라 사람들의 무한한 숭배와 존경을 받았다.

문장을 다 쓴 뒤 유공작이 돌에 붉게 글씨를 썼다. 유공작은 유명한 서예가 유공권의 형이었는데, 그는 매우 뛰어난 서예 솜씨를 지니고 있었다. 송나라 시대의 대서예가 미비는 유공작에 대해 다음과 같이 말한 적이 있다. "공작도 형만한 실력을 지니고 있다." 즉 유공작의 서예도 유공권의 실력과 비등하다는 것이다. 그의 해서체는 단정하고 엄숙하며 굵은 힘이 있었고, 옛스럽고 소박하며 자연스럽고, 힘찬 필력을 가지고 있었다. 당대 해서체 중의 모범이라고 불릴 만 했다. 그는 단정한 자체 구조와 묵직한 필의 변화로 제갈량에 대한 숭배와 존경의 뜻을 적절하게 표현해 냈다.

당비가 성도 무후사에 세워진 천 여 년의 시간 동안, 적지 않은 관신 문인들이 비석에 많은 글과 시를 남겼다. 명나라 홍치 10년(1497년) 사천 순안 어사 송화가 비석 오른쪽 하단에 다음과 같이 글을 남겼다. "배도의 문장과 유공자의 서예 이 두 가지가 정말 절묘하구나. 사람은 문장으로 드러나고, 문장은 글자로 드러난다. 무후의 공덕은 배도의 문장과 유공작의 글자로 아주 절묘하게 조화되었다." 송화는 배도의 문장과 유공작의 서예 그리고 제갈무후의 공덕을 높이 찬양하였고, 당비는 이로 인해 "삼절비"라는 멋진 이름을 지니게 되었다.

당비는 중요한 문물, 문헌가치를 지니고 있어 1990년대 초반까지 중국의 국가 문물국에 의해 "1급 문물"이라고 평가되어 성도 무후사 박물관에서 가장 유명한 문화 보물이 되었다.

"삼절비"에 관해 어떤 사람은 다른 해석을 내놓는다. 문장과 서예 그리고 조각 이 "세 가지가 절묘하게 조화되었다"는 것이다. 확실히 훌륭한 서예는 훌륭한 조각 기술이 있어야만 제대로 드러날 수 있는 것이다. 당비 조각자인 노건의 이름은 갑자기 비석 위에 새겨져 비도, 유공작과 나란히 하게 되었다. 그는 바로 그 당시 촉나라에서 유명한 조각가였다. 그의 기술은 무척 정밀하고 정확하게 유공작 서예의 기품을 재현해 내었다.

09

명비의 비좌는 무슨 동물인가

성도 무후사 대문의 서측 비석 정자 안에는 명나라 가정 26년 (1547년)에 새긴 돌 비석이 하나 있다. 이 비석은 주로 무후사의 역사 연혁에 대해 기록하고 있다. 비석의 받침돌은 거북이 모양의 기이한 짐승인데 만약 어떤 동물이냐고 묻는다면 사람들은 십중팔구 "거북이"라고 대답할 것이다. 하지만 틀렸다! 사실 이 동물의 유래는 아주 품격이 있는데, 이 동물은 바로 전설 속의 아들, 이름은 바로 "비희(贔屓)"라고 불린다.

왜 그것은 용의 아들이며, 어째서 그것을 비석 받침돌로 쓴 것일까? 이 이야기는 비석의 역사까지 거슬러 올라간다.

중국의 가장 오래된 비석은 대략 춘추전국 시대에 나타났으며, 당시에는 기둥과 같은 기능을 했다. 궁궐에서는 태양이 비석에 비쳐 생기는 그림자로 시간을 추정하였다. 그리고 종묘 안에서는 제사용 가축을 묶어놓는 곳으로 사용되었다. 한나라 시대 동한 허신의 〈설문해자〉에서는 비석은 수직으로 세워진 돌이었으며, 문자를 새겨 넣어 그 뜻이 오래도록 전해질 수 있도록 하였다. 비석은 일반적으로 비석 머리, 비석 몸통, 비석 받침의 세 부분으로 구성된다.

남북조 시대의 비석 머리에는 뿔이 없는 용이 출현했다. 이름은 "이(螭)"라고 하였으며 황족들이 사용하여 황권의 우세를 나타냈고

명비

수량이 지극히 적어 무척 귀하였다. 당나라 시대 비석 받침대로 쓰였던 탁비의 귀부(거북이 머리)도 계속해서 나타났다. 등급의 높고 낮음을 보여주기 위해 황제의 문자를 새기거나 황제의 허가를 받은 중요한 공지 문구를 귀부를 이용하여 비석에 새겨 넣었다.

귀부 역시 비희 혹은 "패하(霸下)"라고 불렸는데, 이 단어는 "용이 아홉 명의 아들을 낳았다"라는 설법에서 유래했다. 전해지는 말에 의하면 9명의 아들이 있었는데 모두 용처럼 생기지는 않았으나 각자의 특출한 능력을 가지고 있었다고 한다. 그리하여 "용이 아홉 명의 아들을 낳았으며 각자의 특출한 능력이 있다"라는 옛 말이 생겨났다. 사람들은 용의 아들들의 각기 다른 성격과 선호에 따라 그들의 형상을 다른 물체에 새겨 사용하였다. 높은 곳에서 먼 곳을 바라보는 것을 좋아하는 이문은 건물의 용마루에 장식하였고, 먹는 것을 좋아하는 도철은 정이나 종에 새겨 장식하였으며, 소리 지르는 것을 좋아하는 포뢰는 종의 윗부분에 장식하였고, 무거운 것을 짊어지는 것을 좋아하는 비희는 비석 아래의 장식에 쓰이게 되었다.

  용의 아들로서 비희는 상고 시대의 성스러운 동물이었다. 그는 삼산오악을 지고, 시내, 강, 호수, 바다 속에서 말썽을 피우며 재난을 빈번히 발생시키며 백성들에게 폐를 끼쳤다. 대우가 비희의 모습을 본 뒤 법술로 그를 수복시켰고, 치수에 온 힘을 다하여 산을 밀어내 강의 길을 준설하도록 명령하였다. 치수가 끝난 뒤 대우는 비희의 야만적인 속성이 다시 재발할까 우려하여 하늘과 땅을 이고 있는 거대한 돌 비석을 옮겨 비석 위에 비희의 치수 공적을 치하하는 문장을 새기고 비희가 그것을 등에 이도록 하였다. 이에 공적을 몸에 이고 있던 비희는 감히 함부로 경거망동할 수 없게 되었고, 고분고분하게 지금까지 비석을 이고 서 있게 되었다.

  위의 유래를 알게 되었으니, 여러분도 다시는 비희를 거북이라고 하지는 않을 것이라 믿는다!

  용의 아홉 아들 이름의 역사에 대한 설명은 각기 다르다. 명나라 시대 양신이라는 사람은 용의 아홉 아들에 대해 다음과 같이 설명하였다.
  "첫째 아들 비희는 거북이처럼 생겼고 무거운 것을 지는 것을 좋아해 오늘날 돌 비석 아래 거북이가 되었다. 둘째 아들 이문은 짐승처럼 생겼으며, 멀리 바라보는 것을 좋아해 오늘날 건물 지붕 위의 용마루가 되었다. 셋째 아들 포뢰는 용처럼 생겼으나 크기가 작았고, 소리 지르는 것을 좋아해 오늘날 종의 핵심이 되었다. 넷째 아들 폐안은 호랑이처럼 생겼으며 위력이 있어 감옥 문 앞에 세워졌다. 다섯째 아들 도철은 먹고 마시는 것을 좋아하여 정의 덮개 위에 자리잡게 되었다. 여섯째 아들 파복은 물을 좋아해 다리에 자리를 잡게 되었다. 일곱째 아들 애자는 살상을 좋아하여 칼자루와 창날 부분에 자리하게 되었다. 여덟째 아들 금예는 사자처럼 생겼는데 불과 연기를 좋아하여 향로에 자리를 잡게 되었다. 아홉째 아들 초도는 소라를 닮았는데 닫기를 좋아하여 문고리에 자리를 잡게 되었다."

10
〈명량천고〉의 〈명(明)〉은 잘못된 글자인가

성도 무후사 둘째 문 위의 "명량천고" 현판

　두 번째 문에는 상인방에 이러한 현판이 걸려 있다. "명량천고"라는 네 글자인데 아주 눈에 띈다. 현판은 청나라 강희 시대에 사천 제독 오영에 의해 쓰여진 것이다. "명량"은 당대 현명한 군주와 충성스러운 신하들을 의미하며, "천고"는 영원히 남는 사서라는 뜻을 지닌다. 네 글자의 의미를 합쳐보면 "촉한나라의 군주는 현명하고, 신하들은 충성스러웠다. 이는 천고의 모범으로 길이 남을 것이다."라는 뜻이 된다. 현명한 군주 유비와 그의 충성스러운 신하들의 훌륭한 명성을 후세 사람들에게 전하여 기리기 위한 것이다.

　자세히 관찰하다보면 의심쩍은 부분이 있다. 그것은 바로 네 글자 중 '명(明)'자에 가로줄이 하나 더 있어, '일(日)' 자가 '목(目)' 자가 되었다는 것이다. 장엄하고 엄숙한 사당에 어찌 오탈자가 있을 수 있겠는가? 현판의 작자 오영은 청나라 시대의 일대 제독이었다. 정말로 잘못된 글자를 넣어 그의 명성이 추락하는 일을 겪었을까? 만약 그렇지 않다면 '目'로 이루어진 '眀'는 어떻게 이해해야 하는 것일까?

〈한어대사전〉에 따르면 眀이라는 글자는 '明'이라는 글자와 같다고 한다. 〈정자통 · 목부〉내용에 따르면 '옛날에는 日자를 사용하여 眀이라는 글자를 썼지만, 한나라 시대부터 目자를 사용하여 眀자를 썼다.'고 한다. 즉 '명'자는 원래 '日'자를 사용하였지만 한나라 시대부터 目자를 사용하기 시작했다는 것이다. 그렇기 때문에 眀 글자도 明과 같다는 것이다. 이 책에서 '眀'자에는 현명하고 유능하다는 뜻을 포함하고 있다고 전해진다.

이로써 '명랑천고'의 '眀' 자가 "明"의 이체자이며 두 글자가 모두 같은 의미인 '현명하고 유능하다'는 의미를 지니고 있음이 명확해졌다. 목적은 모두 유비의 어진 인성과 덕을 강조하고자 함이었다. 삼국시대 유비의 현명함에 대한 칭찬은 책의 기술에서만 그치지 않는다. 제갈량은 "장군은 황실의 후손으로, 사해처럼 넓은 신의를 지니고 있다"고 하였고, 원소는 "유현덕은 넓은 마음과 고상한 자태를 지녔고 신의가 있다고 말했다. 조조는 탄식하며 "오늘날 천하의 영웅이 될 만한 사람은 바로 유비 당신과 조조 나, 둘뿐이오."라고 했다. 그리고 후세의 역대문학가와 송식 같은 사상가, 명나라 말 왕부 등은 모두 유비의 어진 덕에 대해 크게 칭송하였다. 이로 인해 '目'를 좌변에 가지고 있는 '眀'자는 잘못 쓰인 것이 아니라 작가 오영이 유비를 칭송하는 장인 정신을 독특하게 담고 있다는 것이다.

명나라 학자 왕사성의 〈입촉기(入蜀記)〉내용에 따르면, 그가 성도에 도착하여 유비 묘에서 본 것은 바로 "패방을 제회라고 부르고, 전의 이름은 어질 량(良)자였다. 뜻은 유비와 제갈량의 이름이 사람들

입에 현명하고 어진 군주와 신하라고 오르내렸다는 것이다. 즉, 명나라 시대의 유비 묘 안에는 '제회'라는 패방이, '량'이라고 불리는 전이 있었는데 촉한 군주와 신하의 현명함과 충성스러움을 칭송하기 위한 뜻이었다는 것이다. 이로써 '어질다(良)'라는 글자로 유비와 제갈량을 칭송하였던 유래가 아주 오래되었음을 알 수 있다.

촉한의 군신들이 한데 모이면 그 자태가 늠름하고 위엄있어 '명량(明良)' 두 글자가 가장 잘 어울렸으며, 현명한 군주와 어진 신하들이 서로 돕는 모습이 천고의 모범이었다. '目' 좌변의 '명(朙)'자는 절대 틀린 글자가 아니라 오히려 유비와 군신 사이에 일어난 영웅의 이야기와 아름다운 품덕을 돋보이게 해 주는, 특히 유비의 어진 신하를 잘 알아보는 지혜로운 안목을 돋보이게 해 주었다.

이체자는 하나의 글자에 여러 형태가 있는 것을 말한다. 중국 한자에서는 아주 특별한 경우에 보이는 현상이다. 일반적으로 같은 음, 같은 뜻을 지니며 형태만 다른 모습을 하고 있다. 예를 들어 回, 囘, 囬, 奔, 犇 등 같은 한자들이 있으며 서예와 문물 고적지에 자주 쓰이는 모습을 볼 수 있다.

11

〈합조손부자(合祖孫父子)〉 대련을
어떻게 풀이할 것인가

    성도 무후사에 들어오면 가장 먼저 보이는 대련이 바로 '합조손부자' 대련이다. 대련 문장에는 다음과 같은 글이 쓰여 있다.

    "合祖孫父子兄弟君臣, 輔翼在人綱, 百代存亡爭正統;
    曆齊楚幽燕越吳秦蜀, 艱難留廟祀, 一堂上下共千秋。"

    대련의 뜻은 이렇다. 한소열묘에서는 촉한의 군신, 자손, 부자, 형제 관계와 군신 관계의 사람들을 위해 함께 제사를 지냈다. 신하들은 주군을 보좌하였으며 인륜과 기강을 수호하였다. 예로부터 생사존망의 싸움들은 모두 국가의 정통 지위를 확보하기 위한 것이었다. 유비는 제, 초, 유연, 월오, 진, 촉의 땅을 거쳐 어렵게 나라를 세웠고, 후세 사람들의 경앙을 받았으니, 이에 사당을 세워 제사를 지냈다. 왕과 신하를 한 곳에 모시니 영원히 사람들에게 기억될 것이다. 대련에서는 한소열묘에서 공동 제사를 지내는 조각상 인물들 사이의 관계와 그들이 한나라 황실을 부흥시키고자 했던 목적을 소개하고 있다. 또한 유비와 신하들이 촉나라 건국을 위한 노고에 대해 다시 한 번 언급하고 있다.

성도 무후사 둘째 대문   "합조손부자" 관련 탁본

　유비는 어떻게 수많은 어려움을 겪으면서도 촉한 정권을 세울 수 있었을까? 이를 위해 '37년, 24,000리'라는 두 수치에 한 번 주목해 보자.
　서기 184년 황건군 농민들의 봉기가 발발했을 때, 당시 24세였던 유비는 관우, 장비 등과 함께 마을 사람들과 이 의거에 함께 했다. 그리고 이로부터 피비린내 나는 쟁패 무대에 오르게 된다. 하지만 뛰어난 인재가 부족하여 계속 정처 없이 떠돌며 여러 번 좌절을 겪었다. 공손찬, 조조, 원소, 유표 등에게 의탁하였고 부인들도 적에게 여러 번 포로로 잡힌 적도 있다. 하지만 이러한 어려움에도 불구하고 유비는 한나라 황실을 부흥시키고자 하는 큰 뜻을 포기한 적이 없었다. 사서에서는 이러한 이야기가 전해내려 온다.

유비는 유표에게 몸을 의탁한 뒤, 화장실에 갈 때마다 흐느껴 울었는데, 그 이유가 생활이 안락해져 오랫동안 말을 타지 않았더니 허벅지에 살이 차올랐기 때문이라고 한다. 나이는 계속 먹어가고 있는데 한나라 황실을 부흥시키고자 하는 대업은 아직도 완성하지 않아 슬픈 감정이 솟아 올라 그랬다는 것이다. 이 이야기 속에서 '비육복생'이라는 고사성어가 생겼다.

이 이야기 속에서 우리는 유비가 편안한 생활 속에서도 항상 위험을 생각하고 있었으며, 여러 번 좌절을 겪었을 지라도 여전히 굽히지 않고 나라 황실의 부흥을 위해 끝까지 부단히 노력하였음을 알 수 있다. 그렇기 때문에 47세에 '천하영웅'의 신분으로 삼고초려를 기꺼이 할 수 있었고, 27세의 어린 제갈량에게 천하 통일의 대계를 가르쳐 달라는 부탁을 할 수 가 있었던 것이다. 여러 번의 정벌을 거쳐 유비는 결국 서기 221년 4월 성도에서 한나라 부흥이라는 대업을 완성할 수 있었다. 국호는 '한', 사서에서는 '촉한'이라고 부르는 나라이다. 당시 그는 61세였다. 의거에서부터 황제라는 칭호로 불리기까지 37년의 시간이 걸린 것이다. 그가 하북 탁주에서 사천 성도로 오기까지 거쳤던 제, 촉, 유연, 월, 오, 진, 촉의 땅은 약 24,000여 리나 되는 거리였다. 그는 아마 삼국의 제왕들 중에서 가장 분주하게 뛰어다닌 사람이었을 것이다.

유비는 한경제의 아들 중산정왕 유승의 후손이었지만 부귀한 생활을 누려본 적이 없다. 유비는 어머니와 면포를 팔아 생계를 이었다. 아마도 이러한 일을 겪은 적이 있기 때문에 백성들의 생활 속 어려움을 잘 알았고, 이로 인해 천하를 통일하고 한나라 황실을 부흥시키겠다는 뜻을 세웠을 것이다. 또한 이로 인해 고생을 견디고 선량

하고 뛰어난 인품을 가질 수 있게 되었던 것이다. 그리고 그의 관대하고 후한 인품 덕에 많은 문신, 무장들의 진심어린 성의와 추대를 받을 수 있었던 것이다.

37년과 24,000리는 유비의 군신에 대한 신념과 수고를 대표하는 숫자이다. 이로 인해 1700여 년이 지난 오늘날 아직도 이 우뚝솟은 '한소열묘'에 사람들이 와서 그를 기억하는 것이다.

12
유비 조각상의 모습은
사서의 기록과 부합하는가

 성도 무후사의 47개 조각상들 중, 유비상이 가장 크다. 3m의 높이에 몸에는 황포를 두르고 있으며 머리에는 면류관을 쓰고 있고, 두 손에는 규를 들고 엄숙한 자태를 하고 있다. 과연 이 모습이 사서의 기록과 같은 모습일까?
 사서 〈삼국지〉와 소설 〈삼국연의〉에서는 유비를 귀가 큰 역적이라고 부정적으로 기재하고 있다. 유비의 귀는 도대체 얼마나 크며, 얼마나 특이한 것일까? 우선 〈삼국지〉와 〈삼국연의〉에 어떻게 묘사되어 있는지부터 자세히 살펴보자.
 〈삼국지〉에서는 키가 180cm 정도 되며, 손은 무릎까지 내려오며, 눈은 자신의 큰 귀를 볼 수 있을 정도라고 적혀 있다.
 〈삼국연의〉에서의 서술은 더 생동감 있다. 유비의 키는 7척 5촌인데, 두 귀는 어깨까지 축 늘어져 있으며, 두 손은 무릎까지 내려오며 눈은 자신의 귀를 볼 수 있을 정도이며, 준수한 외모에 연지를 바른 듯한 붉은 입술을 지녔다.
 만약 유비가 정말 두 귀가 어깨까지 내려오면 부처의 귀보다 더 큰 것이다. 두 손이 무릎까지 내려오면 원숭이보다 팔이 더 긴 것이다. 거기에 더해 준수한 외모에 연지를 바른 듯한 붉은 입술까지 가지고

〈삼국지·유비전〉 부분(毛氏汲古閣本, 明崇禎十七年版)

있으면, 괴물과 다를 바가 없을 것이다. 그렇다면 손권이 어떻게 자신의 여동생을 감히 그에게 시집을 보냈겠는가? 사실 이렇게 과장되게 황제의 모습에 대해 서술하는 것은 중국 고대 사관들의 습관적인 수법이다. 그들은 이러한 원칙을 항상 고수하였고, '기인은 반드시 기이한 모습을 하고 있다.'고 말했다.

고대에는 '천인감응'과 '군권신수' 학설의 영향을 받아, 사서에 황제의 출생과 모습의 특별한 점에 대해 많이 기록했다. 이러한 영향이 오래되다보니 황제는 반드시 뭇 사람들과는 다르다는 고정 관념이 형성되었다. 가장 흔한 것이 바로 천성적으로 초능력을 가지고 있는 것이었다. 만약 초능력이 없다면 특이한 외모를 가지는 것도 괜찮았다. 예를 들어 순의 황제와 항우는 태어날 때 두 개의 동공을 가지고 태어났다고 한다. 고대 사람들은 두 개의 동공을 가진 사람을 성인이라고 여겼다. 유방은 우뚝한 코와 용안, 아름다운 구렛나루, 72개의 검은 반점이 있었다고 한다. (검은 반점은 길한 징조로 여겨졌다. 그렇지 않으면 황제가 될 수 없었다.) 진시황은 매와 같은 모양의 코, 새 같은 입을 가지고 있었다. 유비는 원숭이에 견줄만한 긴 팔을 가지고 있었다. 손권은 푸른 눈과 붉은 수염을 가지고 있었고, 사마의는 이리가 둘러 보는 모습을 하고 있었다. (이리가 머리를 돌려 보는 모습이라는 것인데, 후에는 신중하며 의심이 많고, 반란을 꾀하는 마음을 가진 사람을 형용하는 데 많이 쓰였다.) 주원장은 크고 곰보 얼굴을 지녔는데 기이한 뼈가 머리 가운데에 튀어나와 있었다. 사람들은 그의 이목구비가 보통 사람의 크기를 초월해 아주 부귀를 누릴 희귀한 황제의 상을 지녔다고 말했다.

유비 조각

이로 인해 사관과 문학가들은 유비를 다른 사람들과 다르도록 묘사한 것이다. 이는 유비를 비상한 황제의 상을 가진 사람으로 나타내고 싶었음이다. 유비가 동오에 청혼을 하러 갔을 때 교국로가 그를 보더니 이렇게 말했다. "현덕은 용과 봉황의 자태를 가지고 있어, 하늘과 태양의 모습을 하고 있다." 오국태는 유비를 보자마자 마음에 들어 했고 그를 사위로 맞이하기로 바로 결심했다. 그의 이러한 비범한 외모는 주유 등의 무리들의 음해를 피할 수 있도록 해 주었을 뿐만 아니라 사람을 다시 돌아올 수 있도록 하였다.

그렇다면 유비의 외모는 도대체 실제로 어떠했던 것일까? 분명 귀는 약간 크고 팔은 약간 길었을 것이다. 하지만 사서나 소설에서 묘사한 그런 과장된 모습은 아니었을 것이다. 유비전에 있는 유비 조각상도 사람을 납득시킬 정도이니 말이다.

유비는 결국 황제가 되어 대업을 이루어 역사에 아름다운 한 줄을 남겼다. 이것은 결코 그의 긴 팔이나 큰 귀 등 이상한 외모 때문이 아닌, 절대 굴하지 않고 30년이라는 시간동안 끊임없이 노력한 그의 인자한 덕과 의로운 성격으로 사람들로부터 얻은 인심 때문이었다.

사서에서는 유비의 외모가 큰 귀, 긴 팔 외에도 하나 더 눈에 띄는 특징이 있다고 한다. 그것은 바로 몸에 털이 많지 않고 수염도 거의 없다는 것이다. 이런 연유로 장유는 그를 '노탁군(露啄君)'이라고 풍자했다. 뜻은 수염도 없이 바로 입을 드러낸 사람이라는 뜻이다.

13
왜 〈업소고광(業紹高光)〉이라는 말로 유비를 칭찬했는가

유비전

한소열전에 오면 건물 위에 '업소고광(業紹高光)'이라는 편액이 눈에 들어온다. 이 네 글자는 무슨 의미를 담고 있을까? '업(業)'은 유비의 사업을 말하고, '소(紹)'는 계승을 의미한다. '고(高)'는 서한 고조 유방을 가리키고, '광(光)'은 동한 광무제 유수를 가리킨다. 유비를 찬양하며 서한 고조와 동한 광무제의 대업을 계승한다는 뜻이다. 유비는 어떠한 일들을 했던 것일까? 그가 유방, 유수와 함께 유명해질 수 있었고, 후세에 '업소고광(業紹高光)'이라는 말로 그를 찬양했던 이유는 무엇일까?

먼저 유비와 유방의 관계를 살펴보자. 유비는 유방 손자 한경제의 손자이다. 그가 출생한 시기는 유방과 300여 년이나 차이가 난다. 유비와 유방의 생애를 자세히 살펴보면 '미약'한 혈연 관계를 가졌다는 공통점을 발견할 수 있다. 이 둘은 출생, 주변 사람들, 성격, 경력 등 여러 방면에서 많은 비슷한 점을 가지고 있다.

유비는 유방처럼 평민 가정에서 태어났다. 책은 많이 읽지 못했지만 어떻게 사람을 써야 하는지 잘 알고 있었다. 유방은 자신의 승리 이유를 이렇게 말했다.

"나는 비록 책략, 후방 지원, 작전 방면에서 장량, 소하, 한신 같은 사람만은 못하지만 어떻게 그런 사람들의 재능이 잘 발휘되게 할 수 있는지, 그런 사람들을 어떻게 써야 하는지를 안다. 이것이 바로 나의 승리의 관건이다."

유비는 사람들의 마음을 얻었고, 그런 사람들의 능력을 잘 파악하여 적재적소에 잘 임용하였다. 이는 유방과 아주 비슷했다. 그는 문인 쪽으로는 제갈량, 방통, 법정이 있었고, 무인 쪽으로는 '오호상장'이 있었다. 조조의 명신 곽가는 유비를 이렇게 칭찬했다.

"유비는 영웅들을 잘 임용하여 대중의 마음을 얻었다. 장비, 관우 같은 거의 모든 적을 상대할 수 있는 영웅들도 그를 위해 목숨을 바쳤다."

더 중요한 것은 유비와 유방은 모두 시장에서 성장했다는 것이다. 그들은 사회 저층에서 단련되어 굽히지 않는 의지를 지닐 수 있게 되었고 때를 알고 참고 기다리는 지혜를 배울 수 있었다. 홍문연에서 유방에게 위험한 일이 닥쳤을 때, 그는 한으로 도망가 힘을 비축하고 4년 동안 기다렸다. 이러한 상황이 300여 년 뒤 다시 한번 유비에게 일어났다. 청매실주를 마시며 영웅을 논할 때 조조는 "오늘날 천하의 영웅이 될 만한 사람은 바로 유비 당신과 조조 나, 둘뿐이오."

유비전의 "업소고광" 편액

라고 하며, 유비를 자신과 나중에 함께 겨룰 경쟁상대로 생각했다. 유비는 이 말을 들은 후 긴장하여 젓가락을 땅에 떨어뜨렸다. 그는 급한 상황 속에서도 지혜를 발휘하여 자신의 위기를 모면해 나갔다. 후에 또 위험한 상황이 닥쳤는데 박계에서 말(적로)이 뛰어올라 가까스로 유표 부하의 박해에서 벗어날 수 있었다. 역사에서도 이 두 사람의 놀라울만한 기구한 이야기에 대해 기록해 놓았다.

  그리고 한나라 황실 선조 유수라는 사람이 있는데, 그의 경험은 유비에게 더 많은 격려가 되었고 용기를 북돋아 주었다. 유수는 알 수 없는 혼란스러운 상황 속에 기회를 틈타 일어났고 반정을 일으켜 '광무중흥'을 실현해 새로운 대한의 세계를 열었다. 동한 말년에 한나라 황실이 쇠락해질 때 유비가 궐기하여 한나라 광무제의 발자취를 쫓으며 다시 한번 한나라 황실을 부흥시킬 희망을 품어 몇 번이나 넘어지다 또 일어났다. 유비는 굴복하지 않고 익주를 근거지로 삼아 결국 한으로 불리우는 나라를 세웠다. 그리하여 사학가 진수는 그를 '고조의 기품을 지닌 영웅의 그릇이다.'라며 칭찬했다.

유비의 한나라 황실은 서기 263년에 멸망하여 한나라 황실은 연속 43년 동안 통치하고 막을 내렸다. 이는 정식으로 유씨의 한나라 황실의 끝을 선고하는 것이었다. '업소고광(業紹高光)'이라는 간단한 네 글자에는 유비의 정통 지위가 담겨있을 뿐만 아니라 촉한 정권이 유씨의 한나라 황실 계승을 아주 높이 평가하고 있음을 명백히 보여주는 것이었다.

편액 아래 대련에는 '황제는 천하의 영웅이었다. 정통 지위를 되찾았으며 황제의 권위를 높이 끌어올렸다. 유비는 파촉계 한나라 황조와 시작과 끝을 같이 했다. 유민들이 아직도 남아 있어 당시의 패업을 그리며 오래된 측백나무로 사당을 만들었다.'라고 적혀 있다. 대련의 문장은 '업소고광(業紹高光)'이라는 글자에 대한 가장 좋은 해석을 내놓고 있는 것이다.

14

유비의 국호는 〈한〉인데
어째서 〈촉〉이라고 불린 것일까

    삼국 '위·촉·오'는 다들 귀에 익은 국호일 것이다. 하지만 이 국호는 어떤 유래를 가지고 있는 것일까? 조비는 어째서 건국 후 '위'라고 국호를 정했던 것이며, 손권은 어째서 국호를 '오'라고 불렀던 것일까? 유비가 세운 정권은 정말 '촉'일까?

    조비는 건국 후 나라를 '위'라고 불렀다. 그 이유는 한나라 헌제가 과거 조조를 위왕으로 봉했기 때문이었다. 조조가 죽은 뒤 조비는 위왕이라는 작위를 계승하여 건국시 '위'를 국호로 정하게 된 것이다. 손권은 건국 후 국호를 '오'로 정했는데, 그 이유는 그의 주요 구역이 장강 아래, 춘추시대 오나라의 옛 고향이었기 때문이다. 또한 손권은 과거 위나라 문제에게 오왕이라는 칭호를 받았기 때문이었다. 그래서 그는 건국시 국호명을 '오'로 하게 되었던 것이다. 그렇다면 유비의 국호는 '촉'인데 무슨 연유에서일까?

    사실 유비가 건립한 정권은 '촉'이 아니라 '한'으로 불렸다. 최초 '한'이라는 국호는 유방에게 나온 것이었다. 한나라 고조 유방은 과거 항우에 의해 한왕에 봉해졌고, 봉해진 토지는 한중이었다. 그가 천하를 평정시킨 후 '한'이라는 글자를 국호로 삼아 역사에서는 '서한'으로 불렸다. 동한 말년이 되어 환관이 정권을 장악하고 정치가

〈삼국지·손권전〉 부분(毛氏汲古閣本, 明崇禎十七年版)

부패하자 군웅들이 혼전을 펼치기 시작했다. 백성들의 생활이 어려워지자 한 경제의 아들 중산정왕 유승의 후예인 유비는 한나라 황실을 부흥시키고자하는 원대한 소망을 품게 된다. 서기 184년 황건군 농민 봉기의 참가를 시작으로 30여 년 동안 남과 북을 정벌하였다. 건안 24년(219년) 한중을 점령한 뒤, 유비는 '한중왕'이라는 칭호를 얻었다. 그다음 해 10월 조조가 병으로 세상을 떠나고 그의 아들 조비가 그를 대신하여 황제가 되었다. 소문에 의하면 한 헌제가 해를 입어 촉한대신들이 모두 상소를 올려 한실종친인 유비를 황제로 세워야 한다고 하였다 한다. 건안 26년(221년) 4월, 61세의 유비가 성도에서 황제가 되어 국호를 '한'이라고 하였다.

유비가 세운 정권은 '한'이라고 불렸다. 이는 삼국시기에는 명확한 것이었다. 제갈량의 〈후출사표〉에서는 이런 문장으로 시작을 한다.

"선제는 한나라에는 조조와 함께 양립할 수 없다고 하셨다."

촉한 진진은 손권이 황제였을 때 국가와 동오를 대표하던 맹문에서 '한나라는 오나라와 맹약을 맺는 것이 적절하다.'라고 말하였다.

유비 정권은 '한'임에도 어째서 후세 사람들은 그의 정권을 '촉'이라고 불렀던 것일까? 이것은 진수가 지은 〈삼국지〉에서부터 이야기를 시작해야 한다. 이 책은 위서, 촉서, 오서의 세 부분으로 나뉜다. 훌륭한 사학가가 어째서 이러한 '잘못'을 저질러 유비의 '한' 왕조를 '촉'으로 표기한 것일까? 이것은 당시의 정치 환경과 관련이 있다. 진수는 서진의 사관으로서 삼국의 역사를 적은 것이기 때문이다. 서진은 사마씨에 의해 건립된 나라였지만 황위는 조위에 의해 양도받은 것이었다. 조위의 황위는 동한에 의해 양도된 것, 그래서 서진과 동한은 하나의 맥을 가지고 계승되어왔던 것이다. 만약 진수가 유비를 동한을 계승한 정통이라고 생각하고 글을 썼다면, 조씨와 사마씨를 부정하게 되는데 이는 당시의 정치 환경에서는 절대 허용되지 않는 것이었다. 진수가 유비 정권을 '촉'이라고 칭했던 것은 어쩔 수 없던 일이었던 것이다. 후대의 사학가들은 그것과 이전에 유방이 건립한 한(역사에서는 '서한'이라고 불린다), 그리고 유수가 건립한 한(역사에서는 '동한'이라고 불린다)을 구분하기 위해, 그것을 '계한' 혹은 '촉한'이라고 부르다가 습관적으로 '촉'이라고 줄여 부르게 되었던 것이다.

국호는 한 나라를 지칭하는 칭호다. 역대 왕조 시대에 건국자들이 가장 먼저 하는 일이 바로 국호를 확립하는 것이었다. 국호는 옛사람들의 새로운 왕조에 대한 기대와 소망을 계승하고 있으며, 왕조의 번영과 쇄락을 보여주기도 한다. 그리고 후세 사람들에게 국호는 영원히 잊을 수 없는 역사를 대표하게 되었다.

15

유비는 몇 명의 아내와 첩을 두었으며 그녀들은 어떤 일을 겪었는가

유비는 '천하영웅'이라고 불리며 평생 얼마나 많은 부인과 첩을 두었을까? 답은 '정확하지 않다.'는 것이다. 사서에서는 감부인, 오부인에 대해서만 기록되어 있다. 전해내려오지는 않지만 성씨와 사적이 있는 2명이 있다. 바로 미부인과 손부인이다. 지금부터 시간 순서대로 하나하나씩 설명하도록 하겠다.

유비의 아내가 처음으로 출현한 것은 건안 원년(196년)이었다. 당시 유비는 하비에 주둔하고 있었는데, 원술의 공격을 받았고, 여포가 이 틈을 타 하비를 취하고 '유비의 부인들을 납치하였다'. 납치된 '부인'들이 몇 명이었는지에 대해서는 정보가 없다. 이것이 유비의 부인이 처음으로 적에게 포로로 잡힌 일이었다.

유비가 강압에 의해 군사를 해서로 돌렸을 때, 그는 그곳에서 또 부인을 얻었다.

"(미)축의 동생은 유비의 부인이 되는데, 이때 갖고 온 노비 2천명과 금은보화를 군비로 사용했다."

전쟁에 패하여 영토도 잃고, 부인도 납치를 당한 힘든 시기에, 부유한 미축은 꽃다운 어린 동생을 주었을 뿐만 아니라 노비와 재산을 보내 유비를 도왔던 것이다. 이런 일들은 유비이기에 가능했던 것이다.

그리고 얼마 지나지 않아 여포는 납치한 유비의 부인들을 돌려 보냈다.

그 후, 여포가 또 유비를 공격해 와서 부인들을 또 납치해 갔다. 유비의 부인이 두 번째 납치되었을 때, 그중에는 미부인도 포함되어 있었다. 후에 조조가 출병하여 여포를 생포하였고, 유비는 다시 부인들을 되찾을 수 있었다. 미부인 외 납치된 부인들은 다시 남편의 옆으로 돌아올 수 있었다. '유비가 부인의 방에서 여러 차례 슬퍼하였다.'는 기록에서 볼 때, 미부인은 일찍 죽음을 맞이했음을 추측해 볼 수 있다. 이로 인해 사서에는 그녀의 사적에 대한 기록을 거의 찾아볼 수 없다.

유비의 다음 부인은 감씨인데, 처음에는 첩으로 있다가 죽은 뒤에야 소열 황후로 즉위되었다. 그 후 유비와 성도 '혜릉'에 합장되었다.

건안 5년(200년), 유비는 조조를 배신하고 떠났으나, 그에게 격패당한다. 조조는 유비의 무리를 모두 받아들였다. 유비의 부인을 포로로 잡았고, 관우도 포획하였다. 유비의 부인들은 세 번째로 적의 전리품이 되어버리고 만 것이다. 이때 포로가 된 '부인'들은 어떤 사람들이 있으며 몇 명이며, 귀환하였는지, 언제 귀환하였는지에 대한 기록은 아예 존재하지 않는다.

건안 13년(208년), 장판파 전투에서 '유비는 부인을 버리고' 도망치고 만다. 이 일을 겪은 '부인들'에 대해서 사적에서는 감부인과 어린 유선, 그리고 유비의 두 딸이 있었다고 전한다.

유비의 부인은 네 번째로 적의 전리품이 되고 만다. 감부인과 유선은 조자룡의 보호를 받아 위험에서 벗어나지만 나머지 사람들의 행방은 불분명하다.

적벽 전쟁에서 승리한뒤 감부인이 세상을 떠나고 유비는 혈혈단신이 되고 만다. 그래서 손권이 여동생을 유비의 부인으로 시집을 보내 관계를 공고히 하고자 한다.

손권의 여동생은 역사에서 '손부인'으로 일컬어진다. 손부인은 유비가 익주로 오고난 뒤 손권이 불러 다시 돌아가고 만다. 그녀가 오나라로 돌아간 뒤로는 아무 소식도 없었다.

건간 19년(214년), 유비는 성도에서 오부인에게 장가를 간다. 당시 유비의 나이는 54세였다.

유비의 부인과 첩에 대해 알아보니, 미부인과 손부인은 모두 그들의 형제자매들이 유비에게 바친 것이었다. 이것은 일종의 정치 행위였다. 유비가 사랑했던 부인들은 아마도 미천한 출신이었던 감부인과 과부였던 오부인이었을 것이다. 유비의 부인들로부터 유비의 일생을 다시 한번 돌이켜 살펴보면, 그녀들은 유비가 전투에서 패배하여 도망가던 도중 네 번이나 버림을 받았다. 이는 유비의 대업이 얼마나 고난의 연속이었는지를 잘 드러내 준다. 일부 부인들은 자신의 형제자매들에 의해 바쳐졌는데 이는 유비의 인망과 영향력을 잘 보여준다. 부인들은 그를 따라 천하를 두루 돌아다니며 생활이 어려워 도처를 떠돌아다니는 고생을 겪었다. 어떤 부인은 적의 전리품이 되기도 하였으며, 그중 일부는 돌아오지도 못하였으니 기구하고 불행한 운명이라 할 수 있을 것이다.

유비의 부인들에 대해서 희곡과 〈삼국연의〉에서는 아주 훌륭한 이야기를 서술한다. 예를 들어 관우가 미부인과 감부인을 호송하는 장면은 '오관을 넘어, 여섯 명의 장군의 머리를 베다.'라는 하이라이트로 묘사한 것이다. 그리고 유비와 손부인을 주인공으로 하는 〈용봉정상(龍鳳呈祥)〉과 〈삼제강(三祭江)〉 등의 희곡이 있는데, 이 작품은 모두 상상 속에서 만들어진 것이다. 이 작품들은 아름다운 소망을 나타내기 위해, 여러 관중들의 시선을 끌기 위해 만들어진 것들일 뿐이다.

16

손부인과 유비는 정말로 사랑하였는가

유비와 손부인의 관계는 〈유비초친(劉備招親)〉, 〈용봉정상(龍鳳呈祥)〉, 〈삼제강(三祭江)〉 등의 이야기로 인해 아주 친밀했고, 서로 진심으로 사랑했던 것처럼 보인다. 하지만 사실은 이와 전혀 다르다.

유비가 손부인과 연을 맺었을 때의 나이는 49세였다. 손부인의 나이는 당시의 일반적인 관습을 생각했을 때 20세를 넘지 않았을 것이다. 외모가 어떠했는지에 대해서는 사서에서는 언급하지 않고 있다. 하지만 그녀의 무를 숭상하는 모습, 용맹하고 강한 모습, 거만하고 난폭한 모습에 대해서는 아주 자세하게 서술하고 있다. 역사에서는 그녀에 대해서 '재주가 많고 용맹하며, 남자같은 기백을 가지고 있었다고 전한다. 백여 명의 시비가 시중을 들었으며 모두 직접 칼을 들고 시중을 들었다.'라고 말했다. 이러한 배경을 가지고 용맹한 부인을 대면하는 유비의 속마음은 평범한 사람들은 알 수 없었을 것이다.

예부터 부부 간의 연령 차이는 사랑에 있어 장애가 되지 않았다. 또한 두 사람의 성격이 달라도 길게 함께 할 수 있으며, 정치적인 결혼도 함께 베개를 베고 이불을 덮고 살아가다 보면 감정이 생기기 마련이었다. 하지만 유비와 손부인의 결혼은 시작부터 끝까지 집단 이익의 힘겨루기라는 어두운 그림자 속에 있었다. 사서 속에서는 대부분 두 사람이 전혀 서로 사랑하지 않았다고 전해진다. 사실을 한 번 살펴보도록 하자.

첫 번째, 유비는 침실에 들어올 때마다 항상 공포와 불안에 떨었다고 한다. 왜일까? 생각해 보면, 부인의 백여 명의 시종들이 항상 칼을 들고 침실 주변을 지키니, 어떻게 남녀 사이의 정이 생길 수가 있었겠는가?

두 번째, 손부인은 점점 더 오만하고 난폭해져 단속하기가 더 어려워졌다. 유비가 형주를 떠날 때 특별히 엄숙하고 진중하기로 유명한 대장군 조운으로 하여금 집안 사무를 관장하도록 했다. 이것은 어쩔 수 없는 일이었다. 그리고 이 사실은 유비의 부부 관계가 순탄치 않았음을 설명해 주는 대표적인 예다.

세 번째, 촉으로 온 뒤, 제갈량은 유비의 형주에서의 날들을 떠올리며 다음과 같이 말했다.

"유비와 손부인이 함께 할 때는 항상 무슨 일이 생길까 두려웠다."

손부인초상화
〈삼국연의〉
(清康熙年两衡堂刊本)

그 때 모든 사람들이 그러한 상황을 느꼈지만, 감히 명확하게 입 밖으로 꺼낼 수 없었다고 한다. 그로부터 몇 년 뒤 제갈량이 내뱉는 탄식을 통해 당시 사태가 얼마나 심각했는지 알 수 있었다고 한다.

넷째, '소열과 서로 의심을 하였으니, 이 성에 머무르지 말라고 하였다.' 당대 이길보의 〈원화군현지(元和郡縣志)〉의 내용에 따르면 '손부인의 성은 잔릉성에서 동쪽으로 5리 거리였다. 한소열 부인은 원씨의 여동생이었는데, 소열과 서로 의심을 하였으니, 이 성에 머무르지 말라고 하였다. 이미 서로 의심하여 성에 머무르지도 않는 정도에 이르렀으니, 유비 부부의 별거를 보여주는 전형적인 사례이자, 부부 관계가 나빠졌다는 것을 공개한 것이나 다름이 없었다.

다섯째, '손부인이 유비의 아들을 오나라로 데려가려고 하다.' 손권은 유비가 촉으로 갔다는 사실을 알고 즉시 배를 파견하여 여동생을 데려오려고 한다. '부인이 아들도 오나라로 함께 데려오고 싶어했지만, 조운과 장비가 군대를 끌고 길을 가로막아 아들을 데려갈 수 없었다.' 손부인은 남편과 친오빠 사이에서 유비를 버리고 친정을 택했다. 그녀는 유비에게 인사도 건네지 않았을 뿐만 아니라, 유비의 친아들 유선을 몰래 데려가려고 했다. 이 사건은 연을 끊겠다는 말과 일맥상통한다. 이후로 손씨와 유씨가 혼인으로 인해 맺어진 좋은 관계는 산산조각이 나고 만다.

유비와 손부인의 결합은 손씨와 유씨 집단의 근본적 이익 충돌로 인해 결국에는 산산조각이 나고야 말았다. 짧았던 정지척 혼인으로 어리고 개성이 강했던 손부인은 크나큰 상처를 받았다. 그녀는 오나라로 돌아갈 때 아무 소식도 남기지 않았다. 그녀가 과부로 살았는지 다시 시집을 갔는지, 어떤 인생을 살았는지에 대한 기록은 존재하지 않는다. 손부인은 무고한 여인이었으며, 이로 인해 많은 사람의 동정을 산 가여운 여인이었다.

희곡과 소설에서는 〈유비초친(劉備招親, 유비의 청혼)〉, 〈용봉정상(龍鳳呈祥, 용과 봉황이 만나 상서로운 기운이 감돌다)〉, 〈삼제강(三祭江, 강을 향한 세번의 제사)〉 등의 아름답고 처량한 이야기를 허구적으로 서술하고 있다. 이는 사람들의 이 정치적 결혼에 대한 재해석임과 동시에 이 혼인의 피해자에 대한 동정심을 표현하고 있는 것이다.

17
유비의 오나라 정벌 이유는 관우를 위한 복수 때문이었을까

손권이 관우를 살해하고 형주를 빼앗자, 유비는 화를 억제하지 못한다. 유비는 서기 221년 7월 황제가 되었고, 3개월 만에 대대적으로 군사를 이끌고 오나라를 정벌한다. 왜일까? 어떤 사람은 그 이유가 관우를 위한 복수 때문이었다고 말하고, 어떤 사람은 형주를 되찾기 위함이었다고 말하며, 어떤 사람은 두 가지 모두 다 그 이유에 해당한다고 한다. 또 어떤 사람은 오나라를 정벌해서는 안 된다고 말했었다. 도대체 왜 오나라를 정벌해서는 안 되었던 것일까? 예나 지금이나 이에 대한 의견이 분분하다.

오나라 정벌은 관우를 위한 복수였다. 이 말은 대체 맞는 것일까 틀린 것일까? 유비, 관우, 장비는 '마치 형제 같은 은혜'와 '한 몸 같은 세 사람'으로 유명했다. 세 사람의 끈끈한 정은 당시 시대 사람들도 모두 아는 것이었다. 관우가 습격을 받고 부자가 포획되어 참살을 당하였다. 이에 대해 유비가 조용히 인내하고 아무런 반응을 안 했던 것도 이상했다. 복수는 필연의 결과였다. 만약 유비가 아직도 거처가 없는 빈곤한 시기였다면, 혹시 이 화를 어쩔 수 없이 참았을지도 몰랐겠지만, 그 당시의 유비는 이미 천하를 가진 황제의 지위에 올라간 유일한 사람이었다. 만약 복수를 하지 않는다면 그의 체면은 어찌하겠는가? 이러한 사실을 조위의 사람들도 모두 알았을 정도였다. 위나라 문제 조비는 여러 신하를 불러들여 '유비가 출병하여 오나라를 정벌하여 관우를 위해 복수를 하는 것이 아니냐.'라는 사실을 추측했을 때, 유엽은 이렇게 말했다.

"촉나라는 비록 작고 약하지만, 유비는 그 나라를 강하게 키우고 싶어 할 것입니다. 그러므로 반드시 출병하여 국력이 충분함을 위시할 것입니다. 그리고 관우와 유비의 관계는 명의상으로는 군신의 관계였지만, 감정상으로는 아버지와 아들과도 같았습니다. 관우가 죽임을 당하였다고 해서, 유비가 관우의 복수를 위하여 공격을 하지는 않을 것입니다. 이것은 정으로 말할 수는 없기 때문입니다."

유비의 오나라 정벌은 관우를 위한 복수였다라는 관점은 〈삼국연의〉에서 아주 지나치게 강조되어 있다.

오나라를 정벌한 이유가 형주를 되찾기 위함이었다는 관점은 맞을까? 맞다. 형주는 유비와 손권이 연합하여 조조를 항복시킨 승리의 땅이자, 유비가 획득한 첫 번째 주둔지였다. 제갈량의 〈융중대(隆中對)〉가 언급한 한나라 부흥 방법은 '형주와 익주를 뛰어넘는 것'이었다. 그 후 두 갈래 길로 나누어 출병하여 진천과 완(宛), 낙양을 통해 중원을 수복하여 한나라 황실을 부흥시키는 것이다. 그 당시 천하를 통일할 중요한 기지를 상실하였으니, 유비의 선택은 당연히 형주를 되찾아오는 것이 아니겠는가?

어떤 사람들은 목적과는 관련 없이 당시 절대 오나라를 정벌해서는 안된다고 말했다 한다. 조운이 이러한 관점의 사람들을 대표하여 유비를 강력하게 설득했었다.

"나라의 적은 조조이지, 손권이 아닙니다. 먼저 위를 멸하면 손권은 알아서 항복할 것입니다. 위나라를 먼저 정복하지 않고 먼저 오나

설제한선주흥병
清康熙年版《三國志演義》

라와 전쟁을 한다면 병세가 교차하여 어쩔 수 없이 무너지고 말 것입니다!"

제갈근도 손권의 명령을 받아 편지로 이익관계를 알리며 말했다.

"폐하, 잘 생각해 보십시오. 관우와 비록 친한 관계라고 하지만 선제만 하겠습니까? 형주의 크기가 천하의 광활함보다 더 가치 있고 크다는 말입니까? 원수를 모두 갚고 나면 누가 더 먼저이고 나중이겠습니까?"

제갈근은 유비가 권력의 경중을 잘 판단하여 다시 한번 생각하고 행동하기를 희망했다. 인정과 이성 사이에서, 큰 도리와 작은 도리 사이에서 선택해야 한다면, 너무 감정적으로 생각하고 이성을 잃어서는 안 될 것이다.

그렇다면 유비는 왜 오나라를 정벌했을까? 옛 학자들과 오늘날 학자들은 모두 형주를 되찾고 관우를 위해 복수를 하자는 두 가지 목적이 함께 있었다고 말한다. 그리고 오나라를 정벌해야 했는지 말았어야 했는지에 대한 의견은 아직도 분분하다. 더군다나 제갈량도 오나라 정벌 문제에 대해서는 명확한 의견을 내놓지 않아서 더 곤혹스러웠을 것이다. 게다가 오나라 정벌에서 참패했다는 것은 오나라 정벌 문제에 대해서 더욱 불확실성만을 더해 주고 있다. 같은 일이라도 보는 각도에 따라서 의견들이 분분한 아직도 결론이 나지 않은 문제이다.

두보의 〈팔진도〉시에는 '오나라를 삼키지 못해 한이 남는다.'라는 구절이 있다. 어떤 이들은 제갈량이 유비의 오나라 정벌을 제지하지 않은 것에 대한 유감이라고 말하고, 어떤 이들은 '한이 남는 것'은 오나라를 정벌하지 말았어야 한다는 것을 가리킨다고 말하고, 또다른 이들은 이 '한'이 오나라 정벌을 할 수 없었다는 사실을 말한다 한다.

18
유비는 임종 때
유선에게 무엇을 말했을까

　백제성은 유비가 임종 시 제갈량에게 아들 유선을 부탁했던 곳으로 유명하다. 사람들은 유비가 제갈량에게 했던 말을 잘 알고 있다. 그러나 그가 아들 유선을 부탁하면서 두 가지의 유언이 있었다는 점은 잘 알려져 있지 않다. 그렇다면 그는 도대체 어떤 유언을 남긴 것일까?
　첫 번째 유언은 단 한마디라고 한다. 사서에는 유비가 아들에게 다음과 같이 당부했다고 전해진다.
　"너는 모든 일을 함에 있어 승상에게 의탁하고, 그를 아비처럼 대하도록 하여라."
　그는 유선이 제갈량을 아버지로 삼아 그의 집정에 간섭하지 않을 것을 당부하였다. 또한, 제갈량은 유선을 아들로 삼아 세심하게 옆에서 보좌해 줄 것을 바랬다. 그리고 촉나라의 신하와 백성들에게는 제갈량의 집권은 인정할만하니 안심하고 의심을 하지 말라는 메시지를 알려준 것이었다. 이 말은 유선에게만 한 것이 아니라, 제갈량과 촉나라의 아래위 사람들에 대한 고백이었음은 너무나 자명했다.
　다른 유언은 유선에 대한 것이었다. 전문은 다음과 같다.
　"짐은 초기에는 이질에 걸린 것 뿐이었지만, 후에는 다른 병에도 전염되어 이제는 치료할 수 없게 되었다.

〈삼국지·유비전〉 부분(毛氏汲古閣本, 明崇禎十七年版)

    사람이 50세가 되면 요절했다고 말하지 않는다. 나는 이미 나이가 60이 훨씬 넘었다. 인생에 어찌 남아 있는 한이 있겠는가! 하지만 남아 있는 유선과 형제들이 마음에 걸리는구나. 나는 삶을 통해 '아무리 작은 나쁜 일이라도 해서는 안 되며 아무리 작은 선행이라도 행하지 않으면 안 된다.'라는 것을 깨달았다. 만약 이러하다면 나는 어떤 걱정도 없을 것이다. 그것을 반드시 행하도록 격려해야 한다! 격려해야 한다! 아무리 작은 나쁜 일이라도 해서는 안 되며, 아무리 작은 선행이라도 행하지 않으면 안 된다. 어질고 덕이 있는 자만이 사람들을 설복시킬 수 있음이다. 너의 아버지는 덕이 모자라 그것의 효력을 보지 못하였다. 평소에는 〈한서〉와 〈예기〉를 읽고, 한가할 때면 〈제자백가〉와 〈육도〉와 〈상군서〉를 읽어라. 지혜를 더할 수 있을 것이다. 들자 하니 승상이 너를 위해 〈신(申)〉, 〈한(韓)〉, 〈관자(管子)〉, 〈육도(六韜)〉 등의 책들을 엮고 있다고 들었다. 이미 몇 번 수정을 거쳤으나 아직 보내지 못했다고 한다. 이것들을 모두 잘 배우고 나면 네 능력으로 큰일을 해낼 수 있을 것이다."

유비는 아들에게 자신의 나이가 이미 60이 넘었으니 죽어도 여한이 없으나, 그저 아직 성년이 되지 않은 유선 형제들이 마음에 걸린다고 말한다. 그는 자신의 인생을 통해 '아무리 작은 악이라도 해서는 안 되며, 아무리 작은 선이라도 반드시 해야 한다.'는 진리를 깨달으며, 아들이 잘 실천하여 선을 행하고 덕을 쌓기를 바랐다. 이렇게 해야만 어지러운 세상 속에서 우뚝 설 수 있다는 것이다. 두 번이나 강조한 '격려해야 한다.'라는 말은 유선에 대한 깊은 아버지의 사랑을 느낄 수 있게 한다. 마음에서 우러러나오는 희망을 남김없이 드러낸 것이다.

유비는 왜 이렇게 말했을까? 왜냐하면, 그는 평생동안 아들딸들에게 미안한 것이 너무 많았기 때문이다. 아들딸들을 기르고, 교육할 시간도 조건도 되지 않았고, 자식들에게 필요한 따뜻한 품을 주지 못했다. 죽음이 다가올 때 사원(사군)으로부터 아들의 학업이 날로 늘고 있다는 사실을 들었다. '바랐던 것보다 더 많은 발전이 있다.'는 말에 유비는 매우 기뻐했다. 동시에 아들이 책을 더 많이 읽고 경전을 더 많이 읽고 역사를 더 많이 읽기를 바랐다. 제자백가를 언급한 것으로 보아 여러 기술을 함께 배워 지혜도 쌓기를 바랐다. 제갈량이 유선에게 제공한 그 책들에 대해 동의했으며, 유선이 그 책들을 더 열심히 공부하기를 바랐다. 유비는 아들 유선의 자질과 지력을 잘 알고 있었다. 그래서 책을 읽으면서 지략을 발전시키기를 요구했고, 자신의 인생 경험을 들려주며 사람이 되는 법을 배우기를, 어질고 덕이 있는 사람이 되기를 바랐다. 왜냐하면, 이것이 가장 중요한 것이었기 때문이다. 천재적인 소질이 부족한 상황에서 어짊과 덕은 아주 크나큰 재산이었다. 그래서 그는 유언 중에서 아들에게 한나라 황실을 부흥시키고, 천하를 통일하라는 뜻을 언급하지 않았고, 유선이 작은 일부터 시작하여 점점 경험을 쌓아 어질고 덕이 있는 사람이 되기를 기대했다. 그리고 이러한 것을 바탕으로 세상에서 우뚝 서서 어질고 덕이 있으며, 지략이 있는 군주가 되기를 바랐던 것이다.

이 유언은 아주 중요하다. 이 유언으로부터 사람들은 유비의 임종 전 유선이 어질고 덕이 있는 사람이 되기를 바라는 마음, 각종 책을 많이 읽고 재주와 지혜가 많은 사람이 되기를 바라는 마음을 알 수 있기 때문이다. 이것이야말로 아버지의 아들에 대한 진짜 사랑 아니겠는가!

'아무리 작은 나쁜 일이라도 해서는 안되며, 아무리 작은 선행이라도 해야 한다.' 유비가 임종 전 유선에게 말한 이 한마디는 명언으로 오랫동안 전해져 내려와 여러 세대에 걸쳐 긍정적인 에너지를 전해 주었다.

19

유선은 정말
'도와줘도 소용없는 아두'였을까

유비의 아들 유선을 떠올릴 때마다 '도와줘도 소용없는 아두(扶不起的阿斗).'라는 말이 떠오르게 마련이다. '도와줘도 소용없는 아두.'라는 말은 옛 속담인데, 무능하고 큰일을 할 수 없는 사람을 가리킨다. 왜 유선을 이런 말로 부르는 것일까? 정말 그는 도와줘도 소용없는 사람인 것일까?

사서의 기록에 따르면 아두는 정사를 돌볼 생각은 하지 않고 하루 종일 놀기만 할 줄 알았다고 한다. 그는 후궁에 12명의 첩이 너무 적다며, 첩의 수를 늘릴 것을 강력하게 요구한 적이 있다고 한다. 제갈량이 죽자 그는 바로 도강언으로 풍경을 감상하러 갔다고 한다. 제갈량 같은 훌륭한 신하가 옆에서 유선을 도와주고 가르쳐 주었어도 소용이 없었다. 결국, 강산은 위나라로 넘어가 버리고 만 것이다. 위나라가 촉나라를 멸하기 위해 쳐들어왔을 때 제갈량의 아들과 손자들은 전쟁터에서 용감하게 싸우다 전사하고, 유선의 아들 유심은 가족들을 모두 죽이고 유비의 사당에서 대성통곡한 뒤 자결했다. 구차하게 살아가면서 항복하는 것이 굴욕스러워 나라에 순국한 것이다. 유심은 항복한 뒤 낙양으로 옮겨갔음에도 불구하고 유선은 망국의 한을 알지 못한 채 '안락하여 촉을 그리워하지 않는' 이야기를 후세에 남긴다.

촉도 취운랑 아두백 - 아두가 항복해 낙양에 가는 도중 비를 피한 곳

〈삼국연의〉에는 이 내용이 더 과장되게 묘사되어 있는데, 이런 연유로 사람들이 그를 '도와줘도 소용없는 아두.'라는 말로 형용하게 된 것이다.

그렇다면 유선은 정말 도와줘도 소용이 없는 쓸모없는 황제였을까?

역사상 유선은 황제 자리에 41년을 있었다. 서기 223년 유비가 병으로 세상을 떠났을 때 유선은 황제 자리를 이어받았다. 당시 그의 나이는 17세밖에 되지 않았다. 그는 부친이 임종 전 남긴 가르침인 '승상을 모든 일에 있어 아버지처럼 모신다.'라는 말을 항상 지켰다. 정치에 관한 일은 그 일이 크든 작든 제갈량의 의사결정에 의해 처리되도록 하였다. 확실히 '정치는 제갈량이 제사는 유선'이라는 말을 지킨 것이다. 그는 황제의 명분만을 유지했으며, 제갈량이 충분히 황권을 누릴 수 있도록 하였다. 의심도 하지 않았고 간섭도 하지 않았다. 이로 인해 촉한은 유비가 전투에서 패하여 병으로 세상을 떠난 지 5년도 안 되어 남중을 평정하고, 손권과 유비의 연맹을 회복하여 '부귀하고 풍요로운 나라'를 만들었다. 그 후에도 제갈량은 순조롭게 북벌을 진행하여 강력했던 조위도 거북이처럼 관중에 숨어 감히 출전하러 나오지 못했다.

제갈량이 세상을 떠난 뒤 장완이 보좌하던 기간에 촉한의 정세는 비교적 안정적이었다. 백성들도 안정된 생활을 누리며 즐겁게 일하였다. 후에는 강유가 수시로 위나라를 공격하였다. 유선도 정직하고 진실한 사람이었기 때문에 관례에 너무 벗어나는 일들은 하지 않았다.

하지만 장완이 죽은 뒤 유선은 국정에 끼어들기 시작한다. 유선이 군대와 정치를 통솔하기 시작한 것이다. 그 이후로 촉한은 그저 밑천을 까먹으며 점점 쇠락할 수밖에 없었다. 후에는 유선이 아첨을 하는 사람들을 믿게 되어, 환관 황호가 정치에 간섭을 하기 시작해 조정 신하들 사이에 불화가 생겼고 결국 촉한은 멸망하고 말았다.

〈삼국지〉에서 진수는 유선을 이렇게 평가한다.

"유선은 현상이 보좌할 때는 도리를 따르는 황제였다. 하지만 환관에게 미혹되었을 때는 우둔한 군주가 되어버렸다."

옛사람들은 이렇게 말했다.

"하얀색의 천은 딱 정해진 색이 없다. 어떤 색으로 염색하느냐에 따라 그 색으로 변하게 된다."

유선이 바로 이 말이 가장 잘 들어맞는 예시라고 할 수 있겠다.

이렇게 보아하니 유선은 결코 완전 '도와줘도 소용없는 아두'는 아니었다. 현상의 보좌가 있으면, 그는 도와줄 만한 가치가 있는 아두가 되었던 것이다. 촉한 말 그는 간신들의 말을 믿어 결국 항복을 하게 되고 옆에서 도와주는 사람이 없게 되었다. 유선은 확실히 능력이 있는 사람은 아니었다. 사람들의 도움이 필요했다. 그가 어떤 사람이 될 수 있느냐의 관건은 바로 그 옆에서 어떤 사람들이 보좌하느냐에 있었던 것이다. '흰 천은 수시로 변한다. 그것을 어떻게 염색하느냐에 따라.' 진수의 이 비유는 유선에 대한 아주 공정하고 정확한 평가였던 것이다.

요즘 학자들은 유선을 다시 평가해야 한다고 말하며, 유선이 '후세 사람들에 의해 오해를 받은 어질고 덕이 많은 군주였다.'고 말한다.

20

유비의 아들 유선의 이름에 관해

중국에는 아주 많은 한자가 있다. 하나의 글자에 여러 음과 여러 뜻을 가진 글자들도 있다. 유선의 '선(禪)' 자가 바로 그 대표적인 예라고 할 수 있다. 유선의 '선(禪)'자는 도대체 어떤 음으로 읽어야 하는 것이며, 어떤 의미가 있는 것일까?

먼저 '선(禪)'자의 독음에 대해서 이야기를 해 보자. '선(禪)'자는 chán으로도 읽을 수 있고, shàn으로도 읽을 수 있다. 독음이 다르니, 의미도 당연히 다르다. '선(禪)'이 chán으로 읽힐 때는 불교 용어 '선나(禪那)'의 약칭이다. 조용히 생각한다는 의미를 지니는 불교 수행 방법의 일종이다. '좌선(坐禪), 참선(參禪)'이라는 단어들은 불교와 관련된 사물을 가리킨다. 선심(禪心), 선장(禪杖), 선방(禪房) 같은 단어들도 마찬가지이다. 반면 '선(禪)' 자가 shàn으로 읽힐 때는 고대 제왕이 산천 토지에 지내는 제사의식을 가리킨다. '태산봉선(泰山封禪)'이라는 말은 제왕이 다른 사람에게 직위를 양보하거나 계승자에게 자리를 전수해 주는 행위를 말한다. 선위(禪位), 선양(禪讓), 선계(禪繼) 등의 단어들이 이에 속한다. 즉, 정리하자면 '선(禪)' 자가 chán으로 읽히면 불교와 관련된 단어이고, shàn자로 읽히면 제왕의 행위와 관련된 뜻이라는 것이다.

도대체 유선의 '선(禪)'자는 어떤 음으로 읽어야 하는 것일까? 우리는 유선의 이름에 담긴 의미와 특징 그리고 그의 자에 담긴 단어의 뜻 사이에서 연관 관계를 찾아 정확한 답을 구하고자 하였다.

옛사람들은 일반적으로 이름과 자가 따로 있었다. 그리고 이름과 자는 단어 의미가 상통하거나 보충할 수 있도록 지었다. 예를 들어 제갈량의 이름은 량, 자는 공명이었는데, '량'과 '명'은 모두 '광명'이라는 뜻을 지니고 있었다. 주유의 자는 공근이었는데, 그의 이름인 '유'와 '근'은 모두 '아름다운 옥'을 가리켰다. 아름다운 덕을 지닌 현명한 인재라는 뜻이다. 노숙의 자는 자경이었는데, 그의 이름인 '숙'과 '경'은 모두 '공경'의 의미를 가지고 있었다. 이에서 알 수 있듯, 옛사람들의 이름과 자는 대다수가 같은 의미를 지니고 있었다. 유선의 자는 공사(公嗣)였다. '사(嗣)'는 황제의 자리를 계승한다는 의미를 가지고 있었다. 이것은 계승인에게 자리를 전수한다는 '선(禪, shàn)'과 같은 의미를 가지고 있

유선초상화 -
〈삼국연의〉(清康熙年两衡堂刊本)

는 것이다. 이는 유비가 자기의 아들이 자신의 이상과 포부를 계승하기를 희망한다는 것을 드러낸 것이었다.

유비가 삼고초려시, 제갈량에게 그의 뜻은 한나라 황실을 부흥시키는 것이라고 드러냈었다. 유비는 24세부터 군대를 일으키기 시작하여 61세에 황제가 되었고, 37년 동안 갖은 어려운 일들을 겪어 결국 촉한의 기초를 세우는 일을 해 냈다. 이러한 불굴의 정신과 위험도 두려워하지 않는 정신은 유비가 이상에 대해 끝까지 추구하는 집념이 있었음을 충분히 드러내 준다. 그리고 아들 유선(shàn)은 바로

그의 이러한 포부의 연속이자 희망이었다.

이로 인해 유비는 유선을 태자로 봉할 때 이렇게 말했다.

"태자 유선아, 짐은 한의 천운이 어려움에 처하고, 반역자들이 나라를 찬도하여 우리나라의 강산이 주인이 없을 때를 만나, 격인군정(천도를 아는 이와 뭇 바른 자들)들이 천명을 받들어, 짐이 한나라의 대통을 계승할 수가 있었다. 이제 유선을 황태자로 삼아 종묘를 계승하여 사직을 엄숙하게 공경하게 하리라."

유선으로 하여금 종묘를 계승하고 사직을 엄숙히 공경하게 하는 것, 이것이 바로 '공사(公嗣)'에 대한 가장 훌륭한 해석일 것이다. 이것은 유비가 아들 유선(shàn)의 이름 중 자신의 정치적 포부를 담았음을 확실하게 보여주는 것이다. 그는 자기 아들이 한나라 황실의 정통을 계승하여 한실의 기업을 부흥시키고 나라를 책임지는 무거운 책임을 질 수 있기를 희망했다.

유선의 이름과 자는 유비의 아들에 대한 한나라 황실 대통의 계승에 대한 깊은 뜻이 담겨있었다. 이 숨겨진 의미를 이해하면 더 이상 유선의 '선'자를 잘못 읽는 일은 없을 것이다.

유선은 아버지의 기대를 버리고 재위 41년째 적에게 항복을 하고 말았다. 이러한 연유로 그의 이름은 '선위, 선량'의 의미가 되어버린 것이다. 다의어 때문에 그의 이름이 이런 뜻을 가진 것으로 오해가 생겼을 줄은 아무도 상상하지 못했을 것이다!

21
유비전에는
왜 유선의 조각상이 없는가

유비전의 동편전에는 관우 부자의 조각상이 있고, 서편전에는 장비와 세 손자의 조각상이 있다. 하지만 대전 안에는 유비와 유비의 손자 유심만 함께 있을 뿐이다. 여기서 우리는 어째서 유비의 아들 유선 조각상이 없는지 호기심이 생길 수밖에 없다.

사당 제사를 지낼 때는 일반적으로 3대를 위해 향을 피우게 마련이다. 이로 인해 무후사 안에는 제갈량의 할아버지와 손자, 장비의 할아버지와 손자가 모두 모셔져 있다. 문헌 자료 내용에 따르면 유선은 과거에 사당이 있어 유비를 모시고 제사를 지냈다고 한다. 단지 후에 마치 공개적으로 금지를 명한 것처럼 사당이 훼손되었을 뿐이다.

시인 두보가 성도에 있을 때 유선의 사당을 보고서 '가련한 아들이 사당으로 돌아오다.'라는 시구를 쓴 적이 있다. 〈송사·장당전〉에 기재된 내용에 따르면, 그가 동호각을 수리할 때, '촉선주 혜릉, 강독사에서 교목을 베어, 또 한 번 토지와 유선사가 훼손되었다.'고 한다. 이로 보아 송나라 경력년(1041~1048년) 이전, 유선 사당이 있었으나, 촉나라의 주사 장당이 동호각을 수리하기 위해 유비의 묘와 강독사의 측백나무를 베라고 명령했고 이로 인해 유선의 사당이 훼손되었던 것이다. 남송오는 과거 〈능개재만록(能改齋漫錄)〉에서 이처럼 말했다.

"촉 선주의 사당은 성도 금관문 밖에 있었다. 서협은 무후사였고, 동협이 바로 아들 유선의 사당이었다. 장공당 수촉은 유선이 국토를 보전하지 못하자 그 사당을 폐해버렸다."

유선의 조각상과 사당이 폐해진 이유는 바로 그가 항복하여 나라를 멸하게 했기 때문이었다.

그렇다면 유선은 도대체 어떤 사람이었을까?

유선에 대해 말하면 사람들의 머릿속에는 '도와줘도 소용없는 아두', '향락을 즐기며 촉을 생각하지 않다' 등의 속담들을 떠올린다. 유선의 조각상이 그의 아버지 유비와 함께 없는 이유를 당연한 일로 여긴다는 것이다.

유선은 서기 223년 17세에 황제의 지위를 물려받아 41년 동안 재위했다. 후세 사람들이 그를 '도와줘도 소용없는 아두.'라고 불렀던 이유는 바로 그가 싸우지도 않고 위나라에 항복했기 때문이었다. 항복한 후에는 낙양으로 갔다. 사마소가 그에게 촉나라의 땅 고국이 그립지 않냐고 물었을 때 유선은 이렇게 말했다.

"이곳에서 즐거워 촉나라가 생각나지 않습니다."

그래서 '향락을 즐기며 촉을 생각하지 않다.'라는 이야기가 유선에

유비전 내 비어 있는 유선의 화상 자리

게 붙었던 것이다. 이로 인해 그에게는 나라를 잃고도 슬퍼하지 않고 향락만 탐닉하였다는 낙인이 찍혔던 것이다.

명나라 초, 유비 능묘와 무후사가 다시 지어졌고, 이후에도 몇 번의 수리를 했지만, 유선의 사당과 조각상에 대한 기록은 없다. 청나라 건륭년에는 또 한 번 소열묘를 수리하고, 사당 내 조각상을 다시 한번 조정해 좌편전에는 관우, 우편전에는 장비를 세웠고, 오직 유심만 유비와 함께 놓여 있다.

중국 고대 유가문화에서는 충효절의를 따르고 숭배했다. 유선이 싸우지 않고 항복한 것은 한에 대한 불충이자 동시에 아버지에 대한 불표, 절조와 의로움이 없는 행동이었다. 충과 효가 지배하던 봉건사회, 특히 송대 성리학이 성행하던 시기에 유선이 소열묘와 유비의 옆에서 배척되었던 것은 당연한 일이었다.

그와 반대로 유선의 아들 유심은 유선이 항복을 결심했을 때 꿋꿋이 반대하며 성을 지키며 전쟁터에서 싸웠다. 후에 자신의 의견이 받아들여지지 않자 유비 능 앞에서 자신의 아내와 아들을 죽이고 자결을 하며 순국했다. 이러한 충효로 인해 유심은 옆에서 제사를 받을 수 있는 자격을 부여받았고 사람들의 존경과 추앙을 받게 되었다.

《삼국지·후주전》의 한 부분
(毛氏汲古閣本, 明崇禎十七年版)

유선사묘와 조각상이 금지되었던 것은 윤리 도덕관에 따른 원인 외에도 〈삼국연의〉의 과장된 묘사와도 관련있다. 현재 일부 학자들은 유선을 다시 평가하고 있다. 그의 항복과 '향락을 즐기며 촉을 그리워하지 않은' 언행에 대해 새로운 해석을 내놓으며 유선을 '평범한 군주' 혹은 '인자하고 덕이 두터운 군주.'라고 평가한다.

22
유비의 손자 유심은 왜 함께 제사지낼 자격이 있는가

유비전에는 아들 아두의 조각상이 없고 손자 유심이 옆에서 지키고 있다. 그 이유는 무엇일까?

유심(?~263년)은 유선의 5번째 아들이었다. 어렸을 때부터 보통 사람보다 총명했다. 경요 2년(259년) 6월, 유심은 북지왕으로 임명되었다. 비록 유심은 아버지 아두만큼 유명하지는 않았고 그를 알고 있는 사람들도 많지 않았지만 그의 나라를 위한 충성스러운 마음과 비장한 행동거지는 사람들로 하여금 탄복을 금치 못하게 하였다. 이것이 바로 유심이 유비 옆에 함께 세워져 있으며 조각상의 모양도 아주 늠름한 자태를 하고 있는 이유이다.

서기 263년, 조위의 대장군 등애가 군대를 이끌고 촉을 멸망시키기 위해 음평을 침입하여 촉한의 중심지까지 쳐들어왔다. 그리고 금죽(사천 라한)에서 제갈첨, 제갈상 부자를 격패하고 성도 평원까지 들어왔다. 유선은 군신들을 소집하여 의견을 모았다. 어떤 사람은 동쪽으로 가서 손오에게 항복하자고 주장했고, 어떤 사람은 남중으로 퇴각하여 험준한 지형을 이용하여 위나라 군대에 맞서 싸우자고 하였다. 하지만 죽기를 두려워한 유선은 결국 광록대부 초주의 의견을 받아들여 조위에게 항복할 준비를 한다. 유심은 이 사실을 안 뒤 입

궁하여 강력하게 황제를 설득한다. 그는

"만약 정말 막다른 길에 다다르고, 국력이 쇠했다면 재앙과 실패는 분명 다가올 것입니다. 이때는 아버지와 아들, 군주와 신하 모두 생사를 함께 해야 하는 공동 운명을 지니고 있습니다. 우리의 나라를 위해 죽을 때까지 싸워야 하는 것입니다. 이래야만 나중에 선제를 볼 수 있는 면목이 있을 것입니다."

유심은 한 자씩 간곡히 청했고 구구절절 눈물을 흘렸지만 부친 유선의 마음을 바꾸지는 못했다. 유선은 여전히 마음을 바꾸지 않고 사람을 파견해 등애에게 자신의 옥새를 건네주며 항복을 하라고 했다. 유심은 너무나 슬프고 분했다. 그리고 역대 조상들을 만날 면목이 없다고 생각하고 소열묘에 가서 한바탕 울었다. 그리고는 '먼저 아내와 아들을 죽이고는 자결을 했다.' 이러한 장면에 현장에 있던 시종들도 마음이 아파 통곡을 했다.

유심의 이러한 국가와 함께 살고 죽는 정신은 후세의 사람들에게 많은 추종과 경망을 받게 되었다. 그로 인해 후세의 백성들은 그를 조각하여 유비 옆에 모시고 함께 제사를 지내며 존경을 표시한 것이다. 근대 문학인 유예파는 대련 한 폭에 글을 써 유심 조각상 양측에 걸어두어 그의 장렬함이 잘 드러날 수 있도록 해두었다. 대련에 쓰여 있는 말은 다음과 같다.

"生不視強寇西來" 관련 탁본

"살아서는 적군이 서쪽에서 공격해 오는 것을 보지 못하였으니 하늘도 무심하구나. 슬퍼서 흘린 눈물이 강과 산을 덮는구나. 죽어서는 땅 아래에 있는 선황을 뵈러 가니 그 자태가 장렬하고 용맹스럽구나. 시야를 넓혀 일찍이 남북 사람들을 보지 않았던가."

이 외에도 유심의 발자취는 사람들에 의해 무대 위로 옮겨져 경극 〈곡조묘(哭祖廟)〉, 천극 〈살가고묘(殺家告廟)〉 등의 극으로 만들어져 유심의 장렬한 순국정신이 후세에 널리 알려지게 되었다.

유심조각 (유비의 손자)

성도에는 무후사 유비전에서 제사를 지내는 유심의 조각 외에도 사마도가에 오래된 황후묘가 하나 있다. 유심의 부인 왕비 최씨의 조각이 모셔져 있는데, 이는 유심과 유심의 부인이 강산에 함께 죽고자 하는 행위를 잘 보여준다.

23
유비의 아들과 손자는 몇 명일까

유비의 자녀가 몇 명인지에 대해서는 정확히 알려지지 않았다. 여러 역사 사적들에는 양자 유봉, 태자 유선, 서자 유용과 유리 그리고 두 딸에 대해서만 언급하고 있다.

유봉은 유비가 형주에 있을 때 친아들이 없어 받아들인 양자다. 〈삼국지〉에서 전해 내려온 소식이다. '유봉은 무예가 뛰어나고 기력이 보통 사람보다 강한 사람이었다.' 그는 맹달과 상용, 방릉 등의 지역들을 지켰다. 하지만 번성과 양양 공격을 도와 출병하라는 관우의 명령을 듣지 않아, 맹달과 사이가 틀어졌고, 결국 맹달이 위나라에 항복을 하여 제갈량과, 유비에 의해 죽임을 당했다. 그에게는 림이라고 불리는 아들이 있었는데, 촉나라가 멸망할 때 유선을 따라 낙양으로 갔다.

친아들 유선(207~271년)은 아두라고 불리웠는데, 이 내용은 〈삼국지〉에 전해 내려온다. 유비가 병으로 서거하여 유선은 17세에 황제의 자리에 즉위하였다. 유비가 죽기 전 그에게 신신당부하였으니,

"너는 승상과 함께 일을 하고, 승상을 아비처럼 대하라."

라고 하였다. 이에 제갈량과 장완 정권 시기에 유선은 비록 황제이기는 하였지만, 두 손을 놓고 후궁에서 시간을 소요했을 뿐이었다. 그

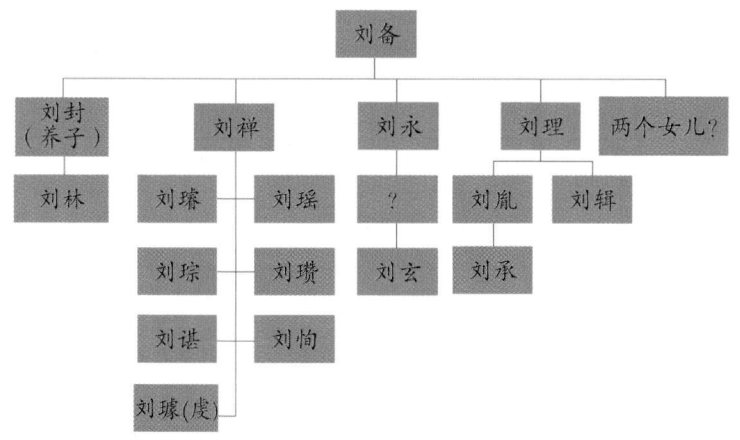

유비후계자손 안내도

는 제갈량의 대권 장악에 대해 시기하지도 않았으며, 간섭하지도 않았다. 촉나라는 여전히 안정과 부강한 상태를 유지할 수 있었다. 연희 9년(246년), 장완이 사망하였다. 이때 유선의 나이가 40이었는데, 드디어 나랏일을 직접 섭정하기 시작했다. 그는 진지, 황호 등 간사하고 아첨을 잘하는 사람들을 믿고 등용하였다. 촉한의 국력은 나날이 쇠하기 시작했다. 경요 6년(263년) 위나라 등애가 몰래 음평으로 들어와 성도에서 군사를 지휘하였다. 유선은 초주의 말을 듣고 거국적으로 항복하였다. 그의 재위 41년에 일어난 일이었다.

유선은 항복한 뒤 낙양으로 거처를 옮겼고 안락현공에 봉해졌다. 그리고 '즐거워 촉나라가 생각나지 않는다'의 이야기를 남긴 것이다. 그리고 중국 역사상 나라를 버린 전형적인 군주가 되어버린 것이다.

유선의 황후와 첩은 모두 12명이었을 것이다. 황후의 전후로 2명의 여인은 장비의 딸들이었다. 첩들 중에서는 2명만이 역사에 기록되어 있다. 한 사람은 왕귀인이다. 그녀는 태자 유선(劉璿)의 어머니였다. 또 한 사람은 바로 이소의이다. 촉나라 멸망 시 촉나라 궁 안의 아름다운 미녀들은 아내가 없던 조위의 장군들에게 바쳐졌다. 이소의가 이 소식을 안 뒤

"저는 다른 사람을 모시면서 굴욕을 당할 수 없습니다."
라고 말한 뒤 자결을 택했다.

유선의 서제 유용은 환관 황호를 무척 싫어하여 욕을 먹고 유선과 멀어졌다. 유선이 항복을 할 때 그도 따라 낙양으로 갔다. 그리고 그에게는 현이라는 손자가 있었다.

유리 또한 유선의 서제였으며, 유용과는 다른 어머니에게서 태어났다. 즉, 유선, 유용, 유리 세 사람은 같은 아버지를 공유하고 있지만 어머니는 다른 형제였던 것이다. 유리의 아내는 마초의 딸이었다. 유윤, 유집이라 불리는 아들을 두었으며, 유윤은 유승이라는 아들이 있었다. 유선이 항복했을 때 유집은 낙양으로 함께 옮겨갔다.

유비의 딸이 몇 명인지에 대해서는 알려진 바가 없다. 사서에 기록된 바로는 2명일 뿐이다. 〈삼국지·조인전〉 부속인 〈조순전〉 내용에 따르면, '조순은 형주 정벌에 종군해 유비를 장판까지 추격하고 그의 두 딸과 치중을 노획했다.'고 한다. 이 두 딸의 그 이후 행방은 자세히 알려진 바가 없다.

유비의 손자에 대해서는 앞에서 서술한 것 외에 유선의 자녀가 7명이 있었다고 전해진다. 하지만 딸이 몇 명이었는지에 대해서는 자세한 정보가 없다. 태자 유선(劉璿)은 '함희 원년(264년) 정월, 종회가 성도에서 반란을 일으켰을 때 반란군에게 해를 입었다.'고 한다. 그의 동생은 유요, 유종, 유찬, 유심, 유순 그리고 유거(혹은 건)가 있었다. 태자 유선(劉璿)의 형제 7명 중 4명은 촉이 멸망할 때 아버지를 따라 낙양으로 갔고, 그중 유순은 유선(劉禪)이 죽은 뒤 안락공작이 자리

를 계승하였다. 유거, 유종, 유심 무리는 죽임을 당하거나 병으로 죽었거나 자살을 했다고 전해진다. 그리고 유심의 '가족을 죽이고 유비 묘에 고하다' 고사 속의 죽음은 비장하여 사람들을 감동시켰다.

유비는 '천하의 영웅'으로 예찬받았지만, 아들과 자손들은 모두 평범하였고, 기본적인 업무도 수행하기 어려웠으며 결국 망국의 포로가 되어버리고 말았다.

하남 학벽시 북쪽으로 16km 떨어진 곳에는 용궁촌이라는 곳이 있는데, 소문에 의하면 유선이 안락현공으로 봉해진 뒤 이곳에 거주했다고 한다. 오늘날까지도 식별 가능한 유적이 있다.

24
유비의 후예는 현재 어디에 있는가

유비의 자손들과 후예들이 현존하는가?

유선이 항복을 한 뒤 그와 형제자매, 그리고 손자들은 낙양으로 옮겨가 거주하였는데, 그 무리는 도대체 몇 명이었을까? 〈삼국지 · 후주전〉 내용에 따르면 '아들과 자손은 도위 3명, 후로 봉해진 자 50여 명이었다.'고 한다. 그중 후로 봉해진 관직에 남성이 이렇게 많았던 사실에서 유비의 후예가 이미 많이 번성하여 자식들을 거느린 여러 가정을 꾸렸음을 알 수 있다. 그들의 행방에 대해서는 사서에서 이렇게 기재하고 있다.

한제 현덕공 대만에 거주하는 후손이 성도에 와 조상을 알현함(1996)

"촉이 패하고 유심은 자결을 택하고 나머지들은 모두 옮겨갔다. 영가대란 발발시 자손들은 모두 멸하였다. 오직 유영과 손자 유현만이 촉으로 도망 갔으니, 이웅이 유선의 뒤를 계승하기 위해 거짓으로 안락공에 배치되었다. 용화 3년(347년), 이세(李勢)를 토벌하고 손성이 군대를 끌고 성도에 가서 유현을 뵈었다."

즉 유비의 일가족은 서자 유영의 자손 유현만 남고 서진의 전란 때문에 자손이 모두 멸살 당했다는 것이다. 소문에 의하면 유영의 후예는 지금까지 존재하고 있는데, 족장은 대만성 대북시의 유천주(劉天註) 선생이라고 한다. 그는 지난 1990년도 여러 차례 성도에 와서 유비의 묘 앞에서 분향을 하며 무릎 꿇고 절을 하며 선조에 아뢰고 본가에 귀환했다고 한다.

대북시의 유천주 선생이 유비의 후예라는 사실은 〈팽성당류씨대종보(彭城堂劉氏大宗譜)〉라는 두꺼운 책 속에 기록되어 있다. 그가 말하길 그의 조상 유수는 유영의 제49대손인데, 명나라 시대 복건 천주시 호전향 황도촌에 거주했다고 한다. 유비의 후손이라는 이유로 마을의 이름이 '황촌'이었는데, 이 역시 황제로부터 하사받은 것이라고 하였다. 300여 년 전 대만으로 옮겨가 황무지를 개척하고 차를 심어 여러 세대를 거쳐 밭을 일구고 일하여 지금까지 그 업을 이어오고 있다고 하며, 후손들도 2천여 명으로 늘어났다고 한다. 몇십년 전 그는 선조에 대한 제사를 제의하며 조상의 덕을 널리 기리고자 하였다. 이에 매년 음력 11월 8일이 되면 친가들이 모두 모여 조상에게 제사를 지낸다고 한다. 필자는 과거 1997년 음력 정월 대만을 방문하였는데, 당시 유천주 선생의 집에서 3일 정도 머무르며 그가 지은 '유명공현덕사당'을 참관하였다. 그곳에서 그의 가족과 유비의 혈연 관계를 이해하였다. 아쉽게도 시간이 부족하여 가보에 대해서는 연구하고 고증하지 못했다.

유천주 선생은 〈유씨대종보(劉氏大宗譜)〉를 성도 무후사 박물관에 기증하였다. 유씨는 중국에서 가장 많은 성씨 중 하나인데, 여기에서는 유비의 직계 후예에 대해서만 소개하였다. 중국의 각지에는 유씨 성에 대한 여러 개의 가보가 존재한다. 그리고 세계 각지의 유씨 성을 가진 화교들은 "유씨종친회"를 성립하기까지 하였다. 유비 역시 그들의 조상 중 한 명으로 열거되어 있다.

25

관우는 왜 머리에 제왕 평정관을 쓰고 있는가

무후사의 관우 조각은 높이가 2m 이상이고 전신이 금으로 되어 있으며, 붉은 봉황의 눈과 누워 있는 누에고지의 눈썹을 가져 엄격한 분위기를 지녔다. 더 특이한 것은 조각의 머리에 면류를 쓰고 있는데, 복장이 제왕의 행장이라는 것이다. 왜 무장 관우는 제왕처럼 꾸며져 있는 것일까?

관우는 충의가 깊어 역대 제왕들과 민간 백성들의 추종을 받던 사람이었다. 그리하여 제후에서 왕으로, 그리고 황제로, 결국에는 성인으로 추종받았다.

확실히 역사상의 관우는 전쟁터에서 용맹했을 뿐만 아니라 충성심과 의로움이 깊은 사람으로 유명했다. 사서에서도 이러한 그의 행적들을 기록하고 있다.

관우는 과거 포로로 붙잡혀 조조에게 항복했었다. 그 당시 관우는 조조의 깊은 신임을 받아 편장군으로 봉해졌으며 아주 귀중한 물건들도 상으로 받았다. 후에 한수정후로 봉해지기까지 하였다. 하지만

민간 관우 조각

관우는 끝까지 유비에 대한 충의를 저버리지 않았다. 관우는

"나는 유장군의 두터운 은혜를 받아 그와 함께 죽기로 맹세하였다. 이를 결코 배신하지 않을 것이다."

라고 말하며 조조 진영에 더 이상 머무르지 않을 것임을 표하였다. 하지만 관우도 조조가 자신을 알아봐 준 은혜는 잘 알고 있었음은 물론이다. 결국 안량의 목을 베고 백마의 위기를 벗어난 뒤 서신을 남겼다. 그는 조조가 하사했던 것을 일 푼도 취하지 않았으며 감사함을 표하고 떠났다. 조조는 관우의 의로운 행동에 탄복하며 이렇게 말했다.

관우 조각

"천하의 의로운 자로구나!"

여기에서 관우의 '충의'는 군주에 대한 변함없는 마음이었을 뿐만 아니라, 친구에 대한 약속을 소중히 여기고 신의를 지키는 마음도 포함되었음을 알 수 있다. 비록 적일지라도 자신에게 덕을 베풀어주었다면 결국에는 보답을 할 줄 알았던 관우였던 것이다.

유비에게 돌아간 뒤 관우는 형주를 지키며 군사를 통솔, 조인을 번성에 포위시켰고 칠군을 물에 빠뜨려 포획하였고, 방덕을 죽이고, 화하를 위협하여 영웅다운 명성을 날렸다. 하지만 불행하게도 패하여 맥성으로 도주하던 도중 손권에게 붙잡혀 참살당했다.

관우가 죽은 뒤 그의 충의는 후세 사람들에게도 존중을 받으며, 여러 곳에서 이용되었다. 봉건군왕의 세력을 제창하는 곳에서 관우의 충의를 모범으로 삼아야 하며 신하와 백성들은 왕실에 충성을 다해야 한다고 주장하였다. 또 민간 백성들 사이에서는 서로 충성을

다해 마음을 하나로 합쳐야 한다고 주장하며 관우를 본보기로 삼아야 한다고 하였다. 사대부들 사이에서는 관우의 충의가 그의 '호좌씨전'으로부터 온 것이라고 여기며 존중할 가치가 있다고 하였다. 그래서 관우는 점점 각계 계층에서 모두 숭배를 받는 인물이 되었고, 각계각층의 노력과 힘이 합쳐져 특히 통치 계급의 추종을 받아 전대미문의 숭배를 받게 되었던 것이고, 그가 생전에는 받지 못했던 영예의 자리에 오를 수 있었던 것이다.

관우가 생전 가장 높이 올라간 관직은 바로 전장군이었다. 작위 역시 낮은 등급이었던 정후였다. 그가 죽은 뒤 송나라 시대부터 사람들의 추봉을 받기 시작하였는데, 관우에 대한 첫 번째 추봉을 한 사람은 바로 송휘종(宋徽宗)이었다. 그는 관우를 '충혜공(忠惠公)', '무안왕(武安王)'으로 추봉하였다. 그 후 남송, 원, 명, 청나라 조정에서 각각 추봉을 하여, 봉호도 점점 존귀해졌음이다. 관우는 후에서 공, 진군, 왕, 가람신, 그리고 최후에는 대제, 성인까지 진급했다. 명나라 만력 10년(1582년), 관우는 '현천대제'라는 칭호를 받게 되었다. 그 시기 '관제'라고 칭해지게 되었던 것이다. 청나라 시기 관제묘는 전국 각지에 퍼지게 되었고, 각지의 관묘에서 모시는 관우상은 점점 제왕의 모습을 갖추게 되었다. 이로 인해 유비편전의 관우상도 머리에는 면류를 쓰고 있으며 제왕의 옷차림을 하고 있게 된 것이다. 이는 시대의 흐름에 따른 자연스러운 현상이었다.

관우에 대한 송, 원, 명의 '설삼분(說三分)', 희곡, 소설, 허구헌의 중의 '과우관참육장', '화용도방조(華容道放曹)' 등의 일련의 훌륭한 고사들은 그를 중국 고대 충의의 본보기, 용맹의 전신으로 그려 놓았다. 이는 후세 사람들의 관우에 대한 숭배에 아주 큰 영향을 끼치게 되었다.

26
관우는 왜
후세에 재신(財神)으로 봉해졌을까

재신 관우상은 어디서든 볼 수 있기에 모든 사람에게 생소하지 않을 것이다. 민간과 상가에 관우 재신을 선물하는 것은 이미 일종의 관습이 되었음이다. 하지만 삼국의 무장 관우가 왜 후세에 재신으로 봉해진 것일까?

이 의문을 해결하자면 민간의 속신부터 먼저 설명해야 한다.

민간의 속신은 크게 길상신(吉祥神), 우호신(佑護神), 거가신(居家神), 출행신(出行神) 등으로 나뉜다. 재신은 여기서 길상신의 일종으로 분류되는데, '신이 강림하면 재물운이 뚫린다.'라는 뜻을 가지고 있다. 민간에서 백성들이 자주 모시는 재신은 3명이 있다. 한 명은 조공명이다. 비록 전설 속의 인물이지만 아주 유명하다. 또 다른 한 명은 문의 재신 범려다. 마지막 세 번째 인물은 바로 충의롭고 인자하며 용맹한 무의 재신 관우다. 관우가 재신에 봉해진 사실에 대해서는 민간에 떠돌아다니는 믿을만한 근거가 있다.

어떤 사람들은 관우가 재물은 좋아하지 않지만, 재테크는 좋아한다고 여겼다. 관우는 조조에게 포획된 적이 있는데 조조가 준 재물들을 탐하지 않았다. 소문에 의하면 그는 조조 진영을 떠날 때 조조에게 장부 한 권을 남겼는데, 그곳에 '원, 수, 출, 존'에 대한 상세사항이 모두 기록되어 있었다고 한다. 장부 기재의 방법은 전통 상인들이 사용하는 장부 기재 방법과 크게 차이가 나지 않았다. 이에 민간 사람들은 전통 상인 장부 기재 방법과 후의 '간단명료한 장부 기재 방법' 모두 그가 발명한 것이라고 여기게 되었다. 관우는 충성스럽고 용맹했을 뿐만 아니라 재산을 관리할 줄도 알았던 것이다. 이에 상인들과 백성들이 모두 그를 추종하기 시작하였고, 그에게 재신이라는 명칭을 붙이게 되었다.

또 하나의 설법은 관우는 자애로워서 재물을 시주하기를 좋아했다는 것이다. 들리는 이야기에 의하면 거지 한 명이 묘에 들어왔는데 재신 조공명에게 절을 하며 도움을 구하였다고 한다. 그런데 조공명은 그를 별로 좋아하지 않아 한 푼도 그에게 내주지 않았으며 그를 홀대했다 한다. 그 거지가 후에 관우에게 절을 하였는데, 오히려 관우가 시주한 돈을 받게 되었다고 한다. 그리고 그는 가난한 사람은 관우에게만 절을 할 수 있음을 깨달았다고 한다. 관우는 자애롭고 충의로워 빈곤한 자를 싫어하지 않으며 부귀한 자만 좋아하지 않으니 자신을 싫어할 리 없다는 것이다. 이에 관우가 가난한 사람들이 숭배하는 재신이 되었던 것이다.

민간재신상 - 관공상

상점에서 섬기는 재신관공상

또 하나의 설법은 남방 사람들은 관우가 아주 날카로운 청룡언월도를 가지고 있는데 날카롭다(중국어로 鋒利)라는 단어에 들어 있는 이(利) 자와 '이윤(利潤)'의 이(利) 자가 같은 자 일뿐만 아니라 같은 음이라는 것이다. 청룡언월도는 무적의 검이니 이 검을 가지고 있는 관우에게 절을 하면 언제든지 돈을 벌 수 있다고 믿었다. 그래서 관우를 재신으로 섬기게 되었다고 한다.

  이 외에도 진나라 상인이 관우를 숭배하였는데, 이는 관우를 재신으로 신봉했던 가장 첫 사례였다고 한다. '군자는 재물을 좋아하니, 그것을 취하면 방법이 있을 것이다.' 관우는 '충의성신'의 화신이니, 그를 장사하는 사람들의 수호신으로 삼는 것은 최고의 선택이었을 것이다. 이로 인해 가장 먼저 관우를 재신으로 섬긴 사람들은 당연히 상인들이었다. 특히 진나라 상인들이 그랬다. 진나라 상인들은 관우 문화의 영향을 깊숙이 받아 충의와 성신을 그들의 최고 인생 준칙으로 여기고 경상 성공의 가장 큰 비결로 여겼다. 이 외에도 진나라 상인들은 곳곳에서 장사하며 각지를 떠돌아다녔는데, 언어와 풍속이 달라 종종 다른 사람들에게 사기를 당했다고 한다. 그런데 관우가 서산 사람이니 진나라 상인들과 같은 고향이었기 때문에 그들에게는 자랑거리나 다름이 없었고 그들을 재해로부터 피할 수 있게 도와주었을 뿐만 아니라 위험이 사라지도록 도와주었다고 한다. 그래서 진나라 상인들은 관우를 존중하게 되었고 그를 재신으로 섬기게 되었던 것이다. 진나라 상인들의 성공은 몇 번이고 모방되곤 했는데, 이에 관우를 재신으로 섬기는 것 역시 일종의 풍습이 되었다.

  관우가 재신으로 모셔졌던 것에 대해서는 적지 않은 유래들이 존재한다. 어쨌든 그는 충의성신의 도덕적 정신으로 후세 사람들에게 추앙받고 사람들의 존경과 숭배를 받은 사람이었던 것임은 틀림없다.

관우의 장부 기재 방법인 '원, 수, 출, 존' 네 가지 글자의 의미는 다음과 같다.
원: 관우가 조조 진영으로 왔을 때의 재무 상황.
수: 조조가 준 금은보물의 현황.
출: 조조 진영에 거주하던 기간동안 지출한 상황.
존: 관우가 떠날 때 남은 재무 현황

27
왜 관우도
여자를 좋아했다고 말할까

관우는 사람들에게 있어 희곡과 소설 속에서 아주 엄격하고 장엄한 군자로 인식된다. 그가 여자를 좋아했다는 이야기는 부정한 스캔들이 있었다는 이야기인데, 이것은 그를 모멸하는 거짓된 이야기가 아닐까? 아니다. 왜냐하면 이것은 사실이기 때문이다. 사서에서도 이 이야기를 기재하여 놓은 증거가 있다. 사서 〈삼국지〉에서는 두 가지의 주석을 달며 이 사건을 기재하였다.

조조가 유비를 파견, 그가 관우, 장비를 통솔하여 여포를 하비에 포위하였을 때이다. 여포는 수하의 진의록에게 원술에게 가서 도움을 요청하라고 명령했다. 원술은 진의록을 구슬려 한나라 왕실 종족의 딸을 그의 배필로 주었다. 그래서 그의 원래 아내인 두씨는 하비에 버려지게 되었다. 관우가 어디서 두씨가 아름답기로 유명하다는 소식을 들었는지는 모르겠지만, 그는 성을 공격하기 전, 공격하던 도중 조조에게 여러 차례 성지를 점령한 뒤 두씨를 자신의 아내로 달라고 요청하였다. 성을 공격, 약탈하고 재물을 빼앗고 여자를 취하는 것은 당시 전투의 보편적인 현상이었다. 조조도 당연히 이를 승낙하였다. 하지만 조조가 관우보다 더 여자를 좋아해, 관우의 두씨에 대한 일편단심을 보자 조조는 두씨가 얼마나 아름다운지 궁금해지기 시작한다. 그래서 성지가 함락된 뒤 바로 사람을 보내 두씨를 데려오게 했다. 보지 않으면 모른다고, 조조는 두씨를 자신의 장막 안으로 데려와 살펴보고는 자신의 여자로 삼았다. 관우에게 약속했던 일은 새까맣게 잊어버리고 만 것이다.

조조는 말을 해 놓고는 실천하지 않았다. 관우는 허망에 빠져 버렸고, 모욕감을 느껴 기분이 몹시 상했다.

장비는 관우가 사기를 당한 일이 너무나 분했다. 그래서 한 번은 질현을 지나가는데 그곳에서 조조에게 바로 항복을 하고 현장이 되었던 진의록을 우연히 만나게 되어, 화를 내며 그에게 이렇게 말했다.

〈삼국지 · 관우전〉 한 부분
(毛氏汲古閣本, 明崇禎十七年版)

"다른 사람이 아내를 빼앗아갔는데도 당신은 그를 위해 현장이 되었군요! 이미 사람들의 조롱과 멸시를 한바탕 받았는데.... 나와 함께 가는 것이 어떠하오?"

진의록은 이에 수치스러워 관직을 포기하고 장비를 따라가기로 한다. 어느 정도 왔는데 그가 또 후회하기 시작하며 돌아가고 싶어 하자, 관우는 화가 나서 그를 죽여버리고 만다.

두씨는 어린 아들 진랑을 데리고 조조를 따라 돌아가 두부인이 되었다. 두씨는 아름답고 현명하였으며, 아들은 아주 총명하였으니, 조조가 그 둘을 무척 사랑하였다. 조조는 자랑스러워 하며 말하길

"세상에서 나처럼 이렇게 의아들을 사랑하는 자가 있겠느냐?"

101

라고 하였다. 진랑은 조조, 조비, 조예 세 사람의 왕조에서 모두 예쁨을 받았으며, 효기 장군까지 승직하였으며, '공작과 후작의 직위까지 모두 누렸다.'

두씨 모자가 이렇게 부귀할 수 있었던 것은, 관우의 호색이 가져다 준 예상치 못한 결과였다.

사람이라면 누구나 칠정육욕을 가지고 있다. 신처럼 용맹했던 관우도 아름다운 여인을 좋아하는 남자였다. 이것은 사람이라면 당연한 인지상정이었다. 하지만, 희곡과 소설에서는 관우를 여색을 가까이하지 않는 성인으로 묘사하여 관우를 '귀한항조'시킨 뒤 조조가 그에게 10명의 미녀를 주었는데도 관우는 이를 거들떠보지도 않는다. 그리고 〈관공월하참초선〉이라는 희곡에서는 초선이 포획되어 관우에게 보내졌는데, 관우는 밤새 〈춘추〉를 읽느라, 나라와 성을 모두 흔들리게 했던 절세미녀에게도 요지부동하는 모습을 보인다. 그리고 초선의 허리를 베어버린다. 이것은 모두 관우의 군자 이미지를 만들기 위한 필요성에 의해 편집된 것이었으며, 역사 인물 관우와는 관련이 없었다.

관우의 공성시의 호색은 다른 사람의 아내를 다시 아내로 삼는다는 생각을 낳게 하였다. 이는 그의 인간적인 면모를 보여주었으며, 당시 전쟁 중 부녀들이 아무렇게나 다루어졌던 어쩔 수 없었던 운명에 대해서도 잘 보여주었다.

삼국시기 적을 격퇴시킨 뒤 부녀를 빼앗는 것은 자주 있는 일이었다. 조조가 원소를 공격했을 때도 원소의 아들 원희가 절색 미녀 견씨를 아내로 맞이했다는 이야기가 있었다. 조조가 원하던 미녀를 찾았으나 조조의 아들이 자기의 것으로 만든 것이다. 예상치 못하게 아들 조비가 견씨의 아름다움을 탐내 민첩하게 차지했다. 조조도 그 당시에는 무척 답답하고 어쩔 수 없었을 것이다.

28
관우에게는
몇 명의 아들, 딸이 있었는가

　관우는 본래 여포의 부장 진의록의 부인을 아내로 맞이하고 싶어 했다. 하지만 예상치도 못하게 조조에 의해 진의록의 부인을 뺏기고 말았다. 이후에 그의 아내가 누구였는지에 대해서는 사서에서도 기재하고 있지 않다. 관우는 아들도 있었고, 딸도 있었다. 그렇다면 도대체 몇 명의 자식이 있었을까? 사서에서 기재하는 바는 아래와 같다.

　큰아들 관평은 관우가 형주에 주둔했을 때 그의 옆에 남겨두었던 아들이다. 나이가 어떻게 되며, 어떤 직위를 가지고 있었는지에 대해서는 사서에 기록되어 있지 않다. 그의 자료는 단지 두 개가 있을 뿐이다. 첫 번째는 관우가 번성을 공격했을 때 돼지가 자신의 발을 무는 꿈을 꾸었는데, 관우는 이를 불길한 징조라고 여겨 아들 관평에게 이렇게 말했다.

　"요새 몸이 허약해진 것 같은데, 아마 이번에 가면 돌아오지 못할 수도 있다!"

　아버지와 아들의 사이가 얼마나 좋았는지 알 수 있다. 그리고 또 하나의 자료는 다음과 같다. 관우가 번성을 공격하고 맥성으로 패주할 때 관평이 그의 옆을 따라다녔다는 자료이다. 그가 포위를 벗어났을 때 포획을 당했는데 손권은 '관우와 아들 평을 임저에서 죽였다'

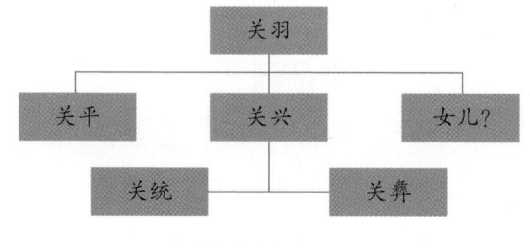

관우 후계자손 안내도

고 한다. 부자가 동시에 해를 입은 것이다.

관흥, 자는 안국이었다. 그는 관우의 또 다른 아들이었다. 그는 형주에 머무르지 않고 서쪽 성도로 갔다. 관우가 죽은 뒤의 작위는 그에 의해 계승되었다. 역사에서는 관흥은 '어려서부터 유명하였으며, 제갈량도 그를 무척 비범하게 여겨 중시했다고 전해진다. 또한, 20세라는 어린 나이에 시중, 중감군의 요직 자리를 맡게 되었는데, 안타깝게도 몇 년 뒤 목숨을 잃었다고 한다. 관흥의 아들은 관통이라고 불렸는데, 작위를 계승하였고, 유선의 딸인 공주를 아내로 맞이하였으며 관직은 호분중랑장까지 맡았다. 관통은 아들이 없었는데 그가 죽은 뒤 관흥의 첩이 낳은 아들(관통은 같은 아버지에 다른 어머니를 가진 동생이 있었다.) 관이가 관우의 작위를 계승 받았다.

관우에게 몇 명의 딸이 있었는지에 대해서는 알려진 바가 없다. 그저 그에게 한 명의 딸이 있었다는 사실만 알려져 있다. 딸의 이름도 남겨진 바가 없다. 관우의 딸이 형주에 있을 때 손권이 신하를 보내 아들을 위한 구혼을 하였는데 관우가 이에 동의하지 않았다. 오히려 사신을 모욕하여 돌려보냈다. 이 이야기에 대해서는 사서에 기재되어 있다. 하지만 〈삼국연의〉에서는 관우가 사신에게 '우리 딸은 반드시 태자호에게 시집을 보낼 것이다!' 라고 말했다고 전해지는데 이는 허구로 지어진 것이다.

관우의 아들과 손자가 마지막에 어떻게 되었는지에 대해서는 사서에서 다음과 같이 기재하고 있다. 위나라의 방회가 관우의 친족을 모조리 몰살시켰다. 관우는 '수엄칠군'의 전투 중 방회의 친부 방덕을 참살하였다. 방회는 등애와 종회를 따라 촉나라를 공격하며 성도로 들어온 뒤 복수를 위해 '관우의 일가족을 모두 몰살시켰다.' 그래서 관우는 지금까지 남아 있는 직계 후예가 남아 있지 않다.

관평 조각

용맹한 대장군 관우의 후손들의 결말은 전쟁의 복수로 인해 이렇게 비참한 결론을 맞이하게 되었다. 여러 사람이 탄식하며 안타까워하는 부분이다. 생각하지 못했던 것은 그가 후에 충의로 인해 왕으로 그리고 황제로 봉해지고 성인이 되었다는 것이다. 그래서 많은 관씨 종친이 생겼고 모두가 그의 자손이 되었다. 중국 전통문화에서 충의의 매력은 정말 놀라울 뿐이다.

〈삼국연의〉에서는 관평이 관우의 의아들이라고 한다. 하지만 이는 정확하지 않다. 그리고 관우가 죽은 뒤 관흥이 유비를 따라 오나라를 토벌했으며 이후에 또 제갈량을 따라 북벌을 하여 전공을 여럿 세웠다고 하는데, 이는 모두 허구로 지어진 것이다.

29
관색은
관우의 아들인가

오랫동안 민간에서는 관우에게 관우, 관평 외에 관색이라 불리는 아들이 하나 더 있었다고 전해졌다. 관색이 관우의 아들이란 이야기는 타당한 근거가 존재하여 믿을 수밖에 없다. 관우는 어디서 이 아들을 얻은 것일까?

명나라에는 다음과 같은 하나의 고사가 전해져오고 있다.

유비, 관우, 장비가 도원결의할 때 연루된 걱정들을 제거하기 위해 상대의 처자식을 죽이기로 결정한다. 하지만 장비가 관우의 처인 호씨를 제거하러 갔을 때 임신을 한 모습을 보고 마음이 약해져 그녀가 도망가도록 놓아주고만다. 호씨가 친가로 돌아간 뒤 아들을 한

관공이 관색을 선주에게 소개한다 - 《說唱足本花關索出身傳》(明成化年刊本)

명 낳았는데 이 아들을 7살이 되었을 때 잃어버리고 만다. 그 후 어떤 사람에 의해 발견되어 이름을 '관색'이라고 하였다. 9살 때 화악선생이 총명하고 무예를 좋아하는 관색을 예뻐하여 제자로 삼아 십팔반 무예를 가르쳤다. 관색은 18세가 되어 무예를 배우고 집에 돌아왔고, 사부의 은덕을 잊지 않고 이름을 화관색으로 개명하였다. 어머니가 그에게 출신을 알려주자, 관색은 아버지를 찾으러 서천으로 떠난다. 길에서 포가장의 장주 포삼냥과 노당채의 채주 왕도, 왕열 자매를 만나 그녀들을 모두 아내로 삼는다. 그리고 서천에서 아버지를 찾은 뒤 그의 전투 일생이 시작된다.

  삼국양진남북조시기의 문헌 자료에서는 관색에 대한 내용이 보이지 않는다. 이 고사도 아주 황당하고 기괴하다. 그가 관우의 아들인지 아닌지에 대해서는 잠시 그만 이야기하자. 과연 그가 정말로 존재했던 것일까?

  관색은 확실히 존재했다. 관색이라는 이름은 송나라 시대에서 부터 나타나기 시작했다. 사람들은 수호전(水滸傳)의 양웅을 '관색의 영웅' 기질이 있다고 말했으며, 별명을 '새관색'이라고 불렀다. 명나라 성화년 사이에는 〈화관색전(花關索傳)〉(4종류)이라고 불리는 노래 가사가 있었고, 〈삼국연의〉 중에도 '관색이 형주에서 아버지를 찾다.'라는 구절 같은 관색과 관련된 고사가 있었다. 또 하나의 믿을 수밖에 없는 이유는 운남, 귀주, 사천에도 대량의 관색 유적이 존재하며, 관색과 관련된 풍부한 고사들이 전해져 내려오고 있기 때문이다. 예를 들어 관색령, 관색성, 관색채, 관색묘 등등의 지명이 있다. 그리고 그의 아내 포삼냥의 묘도 있다. 이러한 유적들은 모두 관색의 사적들과 관련이 있는 것이다. 만약 이 사람이 존재하지 않았다면 이렇게 많은 관색과 관련된 유적들과 이렇게 많은 관색과 관련된 생동감 있는 고

107

사들이 어떻게 나올 수 있었을까?

관색이라는 진짜 같기도 하고 가짜 같기도 한 인물에 대해서 사람들은 아마도 관우의 아들일 것으로 생각한다. 그렇다면 그는 도대체 몇 번째 아들인 것일까? 관우는 첫째 아들, 셋째 아들 그리고 둘째 아들 관흥은 잘못 전해진 글자의 이름이라는 등 세 가지 설법이 있다. 어쨌든 세 번째 아들이라는 설이 유력하다.

관우의 아들 관색에 대한 사서상 기록은 없지만 운, 귀, 천에 이렇게나 많은 관소 유적과 고사들이 존재하니 이 사람이 있는지 없는지, 이 사람이 과연 정말 관우의 아들일지에 대해서는 정확하게 알려진 바가 없다.

귀주 관령현에 있는 관색령

호북에는 관색의 부인 왕도, 왕열에 대한 고사가 있다. 경극 〈용봉건(龍鳳巾)〉 중에서는 맹획의 딸과 관색이 몰래 혼인을 하고, 나중에 제갈량이 이 두 사람을 위해 혼인 주례를 맡았다고 전해진다.

30
조루, 주창은 어떤 사람이었을까, 어째서 관우와 함께 모셨을까

관우 조각 양측에는 그의 아들 관평과 관흥이 함께 있는 것 외에 또 두 사람의 장수가 있다. 한 명은 조루라고 불리는 자이며, 또 한 명은 주창이라고 불리는 자이다. 봉건의 예의에 따라 두 사람은 관우와 함께 제사를 지내고 있는데, 이는 아주 높은 대우를 받는 것임이 틀림없다. 그들은 도대체 어떠한 사람들이길래 관우와 함께 제사를 지낼 자격이 있는 것일까?

조루는 관우의 부장이었다. 사서에서는 '건안 24년(219년) 12월, 손권이 관우를 정벌하니 반장과 주연이 관우의 퇴각로를 끊고, 반장의 부하 마충금이 관우를 죽이고 관우의 아들 관평, 도독 조루까지 죽였다.'고 전해진다. 사서에서의 조루에 관한 정보는 이것뿐이다. 그는 관우의 도독으로서 맥성으로 패주하던 도중 관우 부자와 동시에 죽임을 당했다. 그는 이처럼 장렬한 죽음을 맞이했기 때문에 관우와 함께 제사를 지낼 자격이 있는 것이다.

주창은 〈삼국연의〉에서 만들어진 허구의 인물이다. 성도 무후사 41존 중 이름과 성이 있는 인물 조각 중, 그는 유일하게 진실한 역사 속 인물이 아닌 사람이다. 〈삼국연의〉에서 만들어진 많은 허구의 인물 중, 그는 초선의 아름다운 미모 이야기처럼 가짜가 진짜로 만들

조누 조각

주창 조각

어진 소위 역사적 인물이라고 할 수 있다.

〈삼국연의〉 제28회에서 주창이 출전을 하기 시작했다. 그는 본래 황건적 장보 수하의 장군이었는데, 장보가 죽자 무리를 불러모아 와우산에서 산적이 되었다. 관우가 조조 영지를 떠난 뒤 유비의 두 부인을 보호하기 위해 오관참육장을 한 뒤 와우산을 지나가게 되었다. 주창은 관우를 존경하였기 때문에 이 사실을 안 뒤 부하들을 이끌고 나가 관우를 맞이하였다. 관우를 보자 그는 말에서 내려 길옆에서 엎드려 절을 하였으며 관우에게 '바라건대 장군께서는 절 버리지 마시고 부하로 받아들여주십시오. 아침 저녁으로 장군을 가까이 모실 수 있다면 죽어도 달게 죽겠습니다.'라고 하였다. 관우는 그의 성의에 감동하여 유비 부인들의 동의를 구하고 그를 받아들인다. 이로부터 주창은 대도를 들고 관우를 그림자처럼 따라다니며 옆을 떠나지 않았다. 관우가 '한 자루의 칼만 들고 적장의 초대연에 갈 때'에도 그가 옆에서 지키며 관우를 안전하게 보위하였다. 관우가 번성에서 포위당하여 '수엄칠군'이 되었을 때도 그는 뗏목을 타고 용맹하게 방덕을 포획하였다. 관우가 맥성에서 패주하다 포위되었을 때도 그는 목숨을 다해 수비하였다. 관우를 처형한 오나라 군대가 관우의 머리를 들고 항복을 강요했을 때 주창은 너무나 슬프고 분개하여 스스로 목을 베어 관우와 함께 세상을 떠나기를 택했다.

주창은 비록 〈삼국연의〉에서 나오는 인물이지만 그는 관우의 옆을 그림자처럼 쫓아다니며 충성을 다하며 사람들의 마음 속에 깊이 스며들었다. 이로 인해 오늘날 그는 충의와 장열한 죽음으로 관우와 함께 제사를 지내는 대우를 받게 된 것이다.

주창은 비록 허구의 인물이지만 실존 인물같이 추앙받고 있다. 호북 당양 맥성 유적지 옆에는 심지어 그의 묘가 있을 정도이다. 〈산서통지(山西通志)〉에도 '주창전'이라는 인물이 있는데 이 스토리 역시 〈삼국연의〉로부터 나온 것이다.

31

관우는 왜 몸과 머리가
각각 다른 곳에 묻혔을까

관우의 시신이 '몸은 당양에 묻혔지만, 머리는 낙양에 묻혀 있다.'는 것은 누구나 다 아는 사실이다. 관우는 왜 죽어서 머리와 몸이 각각 다른 곳에 묻힌 것일까?

서기 219년 관우가 군대를 이끌고 조인이 주둔하는 번성을 공격했다. 마침 가을을 맞이하여 양강의 강물이 불어나 관우는 '수엄칠군(水淹七軍, 7군을 수장시킴)'으로 우금을 가두고 방덕을 죽여 세상에 위엄을 떨쳤다. 이에 조조는 '수도를 허창으로 옮겨 관우의 위험을 피하고자 하였다'. 사마의 무리는 손권을 이용하여 관우의 후방을 급격하면 번성의 포위를 뚫을 수 있다고 조조를 설득했다. 그래서 손권은 여몽에게 '흰 옷을 입혀 강을 건너는' 계책을 부려 형주 강릉성을 습격했다. 관우의 후원에 불이 나자 관우는 번성의 포위를 해산시키고 강릉을 되찾기 위해 군을 이끌고 돌아가는 수밖

하남 낙양 관림

에 없었다. 군대를 이끌고 돌아가는 길에서 관우는 오나라 군사의 저격을 받아 맥성으로 패주를 하게 된다. 맥성에서 관우는 밖에는 구원병이 없고 안에는

후북 당양 관령

양식도 없는, 수하의 장군들은 계속해서 도망치는 곤란한 상황을 겪는다. 그는 어쩔 수 없이 포위를 뚫고 나올 수밖에 없었고 결국 손권에게 포획되어 참살당했다. '맥성으로 간 것'은 용감한 관우의 일생에 비극적인 마침표를 찍게 한 것이었다.

형주를 습격하고 관우를 죽이고 나서 손권은 이 상황으로 인해 유비에게 큰 죄를 저질렀음을 깨닫게 된다. 유비는 분명 군대를 보내 죄를 물을 것이었다. 어떻게 할 수 있겠는가? 손권은 이것이 번성의 포위를 벗어나려는 조조의 계략이었다는 것, 그가 바로 주범이라는 것을 깨닫고 이 벌은 그가 받아야 한다고 생각한다. 그래서 손권은 사람을 보내 관우의 머리를 조조에게 보낸다. 위에는 공로를 치하한다고 써서 말이다. 이는 사실 조조에게 화를 뒤집어씌우려는 계략이었다. 유비, 관우, 장비 세 사람은 '형제 같은 애정'을 가지고 있다는 사실은 당시 사람들이 모두 아는 사실이었다. 최대한 유비의 화를 불식시키기 위해 손권은 관우를 참살한 것에 대해 조조를 표창하며 제후의 예의로서 관우의 시신을 융중하게 안장했다.

조조가 얼마나 머리가 좋은 사람인지는 손권이 자신의 화를 조조에게 뒤집어 씌우려는 수법을 썼을 때 한눈에 알아볼 수 있었다. 그는 관우의 머리를 받고 즉시 향나무로 몸체를 만들어 관에 담았고 제후의 예를 다하여 관우의 머리와 향나무 몸체를 낙양 남문 밖에서 제

사를 지내며 한 시대의 명장 관우에 대한 존중의 예를 표했다.

관우의 머리는 낙양 남교에 묻혔고 이에 '관림'이라고 불렸다. 60,000㎡나 되는 땅에 관우를 위한 주 건물이 칠중으로 지어졌으며 대전에는 관우가 머리에 십이면류제왕관을 쓰고 있는 조각상이 있다. 묘지는 팔각형 형상을 하고 있으며 약 250㎡의 면적, 10m의 높이를 차지하고 있다. 관우의 몸은 당양고장향에 매장되었는데 이곳은 '관릉'이라고 부른다. 주건축물은 오원사전이며, 4만 ㎡의 면적을 차지하고 있으며 능묘의 높이는 7m 주변 테두리는 약 70여 m 정도 된다.

관우는 몸과 머리가 각각 다른 곳에 묻혔다. 이 사실은 사서에서 살펴볼 수 있다. 〈삼국지 · 관우전〉에서는 〈오력(吳曆)〉의 문구를 인용하여 다음처럼 서술하고 있다. '손권은 관우의 머리를 조조에게 보내 제후의 예를 다하여 그 시신을 장사지냈다.' 손권이 어째서 이렇게 관우의 몸을 처리했는지, 조조는 또 어떻게 관우의 머리를 처리했는지, 사서에서는 상세하게 다루고 있지 않다.

사실 관우가 번성을 공격하고 참수를 당해 몸과 머리가 각각 다른 곳에 묻힌 것은 조조, 손권, 유비가 형주라는 영토를 둘러싸고 벌인 힘겨루기의 처참한 결과였다.

관우의 묘지가 '관릉' 혹은 '관림'이라고 불리는 이유는 그가 죽은 뒤 왕과 황제로 봉해졌을 뿐만 아니라 '관성대제'로 봉해지고, 공자와 함께 '문무이성'으로 불려졌기 때문이다. 그리고 성인의 묘는 예제규정에 따라 '림'이라고 불렸다. 중국에서 공자의 묘는 '공림'이라고 불리며, 관우의 묘는 '관림'이라고 불린다. 낙양 관림, 당양 관릉은 관우의 원적 산서 운성 관묘와 함께 전국 3대 관제묘이자, 중국의 중점 문물 보호 단위로 편입되었다.

32

장비상의 얼굴은
왜 검을까

　유비전 서측 '성관금석(誠貫金石)'이라는 편액이 달린 편전 안으로 들어가면 갑자기 시야에 들어오는 것이 있다. 바로 위엄과 맹렬한 모습, 새까만 얼굴색을 하고 위협적인 모습을 하고 있는 장비좌상이다.
　이 조각상을 처음 보면 적지 않은 사람들이 놀란다. 심지어 장비가 너무 '무섭게 생겼다.'라고 생각하게 된다. 그렇다면 역사 속 실재 인물 장비는 정말로 이렇게 생겼던 것일까? 정말 조각상의 얼굴처럼 이렇게 '검을까'?
　사실, 사서에는 장비의 생김새에 대해 기재된 바가 없다. 하지만 장비의 성품에 대해서는 아주 상세하게 기재되어 있다. 유명한 장판파 전투에서 장비는 20명의 기병을 데리고 당양의 장판에서 유비가 퇴각하도록 그를 수호한다. 그는 홀로 장판교에 버텨 서서 눈을 부릅뜨며 '나는 장익덕이다. 나와 함께 죽자!'라고 외친다. 장비의 이 말은 조조의 군사들을 겁먹게 하는 데 장비의 위엄과 용맹스러운 기세가 그대로 나타나는 부분이다. 장무 원년(223년) 유비가 장비를 서향후에 봉할 때 특별히 '충의'라는 두 글자로 그를 평가하는 데 이는 장비의 품성에 대한 아주 중요한 묘사로 불린다.
　〈삼국연의〉에서는 장비의 용모에 대해서 자세하게 묘사한다. 그가 처음 등장할 때 장비를 이렇게 말한다. '현덕이 그 사람을 살펴보았다. 키는 팔 척이요, 위엄있고 용맹스러운 모습을 지녔으며 제비 같은 아래턱과 호랑이 수염을 가졌고 목소리가 아주 큰 벽력같았으니, 마치 하나의 달리는 말 같은 기세를 뿜냈다.' 다음 장에서는 문학적 상상과 과장을 통해 생동적인 장비가 현재 사람들의 눈앞에 나타난다. 그의 솔직함과 용맹스러움 그리고 악을 싫어하는 성격이 잘 드러난다. 소설의 전파, 희곡으로의 재연, 삼국 문화의 광범한 영향에 따라 장비의 이러한 성격은 조금씩 사람들의 마음에 깊숙이 들어오게 되었고, 이러한 장비의 이미지가 정형화되었다.

장비의 '검은 얼굴'에 대한 이미지는 어디서 유래한 것일까? 이것은 전형적인 성격 특징과 희곡 요소의 영향이다. 원나라 시대에는 삼국 문화의 번영기이자 희곡 공식화의 아주 중대한 발전기였다. 원나라의 잡극에서는 '정검(整臉)' 보식이 처음 탄생하였으며 호방스럽고 시원시원한 긍정적 인물의 성격이 화장을 통해 얼굴에 드러나도록 하였다. 즉 얼굴 색깔을 통해 인물의 성격을 반영하기 시작한 것이다. 붉은 얼굴은 남자의 혈기를 나타내며 일편단심다운 충성심을 나타낸다. 검은 얼굴은 겉으로는 맹렬한 기세를 지녔지만, 내면으로는 정직한 성격을 반영한다. 그래서 삼국연의가 희곡으로 재연되면서 장비의 충성스럽고 정직한 성격이 점점 '검은 얼굴'로 전통 희곡 무대에서 다시 살아나게 된 것이다.

성도 무후사 안에 있는 이 장비상은 청나라 건륭 53년(1788년)에 만들어졌다. 착실한 장인

장비 조작

이 이 좌상을 만들 때는 희곡의 영향을 받아 진실한 모습을 조각하는 예술처리와는 다른 방법을 사용하였을 것이고, 마침 공교롭게도 백성들의 마음 속에 박힌 이미지도 반영하여 '진실한 모습을 금석에 표출하여' 영웅 장비의 좌상을 만들었다.

명청시기, 희곡의 검보는 점차 일정한 양식을 따르게 된다. 예를 들면 붉은 얼굴은 충성스럽고 정직한자를, 검은 얼굴은 성격이 강직하고 시원스러운 자를, 하얀 얼굴은 거짓말을 잘하며 간사한 자를, 녹색 얼굴은 흉악하고 잔인한 자를 나타나게 된다. 그래서 검보는 일정한 상징적 의미를 지니게 되었고 이에 상응하는 규범이 생기게 되었다. 또한 역사인물의 도덕적 평가와 심미적 감정에 대한 사람들의 평가가 인물의 이미지 속에 포함되기 시작하였다.

33

장비의 자는
'翼德'이 맞는가 '益德'이 맞는가?

장비의 이름은 널리 알려져 있다. 그런데 그의 자, 익덕이라는 글자 중 익자는 날개 익(翼)일까 아니면 이로울 익(益)자일까? 이 문제는 오랫동안 사람들이 고민해 왔던 문제다. 이 두 가지 한자를 모두 썼을 리는 없을 텐데 도대체 이 두 글자 중 어느 글자가 정확한 것일까?

사서 〈삼국지·장비전〉에서는 장비의 자는 익덕(益德)이라고 사람들에게 알려준다. 고대 중국 사람들은 이름과 자를 둘 다 가지고 있었다. 어떤 글자를 취해 이름을 짓는가는 이름과 자가 함축적으로 연관 관계를 갖도록 하거나, 같은 뜻을 지니는 글자를 사용하고는 하였다. 장비의 이름 '비'와 자 '익덕(益德)'의 의미는 도덕적 소양과 품행이라는 뜻이다. 즉 품행이 좋아져야 사업이 나날이 번창한다는 것인데, 이는 유가 사상에서 요구하는 바를 이름과 자로 나타낸 것이다. 그래서 장비의 자는 '益德'이 맞는 것이다.

그렇다면 왜 장비의 자가 '翼德'이라는 이야기가 나오게 된 것일까? 이 이야기는 송원시대에서 출현하였다. 원나라 시대 〈삼국지평화〉에서는 '성은 장이요, 이름은 비, 자는 익덕(翼德)이다.'라는 문장으로 장비를 소개한다. 원나라 잡극 중에는 〈장익덕대파행림장(張翼德大破杏林莊)〉, 〈장익덕단전여포(張翼德單戰呂布)〉, 〈장익덕삼출소패(張翼

德三出小沛) 등의 극이 있다. 명나라 시대 오관본 〈화양국지(華陽國志)〉, 왕국유교 〈수경주(水經注)〉에서도 날개 익자로 장비의 자를 표현하였다. 예를 들면 〈수경주(水經注)〉에서는 당양현 '장판은 장익덕(張翼德)이 창을 휘두르던 곳이다.'라고 서술하고 있는데 장비의 자를 '날개 익'자를 써서 표현하고 있다. 이처럼 날개 익자를 쓴 익덕의 영향이 깊은 것을 알 수 있다. 이로울 익(益)과 날개 익(翼)은 다른 부수와 다른 의미를 지녔는데 어째서 이렇게 혼용되었던 것일까? 어떤 학자들은 날개 익자를 써서 장비의 비자인 날개

〈삼국지·장비전〉 한 부분(毛氏汲古閣本, 明崇禎十七年版)

비자의 생생한 의미를 전달하였던 것이라고 말한다. 문장 속에서 생생하게 의미를 전달하기 위해 '날개(익)가 있어야 날 수 있기(비)' 때문에 '이로울 익' 자가 날개 익자로 대체되어 쓰였다는 것이다.

날 비와 날개 익 두 글자의 연관 관계는 '날개(익)가 있어야 날 수 있다(비).'라는 문장으로 간단명료하게 설명된다. 설서, 희곡, 소설 등에서는 평민의 문학예술에 더 가까운 형식으로 바뀌어 쓰였던 것이다. 이러한 통속 문화 예술 수단의 큰 전파력으로 〈삼국지〉에서 장비의 자인 '익덕(益德)'은 사라져 버리고 이를 '익덕(翼德)'이라는 자로 대체하게 된 것이다.

하지만 장비의 정확한 자는 '익덕(翼德)'이지 '익덕(益德)'이 아니다. 삼국지는 〈장비전〉에서의 소개 외에 〈법정전(法正傳)〉과 〈양희전(楊

戱傳)〉에서도 '장익덕(張益德)'이라고 말하고 있다. 〈여포전(呂布傳)〉의 해석 〈영웅기(英雄記)〉와, 〈주유전(周瑜傳)〉의 해석 〈오록(吳錄)〉에서도 '장익덕(張益德)'이라는 글자를 쓰고 있다. 그 후에 당송 사람들의 시문에서도 '장익덕(張益德)'이라고 불렸다.

  장비의 이름 '비(飛)'는 새가 나는 모습을 형상화한 상형자이다. 위로 아주 신속하게 오르는 모습 등이 파생되어 있다. 그의 자 '익덕(益德)'의 '익(益)'자의 본래 의미는 물이 많아 그릇에서 흘러나와 위로 넘친다는 의미에서 파생하여 진취적이고 증가한다는 의미를 지닌다. '비(飛)'와 '익(益)' 두 글자의 연관관계가 아주 명확하게 드러난다. 반면 '익(翼)'자는 날개라는 의미를 지니고 있어 날 비(飛)자와 연관시키며 새의 날개라는 의미를 지닌다. '덕(德)'은 품성과 도덕을 가리킨다. 이렇게 보면 '익(翼)'은 도덕에서 날개가 자라다라는 뜻인데 이는 이해가 어렵다. 하지만 '이로울 익(益)'자는 도덕적인 품성의 발달, 증가를 뜻하니 이치에 맞는 뜻이 된다.

  이로써 장비의 이름과 자는 장비가 추구하는 바와 이상적인 바를 품고 있다는 것을 알 수 있다. 역사상의 장비는 희곡 소설에서 쓰인 덤벙대고 저속한 무장이 아닌 기품이 있는 모습의 대장군이었다.

중국 고대 사람들의 이름과 자는 당시의 예의범절이었다. 즉, 이는 타인에 대한 겸허한 태도와 존중의 마음가짐을 나타내는 것이었다. 다른 사람의 이름을 바로 부르는 것은 예의에 어긋나는 행위였으며 자 혹은 직무로 부르는 것이 존중을 표하는 것이었다. 자신을 이름으로 부르거나 성으로 부르는 것은 공손한 태도를 나타내는 것이었다.

34

왜 장비는
서예가로 불릴까

장비하면 어떤 단어가 먼저 떠오르는가? 충성, 용맹, 전투에 능하다, 경솔하다…… 등의 단어가 떠오를 것이다. 하지만 장비는 문무를 겸비하고 있는 사람이었다. 그는 창을 들고 말을 탈 줄 알았던 대장군이기도 했지만, 글씨도 무척 잘 쓰고 그림도 잘 그리는 사람이었다!

먼저 장비의 그림 실력에 대해 말해 보자. 명나라 탁이창(卓爾昌)의 〈화수원전(畫髓元詮)〉과 청나라 〈역대화정록(歷代畫征錄)〉에서는 장비를 아름다운 사람을 그리기를 좋아한다고 묘사하고 있다. 오늘날 탁주고루(涿州鼓樓)의 북벽 상에 쓰인 〈여와보천도(女媧補天圖)〉와 장비의 고향 부근 방수촌 만불각의 벽화에서는 모두 장비의 손재주에 대해 언급하고 있다.

장비의 서예에 대해서도 말해 보자. 장비의 서예는 가장 처음 남북조 양조인 도홍경(陶弘景) 〈도검록(刀劍錄)〉에서 발견되었다. 명나라 시대 사천 거현의 팔몽산 돌벽에서 마애 석각을 발견하였는데 후세 사람들은 이를 〈장비입마명(張飛立馬銘)〉 또는 〈팔몽마애명(八濛摩崖銘)〉이라고 불렀다. 건안 20년(215년), 조조가 촉한에게 공격, 점령당했을 때 대장군 장합이 병사를 끌고 촉을 공격하였다. 장비는 천북을 지키고 있었는데 항상 군사를 이끌고 항전하였다. 한 번은 그와 장합의 대군이 거현에서 50여 일동안 대치하며 승패가 가려지지 않았다. 그래서 장비는 술책을 사용해 기이한 병사들을 출병시키고 만 명의 정예병사들을 이끌고 길에서 장합의 대군을 따돌린 후 공격하였다. 장합의 대군은 좁은 산길에서 앞뒤가 막혀 도움도 구하지 못한 채 장비에게 크게 패하고 만다. 이에 장비는 크게 기뻐하며 돌을 종이 삼고 창을 붓으로 삼아 팔몽산 돌벽에 예서체로 크게 기록을 남겨 훌륭한 장수들의 공을 기념하고 조조의 대군에게 모욕을 주고자 했다. 석벽에는 '한나라 대장군 장비가 정예 병사 만 명을 이끌고 장합을 팔몽에서 물리치니 이를 바로 새긴다.'라고 적혀 있다. 그의 서예는 단정하고 소박하면서도 고풍스러웠으며 호방하고 생동감이 넘쳤으며 힘이 넘치는 필력을 가지고 있었으니 한 편의 우수한 서예 작품 못지 않았다.

낭중 〈장비립마명〉 조각

지금까지 장비의 손재주가 전해져 내려오고 있으며, 과거 많은 역사 속에서 적지 않은 문인들이 장비의 서예에 대한 평가로 알 수 있듯 장비의 서예는 비교적 훌륭하였다. 원나라 오진〈장익덕사(張益德祠)〉의 시문에서는 '관후가 풍자하며 말하길 장비는 문예에 더 소질이 있다'고 하였다. 문과 무의 운치는 다르지만, 옛사람들은 항상 여유를 두었다. 창을 휘두르는 힘이 손목에 들어가 붓을 휘두르는데 위나라의 종유와 오나라의 황상의 실력도 이보다 못하였다.'라고 하였다. 청나라

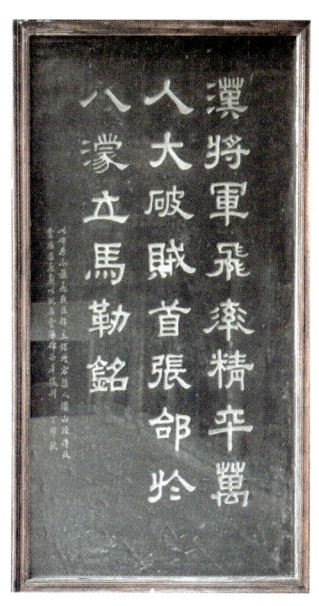

장비〈입마명〉복제비

시기의 문학가 기효람은 '어찌 누가 글자를 절벽에 새길 줄 알았겠는가. 차기 장군 장비가 직접 쓴 글씨였다.'라고 하며 장비를 칭찬하였다. 오진과 기효람 모두 장비의 서예에 무척 탄복했다. 특히 오진은 장비의 서예 실력이 삼국의 유명한 서예가인 위나라의 종유, 오나라의 황상보다도 더 뛰어나다고 칭찬하였다. 현대 학자들도 장비의 서예에 대해 칭찬 일색이다. 1961년 류보경이 편집하고 북경출판사가 출판한 글자 배우기의 부록〈정해 서예 명가의 약력과 이력〉에서는 '중국 서예가들은 문인에만 한정되지 않았다. 무장 중에서도 적지 않은 사람들이 있다. 장비와 악비 등이 그러하다.'라고 하였다.

장팔사모를 휘두르며 말 달리던 장비가 이런 우아한 면이 있었을 줄은 상상이나 했을까?

지금까지 전해져 내려오는 서예 작품은 극히 적다. 그렇기 때문에 어떤 학자들은 장비의 뛰어난 서예 실력과 그림 실력에 의문을 품기도 한다.

35

장비의 부인은 누구였는가

장비에게는 아들과 딸이 있었으니 당연히 부인도 있었을 것이다. 그의 부인은 어떤 사람이었을까?

사서에서는 장비의 부인이 바로 하후패의 사촌 여동생이었다고 기록해 놓았다. 건안 5년(200년), 하후패의 사촌 여동생이 13~14세였을 무렵, '길을 가다가 장비를 알게 되었는데, 장비는 그녀가 하후패의 여인이라는 것을 모르고 그녀를 부인으로 맞이하게 되었다.'고 한다. 장비는 길에서 아름다운 여인을 만났고 그 여인에게 장가를 가게 된 것이다. 그가 어떻게 그녀에게 말을 걸었고, 여인의 출신과 인품을 알게 되고, 그녀의 마음을 얻어 부인으로 맞이하게 되었는지 등 모든 이야기 사이 사이에는 낭만적인 색채가 가득하다. 사서에서는 간략하게만 서술하고 있어 후세 사람들에게 더 상상할 수 있는 여지를 남겨두었다.

하후패는 조조의 대장군 하후연의 2번째 아들이다. 촉나라를 토벌하는 호위군과 우장군까지 지냈고, 박창정후에 봉해져 대장군 조상의 예쁨을 받았다.

건안 23년(218년), 유비가 촉나라로 들어온 뒤 군대를 이끌고 조위와 한중 쟁탈을 위한 싸움을 하였다. 조조의 군대를 위해 한중을 방어하였다. 두 군대의 교전으로 하후연은 그 다음 해 황충에게 참살을 당했다. 장비의 아내가 이 소식을 듣고 백부 하후연의 제사를 지내달라고 부탁하였다. 하후패는 부친을 잃어 항상 이를 갈며 촉나라에게 복수하려는 생각을 품고 있었다. 그런데 변화를 예측할 수 없는 흐름으로 사마의가 조상을 죽인 뒤 전권을 가지게 되어 하후패가 큰 위기감을 느끼게 되었다. 그래서 촉으로 도망을 가게 되었는데 남쪽으로 가는 길이 어두워 길을 잃고 골짜기에 들어가 양식이 거덜 나 말을 죽여 보행을 계속하였고 발에 상처를 입어 바위에 누워서 사람들에게 길을 물었으나 아무도 길을 알지 못하였다. 촉에서 이 사실을 듣고 사람을 보내 하후패를 맞이하러 갔다. 하후패는 양식이 다 떨어지고 다리도 다치는 등 힘든 시간을 보내던 중 촉한의 따뜻한 도움의 손길을 받게 된 것이다. 하후패가 성도에 도착하자마자 유선이 바로 그를 맞이하였다. 만남 중 유선이 '아버님이 해를 입었다는 소식은 들었습니다. 그것은 제 선인이 한 것이 아닙니다.'라고 하였다. 유선은 먼저 하후패가 마음 속에 품고 있던 응어리를 푼 뒤 그의 아들을 가리키며 이렇게 말했다. '하후씨의 조카입니까'. 나의 아들은 너희 하후 집안의 외질이다라는 뜻이었다. 그의 장모가 하후패의 사촌 여동생이었기 때문이다. 사서에서는 유선이 이 외삼촌에게 '아주 후하게 대하였다.'고 전해진다. 그에게 관직을 내렸을 뿐만 아

장비 길에서 미녀 만남(陳榮 그림)

니라 아주 후한 대접을 했다고 한다.

촉한은 장비 부인이 하후연의 제사를 잘 지내달라고 요청한 뒤로 사람을 보내 그의 아들인 하후패를 맞이하였다. 유선이 하후패에게 베푼 후한 대접으로 보았을 때 유비와 유선은 하후 집안 사람들을 무척 존중했던 것으로 보인다. 그 원인은 바로 장비 부부와 밀접한 관련이 있을 것이다. 유비와 유선이 했던 모든 것은 장비의 부인의 체면을 생각해 준 것이었다. 이로 보았을 때 장비의 부인은 외모가 수려하고 머리가 좋았을 뿐만 아니라 친척 간의 정을 무척 중시했던 것을 알 수 있다. 장비는 아주 현명한 부인의 내조를 받았던 것이다.

사서에서는 하후연의 부인, 하후패의 어머니는 조조 아내의 여동생이었다고 기록하고 있다. 장비의 부인은 하후연의 사촌 여동생이었고 유선의 부인은 하후패의 사촌 여동생의 딸이었다. 그래서 장비, 유비, 유선은 혼인의 연 때문에 조위의 조조 가족, 하후 가족들과 친척 관계를 맺고 있었다.

장비의 부인은 아름답고 현명했을 뿐만 아니라 아주 큰 놀람과 의외의 소식들을 가져다주었다.

중국 고대는 남자 위주의 사회였다. 그래서 장비의 부인은 사서에서 제대로 기록이 되지 않았으며 이름도 남지 않았다. 백부 하후연의 제사를 요청한 부분에서 알 수 있듯 그녀는 친척 간의 정을 무척 중시했으며, 그녀의 말에는 어느 정도의 힘이 있었고, 유비와 장비에게 있어 무척 중요한 사람이었다는 점을 알 수 있다.

36

장비의 자식은 몇 명이었는가

장비는 몇 명의 자식을 두고 있었으며 그들은 어떠한 이야기를 남겼을까? 장비는 두 명의 딸과 두 명의 아들이 있었고 손자가 한 명 있었다. 그들의 이야기는 아주 놀랍다. 이 이야기는 사서 〈삼국지〉에서 아주 분명하게 다루고 있다.

서기 221년 유비가 황제가 되어 유선을 황태자로 임명하였을 때 장비의 장녀를 태자비로 들였다. 유선이 즉위하자 장비의 장녀는 황후에 봉해졌다. 그리고 15년 동안 황후의 자리에 있다가 죽음을 맞이하였다. 서기 237년, 그녀가 죽자 그녀의 여동생이 이어 입궁하였다. 귀인으로 봉해졌고 그 다음 해 황후로 봉해졌다. 서기 263년, 촉한이 멸망하자 유선은 낙양으로 가 안락현공이 되었고, 황후도 그를

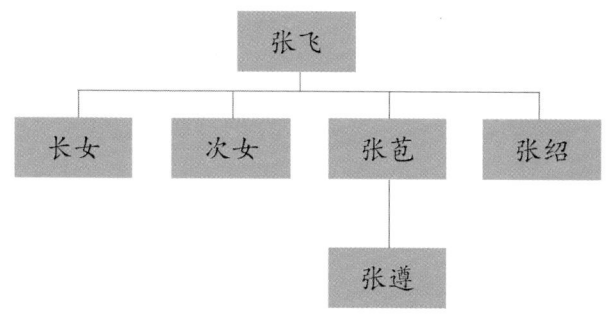

장비 후계자손 안내도

따라 함께 갔다. 사람들은 장비의 두 딸이 황후가 된 사실은 너무나 의외라고 생각한다.

장비의 두 딸은 분명 아주 아름다운 외모를 가지고 있었으며 현명하고 지혜로웠을 것이다. 그렇기 때문에 입궁하여 황후에 봉해졌으며 어머니의 뜻으로 천하를 다스렸을 것이다. 장비의 장녀가 입궁하여 황후가 되었을 때는 아마도 아버지의 영향을 받았을 것이다. 그러나 차녀가 입궁하여 황후가 되었을 때는 유비와 관우, 장비 모두 세상을 떠난 뒤였다. 제갈량도 병으로 세상을 떠난 지 몇 년 되었을 때였다. 유선이 그녀를 귀인으로 받아들이고 황후로 책봉한 이유에 아버지의 영향력은 작용하지 않았던 것이다. 그렇다면 유선은 왜 이렇게 한 것일까?

유선은 여자를 좋아하고 놀기를 좋아하는 습성을 가지고 있었다. 제갈량이 살아 있을 때는 후궁에 12명의 첩이 너무 적다며 '후궁에 첩을 더 들여야 한다고 요구했던 사건'이 있었다. 그리고 제갈량이 죽자 그는 바로 도강언의 옥루산으로 올라가 풍경을 바라보며 한참을 뛰놀다가 10일이나 지나서야 돌아왔다고 한다. 만약 장비의 두 딸이 모두 아름다운 사람이 아니었다면 유선은 절대 그녀들을 궁에 들이지 않았을 것이고 황후로 책봉하지 않았을 것이다. 그래서 장비의 두 딸은 분명 재능과 외모를 모두 갖추고 있어 유선에 의해 촉나라의 황후로 봉해졌을 것이다.

장비의 두 아들 중 장자 장포는 일찍 죽었고 둘째 아들 장소는 시중, 상서부사의 직위까지

장포 조각

올랐다. 장비의 손자는 장준이라 불렸는데 장포의 아들이었다. 어렸을 때 상서 자리에 임명되었다고 한다. 그는 서기 263년, 제갈량의 아들 제갈첨을 따라 출전하였다가 위나라 등애군의 공격을 받아 면죽 교전 중에 사망하였다.

장비의 아들과 딸, 손자들은 모두 능력이 출중한 사람들이었다. 이것은 분명 장비 집안의 가풍의 결과였을 것이다. 또한, 장비의 아내의 현명한 내조에 따른 결과였을 것이다.

장비의 아들 장포는 어렸을 때 죽음을 맞이하였다. 그가 오나라의 전쟁터에서 아버지를 위해 복수를 하려다가 죽었다는 사실은 희곡과 소설에서 허구적으로 지어낸 것이다.

37

장비는 왜 머리와 몸이 다른 곳에 묻힌 것일까

용감무쌍한 장비는 어떻게 죽음을 맞이하였을까? 그는 공교롭게도 전쟁터에서 죽음을 맞이하지 않았다. 그는 자기 부하에 의해 죽임을 당하였으며 머리와 몸이 다른 곳에 묻히게 되었다. 왜 이렇게 된 것일까?

비록 장비는 무장이지만, 그의 피에는 문인의 DNA가 흐르고 있었다. 그의 자 익덕은 도덕적 품성을 높이고자 하는 뜻이 들어 있었다. 그는 글쓰기와 그림 그리기를 좋아하였으니 분명 글재주를 뽐낼 기회가 있었을 것이다. 사적에서는 그가 적지 않은 작품을 남겼다고 기록하고 있다. 〈삼국지〉에서는 그가 '군자를 존경하였다.'라고 말한다. 즉 문인들을 존경하고 그들과 교류하는 것을 좋아하였다는 것이다. 또한 '유파를 방문하였다 거절당한' 유명한 이야기가 전해져 내려온다. 유파는 부유하고 유식한 사람이었는데 유비에게 투항한 뒤 유비가 매우 중시한 사람이었다. 이에 장비는 그를 흠모하여 방문하였는데, 장비를 상대하지 않는 것이었다. 유파는 한마디도 내뱉지 않았고, 이에 장비를 난감하게 만들었다. 유비는 이 소식을 듣고 크게 화를 내며 '이 자는 소란을 피우러 온 것이더냐?'라고 하였다. 제갈량은 이 말을 듣고 바로 유파를 찾아가 설득하며 '장비는 비록 무인이지만 당신을 무척 존경하고 흠모하고 있소. 방문하였으니 신분을 낮추고 그를 접대하시오.'라고 말했다. 이 사건의 영향력은 크게 퍼져 심지어 손오의 위아래 사람들도 모두 알게 되었다. 대신 장소는 손권에게 유파는 매우 편파적이며 고집이 세다고 말하며 '장비를 거절하였는데 이는 옳지 못한 행위였다.'라고 말했다.

장비는 '군자는 존경하였지만, 소인은 무시하였다.' 즉 사회에서 영향력 있는 유명한 사람들은 존경하고 좋아하였으나, 아랫사람들에 대해서는 연민의 정을 품지 않았다는 것이다. 이것이 바로 그의 치명적인 약점이었다. 유비는 몇 번이나 장비에게 충고하며 말하길 '네 형벌인 살육은 너무 지나치다. 또한, 자주 용맹하고 건장한 아랫사람들을 채찍질하여 네게 시중을 들게 하는 데, 이것은 화를 부르는 일이다!'라고 하였다. 하지만 장비는 한 귀로 흘려 들었고, 계속 자신의 행동을 고치지 않았다.

과연, 장비의 결말은 유비의 말대로 되었다. 관우가 손권에게 죽임을 당하였을 때 유비는 병사들을 이끌고 오나라를 토벌하러 간다.

낭중에 있는 환후사묘

운양 장비묘

이때 장비로 하여금 만 명의 병사들을 이끌고 랑중에서 출발하여 강주에서 함께 만나기로 하였다. 행군 중 장비의 부하 장달, 범강이 그를 죽였고, 그의 머리를 가지고 손오에게 항복을 하였다. '만인의 적, 세상의 호랑이'라고 불리던 대장군 장비가 이렇게 아무도 모르게 그의 일생을 마치게 되었다. 정말 탄식스러운 부분이 아닐 수 없다.

하지만 희곡과 소설에서는 그의 '군자를 존경하였지만 소인을 무시하였던 특징'은 아예 무시하고 그의 성격을 아주 버릇없고 직설적으로 묘사하였다. 송원의 설삼분, 〈삼국지평화〉와 원나라의 잡극에서 장비는 아주 전형적인 버릇없는 무사로 표현된다. 원나라 잡극 중에는 〈망장비대뇨상부원〉, 〈망장비대뇨석류원〉, 〈제갈량쾌인기장비〉 등의 이야기가 전해져 내려오는데, 내용은 보지 않더라도 저 극들의 제목에서 '망'과 '뇨'자 등을 봐도 알 수 있듯 아주 버릇없는 이미지가 생생하게 그려졌음을 알 수 있다. 그래서 〈삼국연의〉에서는 그의 성격을 버릇없음과 직설적임에 초점을 맞춰 '형제를 위해 급히 복수를 하려다 장비가 해를 입다.'라는 제목으로 그가 장달, 범강에게 살해당한 스토리 대신, 관우를 위해 복수한 인의적인 색채를 더하여, 그를 아주 활기차게 살았고 정과 의리를 위해 죽었다고 허구적으로 꾸몄다. 아랫사람들을 무시하는 그의 약점 때문에 머리와 몸이 다른 곳에 묻힌 사실은 숨긴 것이다.

> 장비의 몸과 머리는 다른 곳에 묻혔다. 머리는 중경 운양에 묻혔고, 그곳에는 장환후의 묘가 있다. 몸은 사천 랑중에 묻혔는데 그곳에는 장비의 묘와 함께 환후사가 있다. 모두 중국 전국 중점 문물 보호 단위로 지정된 곳들이다.

38

28명의 문신·무장 조각상에는 어떠한 숨겨진 의미가 담겨 있는가

유비전 앞 문신무장 복도에는 총 28명의 조각상이 세워져 있다. 이 영웅들은 나라를 위해 충성을 다하고 본분을 다한, 촉한 정권의 건립과 번영을 위해 자신의 역량을 공헌한 사람들이다. '문화보국', '무웅지병'이라는 말처럼 훌륭한 문신들이 나라를 보좌하고 훌륭한 무장들이 영토를 개척해 나갔다. 그들 중에서는 덕을 많이 쌓고 타인에게 솔선수범이 된 사람들도 있었고, 전쟁터에서 나라를 위해 목숨 바친 사람들도 있었다. 촉한에는 이렇게 많은 인재와 영웅들이 있었는데〈삼국지·촉지〉에서 기재된 사람들은 왜 50여 명밖에 없는 것일까? 28명이라는 숫자에 어떤 특별한 의미라도 있는 것일까?

이곳에 28명의 조각상을 세우기로 선택한 이유는 2가지가 있다. 첫째, 28개의 별자리 숫자와 맞추기 위함이었다는 것이다. 고대 중국에서는 하늘, 해, 달, 오성의 운행을 관측하기 위해 28개의 성간을 정해 관측의 표지판으로 삼고 그것을 '28숙'이라고 불렀다(후에 '28성관/별자리'로 불리게 되었다). 호북 수주에서 출토된 전국시기 증후을묘 옻상자 안에는 처음으로 완전한 28숙의 명칭을 기록하고 있다. 옛사람들은 제왕이 별에서 인간세상으로 내려왔다고 여겼다. 그리하여 한소열묘의 유비 조각상의 손은 옥규를 쥐고 있으며 위에는 북두칠성

문신랑

을 그려놓았다. 〈감석성경(甘石星經)〉에서는 '북두성은 칠정이라고 불리었다. 하늘의 제후, 또는 제차였다. 황제가 북두칠성에 앉아 사방을 시찰하며 4계절을 정하고 추위와 더위를 나누었다.'고 전해진다. 즉, 고대에서는 북극성을 제왕의 상징으로 보고(북극성을 둘러싸고 회전하는) 북두(칠성)는 천제가 천하를 순찰하는 데 타는 수레였다는 것이다. 한 해는 봄부터 시작이 되는데 이때 북두가 동쪽에 (북두칠성은 두 병이다. 밤이 처음으로 어두워질 때 동쪽을 가리킨다) 있기에, 이에 천제가 동쪽에서부터 순시를 시작하였다. 유비 조각은 북두칠성 옥규를 쥐고 있고, 그의 문신 무장이 보좌하고 있는데 이는 28성숙이 범계로 내려온 것을 나타낸 것이다.

더 중요한 것은 두 번째 원인이다. 그것은 바로 광무제 유수의 운대 28장상과 대응한다는 것이다. 유비는 일생 한실 왕조를 부흥시키려는 책임을 가지고 있었다. 그가 건립한 정권의 국호는 '한'이었으며, 역사에서는 '촉한' 혹은 '계한'이라고 부른다. 촉한 이전, 유방

무장랑

은 촉한의 전투가 종료되고 서한 정권이 세워지는 것을 경험하였고, 유수는 남북정벌을 통해 광무 중흥의 꿈을 실현하고 동한을 건립하였다. 유비는 서한과 동한의 제업을 계승하여 최후의 한 왕조를 건립하였다. 동한 광무제 유수는 휘하에 천하 통일, 한실의 강산 부흥을 도울 스물 여덟명의 공로가 큰, 훌륭한 능력을 지닌 대장군들이 있었다. 유수의 아들 한 명제 유장은 영평 3년(60년)에 남궁 운태각에서 이 스물 여덟 명의 모습을 그리라고 명령하였는데, 후세에는 이를 '운태이십팔장(雲台二十八將)'이라고 불렀다. 유비와 당시 유수의 비슷한 점은 무엇일까. 일단 황족 혈통임에도 불구하고 밑바닥 생활부터 시작하여 제업을 이루었다는 점, 남북정벌을 행했음에도 불구하고 여러 곡절을 거쳐 정권을 세웠다는 점이다. 유비는 황건적 전투, 적벽대전, 성도 진입, 한중 약탈을 겪었고, 유수는 동마평정, 왕랑제거, 적미의 난, 남양 평정을 겪었다. 유비는 유수처럼 보통 사람의 신분에서 제왕까지 화려한 변화를 겪었고, 여러 차례 우여곡절을 겪으며 결

135

국 기적적인 성취를 해 냈다. 후세 사람들이 그를 조각할 때 유수의 '운태이십팔장'을 모방하거나 혹은 그 영향을 받아 유비에게도 28명의 문신, 무장을 양옆에 세워놓은 것이다.

이로 인해 무후사 문무양랑은 28명의 영웅 인물들의 조각이 선택되었다. 이는 별자리의 영향을 받았을 뿐만 아니라, 특히 유비가 한나라 황실의 혈통을 이어 동한을 계승한 후 한나라 왕조인 촉한을 건립하였다는 점을 나타낸 것이다.

문무양랑의 28개 조각의 형성은 청나라 도광 29년(1849년)에 유원에 의해 조정, 보충되어 완성된 것이다. 유원은 사천 지방의 저명한 학자이나 유학대가였으며 넓은 지식을 자랑했다. 조각 인물은 아주 전형적인 것이며 조각의 수량도 당연히 우의적인 의미를 지니고 있다.

39

조운은 왜
늙은 문관상으로 조각되었는가

'삼국의 전투 중 용감한 장수를 꼽으라고 하면 당연히 으뜸으로 조자룡을 꼽을 것이다. 장판파에서 영웅의 면모를 드러냈다……' 이것은 희극 중 조운을 칭찬하는 대사 중 한 단락이다. '홀로 여러 적을 상대하는 영웅' 조운은 후세 사람들에게 아주 깊은 인상을 남겼다. 조운은 8척의 키에 단정한 외모, 우람한 체격을 지녔다. 그는 멋있는 '백마 왕자'였을 뿐만 아니라 위풍당당한 대장군이었다. 그는 삼국 영웅에서도 삼국지 팬들이 가장 추종하는 인물이다. 그런데 무장랑에서 조운의 조각상은 사람들의 마음속 이미지와는 큰 차이를 보인다. 긴 수염과 눈썹, 흰 얼굴에 무신의 옷을 입고 있는 늙은 문관의 모습을 하고 있다. 도대체 어떤 연유에서일까?

조운이 늙은 사람의 이미지로 표현된 출처는 바로 〈삼국연의〉이다. 〈삼국지〉에서만 그가 서기 229년에 서거했다고 기재하고 있으며 그의 출생년에 대한 기록이라든지 몇 살까지 살았는지에 대한 사실은 어디에도 기록되어 있지 않다. 그런데 〈삼국연의〉에서 북벌 초 조운은 칠순이 넘은 노장군이라는 이미지로 나타난다. 제갈량, 등애, 장포, 관흥 등이 모두 그를 '노장군'이라고 불렀다. 등애는 '장군은 이미 칠순이 다 되었으나 아직도 옛날처럼 용맹하오.'라고 말한다. 고대에는 사람이 일흔까지 사는 일은 아주 드물었다. 그래서 긴 수명으로 좋은 결말을 본 조운을 청대 사람들이 늙은 사람으로 조각하여 오래 산 사람에 대한 존중을 표한 것이다.

하지만, 오호상장 중 노장의 이미지는 황충만이 가지고 있다. 조운은 여기서 노장군의 이미지로 나타나지 않는다.

조운의 가장 현저한 특징은 선비의 풍모를 지닌 장수라는 점이다. 그는 실제로 장판파에서 홀로 말을 타고 살아남았고 정군산에서 적은 병사들로 많은 적을 물리쳐 '아주 대담하다.'라는 칭찬을 들었다. 하지만 그가 가지고 있었던 비범한 정치적 식견과 용기는 촉한의 다른 장군들은 가지고 있지 못한 것이었다.

예를 들어 유비가 성도를 공격하여 취한 뒤, 장수들은 주인이 없는 집과 땅들을 모두 분배해 달라고 요구했는데, 이때 조운은 일어나서 크게 반대했다. 그는 국적 조조가 아직 살아있기 때문에 이렇게 해서는 안 된다고 말했다. 집과 땅들을 모두 전쟁으로 인해 도망간 민중들에게 돌려주어 그들이 다시 자리 잡고 살 수 있게 해 주어야 국가가 안정되고 안정적인 인력과 세입으로 백성들의 지지를 받을 수 있다는 것이었다. 그의 이 정치적인 원대한 식견은 유비를 설복시키기에 충분했다.

또 유비가 전국의 병사들을 데리고 오나라를 정벌하러 나설 때 유비는 몹시 화가 많이 나 있던 상태였다. 이때도 조운만이 일어나서 반대했다. 그는 좀 더 큰 관점에서 출발하여 간언하며 조위야말로 바로 적이라고 말했다. '먼저 위나라를 멸한다면 오나라는 자연이 복종할 것입니다.' 유비는 조운

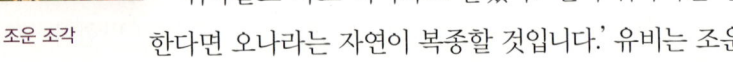
조운 조각

138

의 이 말을 듣지 않았다. 하지만 조운의 정치적인 식견과 용기는 그가 유가의 충성과 용맹스러움이 아주 높은 경지에 이르렀음을 보여주었다.

여러 사례에서 알 수 있듯 조운은 정치가로서의 탁월한 모습을 지니고 있었다. '선비의 풍모를 지닌 장수', '문무를 모두 갖춘 장수'는 중국 고대 여러 무인이 추구하는 것이었다. 이런 관념 속에서 청대 사람들은 조운상을 조각할 때 그의 뛰어난 무예와 지혜로움과 용감함을 모두 갖추고 있다는 점, 촉한을 위해 큰 전공을 세웠고 치국치민의 좋은 의견을 여러 번 건의했다는 점을 고려해 조운에게 문신의 관복을 입혀 그의 정치적 식견과 인품에 대한 존경과 추대를 나타낸 것이다.

결국 조운의 늙은 문관의 모습은 그의 인품, 덕과 재능, 정치와 군사 업적에 대한 인정과 예찬이었다.

어떤 학자들은 '충성과 용맹' 이 두 방면에서 완벽한 모습을 보여준 사람이라고 하면, 바로 조운을 말하고, 조운은 촉한에서 뿐만 아니라 삼국 명장들 중에서도 가장 으뜸일 것이다. 촉한 왕조에 대한 공헌에 대해 말하면 그는 장비와 그 업적을 나란히 하여 2위라고 할 수 있을 것이다.'라고 말한다.

40

마초는 삼국시기의
모든 것을 갖춘 미남이었는가?

　무장소상랑 마초상 앞을 오랫동안 보고 있으면, 사람들의 머릿속에는 관옥 같은 얼굴, 별 같은 눈, 듬직한 어깨, 범 같은 배, 늑대 같은 허리와 그리고 '사자 투구에 짐승 허리 혁대, 은으로 된 갑옷과 하얀 두루마기'를 입은 힘이 세고 늠름한 잘생긴 무장같은 모습을 떠올린다. '삼국에는 여포가 있었고, 여포는 마초보다 못했다.'라는 말이 있을 정도였으니 민간에서 미남으로 소문난 여포도 마초에게 졌을 정도였다. 그러하니 '마초의 팬'들 눈에는 마초야말로 삼국시기의 키도 크고 돈도 많고 잘생긴 미남 중 최고인 사람이었을 것이다.
　과연 정말 그랬을까? 희곡 소설의 예술이 가공한 것인지 역사 속의 진실인 것인지 〈삼국지〉에서 마초에 관한 부분을 읽어보면서 그 답을 찾아보자.

이름 : 마초, 자 맹기

출신 : 선조 마원, 동한 개국 공신, 유명한 복파장군
　　　 부친 마등은 정서장군을 역임하며, 官至위위까지 관직을
　　　 지낸 동한 말기 고관구경 중 한 명이다.

관직 : 동한에서 : 사이교위의 독군 → 간의대부 → 편장군 역임

촉한에서의 직위 : 평서장군 → 좌장군 → 표기장군

작위 : 동한에서 : 도정후 → 촉한에서 : 태향후

외모 : 상세한 내용은 없음.*

신체 : 상세한 내용은 없음.**

문서를 살펴보면 마초는 엄격히 미남으로 불릴 수는 없는 것으로 보인다. 비록 키도 크고 집안도 출중했지만, 외모가 준수했는지는 어디에서도 언급하고 있지 않다. 그렇다면 왜 마초는 '미남'의 이미지를 가지게 되었을까?

가장 첫 번째 이유는 역사상 마초는 훌륭한 영웅이었기 때문이다. 〈삼국지〉에서 마초는 용맹한 모습을 보인다. 아버지를 따라 전투에 나가서도 두려움이 없었다. 곽원을 토벌할 때 화살을 맞은 뒤에도 끝까지 전투에 임했으며 곽원을 한 번에 죽여버렸다. 사람들은 그를 한신과 영포의 용맹함을 지녔다고 말했다. 그와 한수는 병사를 일으켜 조조를 쳤다. 동관전투에서 조조에게 크게 승리를 거두었다. 조조는 탄식하며 말하길 '마초가 죽지 않으면 나는 죽어서 묻힐 땅도 없다!'라고 하였다. 그가 유비에게 항복한 뒤 병사들을 이끌고 성도에 왔는데 유장이 마초의 유명세를 듣고 놀라 실색하며 바로 문을 열고 항복했다고 한다. 이런 이야기들 속에서 그의 이름은 당시 삼국에서 아주 유명했고, 많은 사람이 그를 두려워했다는 것을 알 수 있다.

* 〈삼국지〉에는 마초의 외모에 대한 묘사가 없다. 아마 마초는 평범한 이미지를 가져 필기할 필요가 없었을 것으로 추정한다.

** 〈삼국지〉는 〈전략〉을 인용하여 마등의 키가 8여척 (약 1.9m)였을 것이며 아주 큰 몸과 기이한 코를 지녔다고 묘사한다. 만약 돌연변이의 가능성이 없었다면 마초도 8척의 사내대장부의 모습이었을 것으로 추측할 수 있다.

둘째, 희곡 소설에서 마초를 역사적 사실을 기초 삼아 미화시켰기 때문이다. 원대 〈삼국지평화〉, 원 잡극 〈마맹기분용대복수〉와 〈삼국연의〉에서는 마초를 모두 아주 용맹한 모습으로 묘사하였다. 동관 전투에서 조조의 수염을 자르고 도포를 버리게까지 위협하였고, 호치(虎癡 허저의 별명) 허저와 단독으로 결투하였을 때 말에서 떨어져 그의 갑옷을 벗겨서 나체로 만들어버렸고, 맹장 비의와 백여회합을 겨룰 때는 승패를 가릴 수가 없었다. 그의 용맹한 모습은 아주 특출나게 드러났고, '멋진 남자'의 완벽한 이미지가 이에 따라 나오게 된 것이다.

진상이 환히 밝혀졌다. 원래 '사람들이 보기만 하면 좋아하던' 마초는 예술적 가공을 통해 미화된 것이었으며 역사적 사실에 기초한 본래 모습이 아니었다. 비록 '금마초'는 '미남'의 반열에서 벗어났지만, 그의 용감한 이미지로 인해 전통적인 심미적 의의상의 영웅의 면모는 잃지 않았다. 제갈량은 그를 칭찬하며 마맹기는 문무를 모두 갖추고 용맹함이 아주 뛰어난 세기의 영웅이며, 서한 맹장 영포와 팽월과 같은 부류의 대단한 영웅이라고 하였다.

마초 조각

미남의 조건은 '뛰어난 지혜와 능력, 멋진 행동'이라고 다시 정의할 수 있을 것이다. 그렇다면 마초는 이 조건들에 부합하는가? 답안은 역시 '아니다'이다. 마초는 대단한 무력치를 자랑했지만, 머리는 그다지 좋지 않았다. 조조는 마초와 한수의 무리는 용맹지만 지략이 없음을 판단하였고, 이에 동관에서 이간질 계략을 펼쳤고 마초는 이에 걸려들어 크게 패하여 도망갈 수밖에 없었다.

41
강유는 왜 오나라에서 제갈량의 후계자로 여겨졌는가

제갈량이 죽기 전, 조정에 추천한 계승자로는 장완과 비의가 있다. 여기 강유는 포함되지 않는다. 그런데 사람들은 강유가 제갈량의 후계자라고 여기고 있었다. 그 이유는 무엇일까? 그 이유를 정리해 보면 아래와 같다.

첫째, 제갈량이 강유를 무척이나 중시했기 때문이었다. 첫 북벌을 할 때 강유가 위나라에서 귀순한 뒤, 제갈량의 특별 대우를 받아('양주의 상사'였기 때문에) 창조연에 봉의장군으로 임명되었다. 그 당시 강유의 나이는 27세였다. 그 후 제갈량은 여러 번 강유를 칭찬하며 '강유는 충성스럽고 근면하게 일을 하며 매사에 아주 정밀하게 생각한다. 이소와 마량 등은 그보다 못하다.'라고 하였다. 또한 '강유는 군무에 아주 민감하며 대담하여 병사들의 마음을 잘 안다. 이 사람의 마음은 한나라 황실에 있고 재주도 모두 갖춘 사람이다.'라고 하였다. 제갈량은 강유를 성도로 다시 보내 그를 중용하기 위해 군주를 뵙게 하기로 결심하였다. 과연 오래지 않아 강유는 중감군, 정서장군으로 역임되었다.

둘째, 제갈량이 죽은 뒤 강유는 위나라를 끊임없이 토벌하여 '구벌중원'이라는 칭호를 얻었다. 그 후 장완, 비의의 집정으로 국책이 바뀌어 수비 태세를 취하였기 때문에 더 이상 위나라를 토벌하지 못하게 되었다. 그리고 강유는 연희 10년(247년)에 위장군으로 승진하고 대장군 비의와 함께 정권을 장악하게 되는데, 이때 다시 위나라 토벌이 시작된다. 처음 2번의 위나라 토벌은 비의의 제약을 받았지만 3~7번째의 토벌은 그의 군사 능력이 발휘되었고, 8~9번째의 토벌은 모두 수동적인 태세를 취하였다. 하지만 여러 번의 위나라 북벌은 비록 작은 승리들을 거두었지만 전국을 바꾸기에는 큰 영향을 미치지 못해 비판을 받았다.

셋째, 관리로서 청렴하였고 생활은 소박했으며 제갈량의 유풍(遺風)이 있었다. 그는 죽은 뒤 높은 평가를 받았는데, 그는 산 중턱의 남루한 집에 살았고, 재산도 별로 없으며, 첩도 없었다. 여색을 즐기지도 않았으며 옷은 그저 입을 수 있을 정도만 추구하였고, 노비와 말도 많이 두지 않았으며 음식도 절제하여 먹었다고 한다. 조정에서 그에게 보낸 봉록은 손에 닿는 즉시 모두 다 써버렸다고 한다. 당시 사람들은 강유처럼 손에서 책을 놓지 않고 청렴결백하며 검소한 사람으로 이 세대의 모범이라고 칭찬했다.

강유 조각

넷째, 내키지 않았지만, 싸우지 않고 항복한 뒤 나라를 다시 일으킬 기회를 찾았다. 유선이 항복을 한 뒤 강유도 명령을 받아 항복을 하였다. 그가 이 지령을 받았을 때 장사들은 모두 칼을 뽑아 돌을 자르며 무척이나 분개했다고 한다. 강유도 마음속으로는 내키지 않았지만 나라를 다시 되살릴 꿈을 품고 있었다. 그래서 그는 위나라 대장군 종회가 사마소를 반격하는 기회를 틈타 촉한을 다시 부흥시키고

자 하였다. 아쉽게도 성공하지 못하여 자신과 일가족이 모두 살해를 당하고 말았다.

다섯째, 〈삼국연의〉의 영향을 받았기 때문이었다. 〈삼국연의〉는 나라를 통치하는 모습에 대해서는 적게 묘사하고 전쟁에 대한 묘사는 중점적으로 하였다. 이로 인해 역사적 사실의 기초에서 '강유를 받아들인 것'부터 '구벌중원' 그리고 '가항계'까지 적지 않은 스토리들이 허구적으로 만들어졌다. 특히 그가 완강히 출병하여 위나라를 토벌한 사실에 대해서는 더 주의를 기울여 과장되게 묘사되었는데, 이는 사람들에게 강유는 제갈량이 죽은 뒤 그의 유지를 따르고 위나라를 토벌하여 촉한을 부흥시킬만한 유일한 계승자라는 선명한 인상을 심어주게 되었다.

강유는 촉한을 위해 큰 충성을 바치고 제갈량의 신임을 받았는데도 불구하고 왜 제갈량의 후계자가 되지 못한 것일까?

왜냐하면 제갈량은 '백성을 통치하는 것이 장군의 전략보다 더 중요하다고 생각했기' 때문이다. 제갈량은 정치가였다. 그렇기 때문에 후계자를 고르는 기준은 당연히 나라를 다스리는 능력에 더 편중되어 있었지, 군사적 재략에 있지 않았다. 이 외에도 제갈량이 병으로 북벌 전선에서 서거한 뒤, 촉한의 국책도 공격에서 수비 세태로 바뀌었다. 위나라 토벌은 국가의 중요한 임무가 더 이상 아니었다. 군사적 인물이었던 강유는 자연히 그의 후계자가 될 수 없었다.

서기 250~263년, 강유는 9번의 출병을 하였는데, 주도적으로 출병한 것은 8회였다. 마지막 1회는 수동적으로 싸움에 임했는데, 싸움터는 서북이 아니라 중원이었다. 그래서 '구벌주우언'이라는 말은 사실 정확하지 않은 말이다.

42

황충의 자리는
왜 중간에 있을까

 문신무장 조각랑은 문관 방통을 선두로, 무장 조운을 선두로 하고 있다. 이 관원 배열의 순서는 직위의 높고 낮음에 따라 순차적으로 배치된 것이다. 그런데 황충은 '오호상장'이라고 칭송받아, 그의 자리는 본래 조운 다음이어야 함이 맞는데, 7번째인 중간에 있다. 그 이유는 무엇일까?

 자세히 관찰해 보면 두 복도의 문신 무장의 자리는 관직의 높고 낮음에 따라 배치된 것이 아님을 알 수 있다. 연령의 순서나 죽은 순서에 따라 배치된 것도 아니어서 질서도 없이 무척 혼란스러워 보인다. 도대체 어떻게 된 일일까?

 성도 무후사는 강희년에 재건되었는데, 그 후 유비전 양랑의 인물 조각들은 수정과 조정에 따라 12개로 형성되었다. 그 순서는 중간을 중심으로 존중받는 것을 나타내며 관직과 공적에 따라 양쪽으로 배열되었다. 양랑의 북단에는 유비전으로 연결되지 않고, 끊어져 있기 때문이었다. 유비는 정전에 있었지만 양랑 부근의 문무 대신들은 '조정을 향한 예'를 보여주고 있는 것 같다. 그들은 중간 길을 축으로 큰길을 따라가 주군을 뵙는다. 그래서 황충, 조운은 가운데에 있고 관직의 순서에 따라 앉는 것이 정확한 것이다.

도광29년(1829년), 사천의 저명한 학자 유원은 양랑의 합동 제사를 지내는 무장들의 위치를 크게 조정했다. 그는 여러 측면을 감안하여 이 조정을 시행했다.

첫째, 취소 명령 때문이었다. '전혀 근거가 없는 소문'들에 대한, 사서에서는 기재하고 있지 않은 이표, 장호를 제거하기 위함이었다. '소열순신'이 아닌 법정, 유파, 허정 같은 사람들을 모두 삭제했다. 두 번째는 조각상을 증설하기 위함이었다. 훌륭하

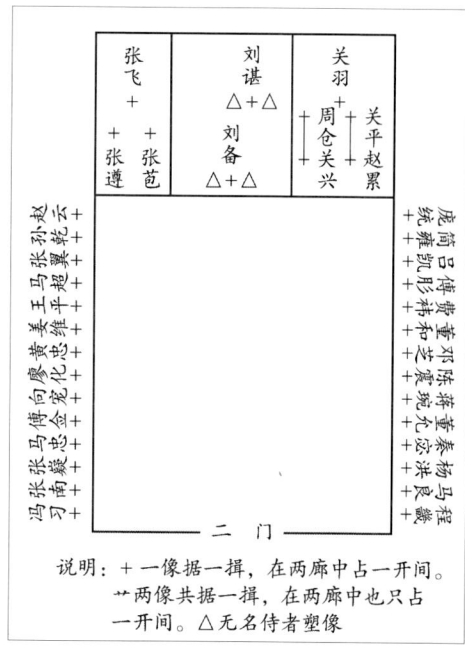

清道光廿九年 유비전 조각분포 안내도

고 죽어서까지 절개를 지킨 신하들을 골라 그 중간에 두었다. 장남, 풍습, 부융 등은 매우 간단한 업적을 해내어 사서에서는 기재하고 있지 않았다. 하지만 그들은 장렬하게 전사하였기 때문에 조각상으로 그들을 증설시켰다. 세 번째는 증축을 위함이었다. 양랑 북단에 한 칸의 방을 추가하고 이를 유비전과 연결하여 북단을 향해 존중을 표하는 구조를 형성하였다. 그 뒤 새로 지은 방에는 각각 2개의 조각상을 추가하였다. 동랑에는 방통, 간옹을 추가하였으며 서랑에는 조운, 손건을 추가하였다.

유원의 조정을 거쳐 양랑의 조각상은 각각 14개까지 증가하였고 모두 북을 향해 머리를 두고 있었다. 문신은 방통을 우선으로 하였고, 무신은 조운을 우선으로 하였으며 존비의 의도에 따라 조각상을 배열하였다. 하지만 알 수 없는 원인으로 인해 당시 완전히 갈아엎지는 못하고 그저 국부적으로만 조정을 진행하였다. 원래 중간에 있는

황충 조각

조각상이 가장 존중을 받는 형식도 국부적으로 남겨놓았다. 그래서 황충은 여전히 가운데 위치하게 된 것이고 이로 인해 자리 배치에 혼란이 생긴 것이다. 전반적인 조정을 하지 못하고 그저 국부적인 조정만 진행함에 따라 앞뒤의 조각상들의 크기와 좌지의 높고 낮음도 모두 다르고 이로 인해 존비에 따라 차이를 둔 배열은 해석하기 어렵게 되어 있다. 양랑의 문신 무장이 서로 혼잡하게 섞여 있게 된 것이다. 문신 중에는 무장 부융이 있고, 무장 중에는 문신 손건이 있는 식이다. 이런 혼란들은 조정이 전반적으로 철저하게 이루어지지 않아 생긴 것이다.

　이로 인해 황충의 자리가 중간이 된 것은 양랑 조각상이 중간을 중심으로 존중을 받는 상황 속에서 만들어졌다. 북단을 기준으로 서열이 높은 순으로 바뀌었을 때는 관직, 공적에 따라 조각상들을 다시 배열하지 않았고, 황충은 움직이지 않고 가운데 자리를 차지하게 되었다. 조각상의 전후 조정에 따른 정리를 거쳐, 유원이 완전히 조각상을 조정하지 못하고 국부적으로 조정했다는 사실을 알면, 양랑 조각상들의 자리와 높이가 불일치하고 문무 대신들이 함께 섞여 있는 것이 어떻게 형성되었는지, 황충의 자리 위치에 대한 궁금증도 풀리게 된다.

　　중국 고대는 관본위 사회였다. 전통문화에도 상하구별이 있었으며 존비에 대한 순서를 두었다. 이에 대해 성도 무후사 양랑 문신 무장의 위치는 엄격하게 배치된 것이다. 오늘날의 무질서는 조정이 제대로 되지 않아 만들어진 것이다.

43

〈촉에는 대장이 없어, 요화를 선봉으로 하였다〉라는 말은 사실인가

문신무장 양랑을 참관할 때 사람들은 요화 조각상을 보고 웃으며 묻는다. '촉에는 대장이 없어 요화가 선봉을 했다고 하지 않았나요? 그는 왜 입상으로 표창된 것인가요?' '촉한에는 대장이 없어, 요화가 선봉으로 하였다.'는 옛 말은 걸출한 인재가 없어 2, 3류의 장군들로 대체하였다는 말이다. 요화는 어떤 사람일까? 정말 옛말에서 말하는 것처럼 수를 보충하기 위한 역할이었을 뿐일까? 그의 인생으로 들어가서 정확한 답을 살펴보도록 하자.

〈삼국지〉는 간략하기 때문에 요화에 대한 이야기를 전하지 않고 있다. 그의 사적은 〈종예전(宗預傳)〉에서 아주 간략히 백자 정도만 적혀 있을 뿐이다. 요화는 처음에는 전장군 관우의 주부(문서사적을 책임지고 인장을 장관 하던 관원)로 임명되었다. 그래서 그에 대한 첫인상은 한 명의 문관일 뿐이었다. 하지만 요화는 우리를 위해 아주 스릴감이 넘치는 글을 보여주었다. 건안 24년(219년), 관우가 맥성에서 참패하여 여몽에게 살해를 당하고 형주가 동오의 손아귀에 들어갔을 때, 요화는 동오에게 어쩔 수 없이 항복할 수밖에 없었다. 하지만 요화는 끝까지 유비에 대해 충성을 다하였고, 그의 죽은 척하는 책략은 모든 사람을 속였으며 어머니를 모시고 오나라 병사들의 추격을 따돌려 익주에 도착해 결국 자귀에서 오나라를 정벌하러 동으로 가는 유비를 만나게 된다. 비록 〈삼국지〉 원문에서는 '선주에게 돌아올 생각에 죽은체하였다. 사람들은 그를 아주 믿을만한 사람이라고 하였으며, 노모를 데리고 밤새 서쪽으로 달아났다.'라는 수십 자의 글만 적혀 있어 그 상황이 얼마나 위험하고 힘들었는지 상상하기에는 부족하다. 요화의 충성스러운 품성은 사람들을 탄복시켰고 이 과정에서 그의 조용하고 진중한 성격, 거듭 대책을 궁리하고 대담하게 행동하는 모습이 사람들에게 준 첫 번째 인상은 평범하지 않았다. 그리고 어려운 환경 속에서도 꿋꿋이 일어나 두려워하지 않고 책략을 생각해내는 영웅적인 기질까지 엿볼 수 있다. 이것은 아마도 그가 입상으로 숭상받는 아주 중요한 원인 중 하나일 것이다.

'촉한에는 대장이 없어 요화를 선봉으로 하였다.'라는 말은 청나라 말기 소설 〈소미추(掃迷帚)〉 제24회에 등장한다. 〈삼국지〉와 〈삼국연의〉에도 없는 말이다. 하지만 삼국지에서 요화는 유비와 제갈량의 옆에서 매우 중시를 받았고 의도군태수, 승상부의 참군, 광무지역의 군사지휘관, 우차기장군을 역임하였으며, 절장을 수여받고 병주자사를 겸임하고 중향후로 봉해진 사람으로 그리고 있다. 그는 용감하게 적진 깊숙이 돌진하여 함락을 시켰으며 과감하고 용맹하기로 유명했다. 강유 시기의 요화는 더욱 성숙해서 노련한 군사적 능력들을 보여주었으며, 강유에게 감히 지금은 위나라를 토벌할 능력이 아님을 말하였다. 이로 보아 그는 그저 숫자만 채우는 이삼류 장군이 아니었음을 알 수 있다. 요화가 대장군인지 아닌지는 우리가 그렇다고 해서 될 것이 아니라, 그때 당시 사람들이 어떻게 말하는지를 봐야 할 것이다. 〈화양국지(華陽國志)〉 7권에서는 명확하게 이렇게 기재하고 있다. '장익과 요화는 모두 대장군이 었다. 옛사람들은 '예전에는 하평(왕평)과 구부가 있었다면, 후에는 장익과 요화가 있다.'라고 하였다. 이로 보아 요화가 대장군의 자격이 있다는 것은 당시 사람들도 모두 인정했던 사실임을 알 수 있다. 어찌 속담으로 되었다고 해서 그가 대장군이 아닌 게 되어버릴 수 있겠는가?

요화조각

'요화가 선봉에 섰다.'는 이야기는 〈삼국연의〉에서 볼 수 있으며, 약 5번 정도 이 역할을 맡아 큰 전적을 세웠다고 한다. 이 속담은 대략 여기서 연유했을 것이다. 그가 이 선봉을 도대체 맡았는지 맡지 않았는지 확인하는 것은 둘째 치고, 아마 촉한 인재가 부족했기 때문에 노장 요화로 하여금 출정을 나가게 했다는 말은 국가의 재난 앞에 한 늙은이가 맡은 책임과 전력을 다하겠다는 것을 말한다. 이 점은 요화가 칭찬받을 가치가 있는 부분이다. 촉한 정권의 흥망성쇠를 모두 겪고 본 노장, 그의 충심으로 난세 영웅의 강직함과 비장함을 잘 보여준 것이다.

요화와 관련된 이야기들을 살펴보면 독자들은 '촉에는 대장군이 없어 요화가 선봉에 섰다.'는 이 말로 다른 새로운 인식과 느낌이 생기게 될 것이다.

촉한 서남 일대에서 머리가 좋은 맹장으로는 조조와 손권의 맹장들과 견줄 수 있는 자가 거의 없었다. 〈삼국지·촉지〉에서는 관우, 장비, 마초, 조운, 황충 5인을 일류 장군으로 꼽는다. 그러나 사실 촉한 말기의 적지 않은 장군들이 상당히 우수한 능력을 갖추고 있었다.

44
방통은 왜
'봉추'로 불렸는가

　　제갈량은 '와룡'으로 불렸고, 방통은 '봉추'로 불렸다. 방통은 어떠한 재능을 가지고 있었길래 제갈량과 함께 유명해지고 이 같은 칭호를 얻어 문신랑의 선두에 설 수 있었을까?
　　방통의 자는 사원이며, 형주 양양 사람이다. 그는 어렸을 때 매우 소박하고 굼뜬 동작으로 사람들에게 주목을 받지 못했다. 사마휘라는 명사는 인재를 잘 알아보는 눈을 가지고 있었다. 20세쯤 된 방통이 그를 보러 갔을 때 사마휘는 마침 나무 위에서 뽕을 따고 있었다. 사마휘는 방통을 나무 아래 앉게 했다. 그리고 방통은 박학다식한 사마 선생에게 가르침을 구했다. 두 사람은 고서에서부터 천하의 국세에 대해서까지 옛날부터 지금까지의 일에 대해 두루 이야기를 나누었는데, 이야기를 나눌수록 견해가 일치하여 해가 떨어지고 별이 나타날때까지 계속하였다. 사마휘는 매우 놀라 그가 형주 젊은이들 중 가장 뛰어난 자라고 칭찬하였다. 이에 방통은 점차 명성을 얻게 되었다. 형주의 명사 방덕공은 어렸을 때의 방통과 제갈량 모두 시기를 기다리는 구천으로 날아갈 걸출한 인물이라고 생각하고 각자에게 '봉추'와 '와룡'이라는 아름다운 칭호를 붙여주었다. 후에 사마휘는 가르침을 구하는 유비에게 형주에 실무를 잘 아는 걸출한 인재를 추천해 주면서, '와룡' 제갈공명과 '봉추' 방사원을 추천해 주었다.

방통은 처음에 주유와 함께 일을 했는데, 유비가 형주를 맡은 뒤 유비의 수하가 되어 뇌양현령을 대신 통치하러 파견되었다. 그는 자신의 재능이 충분히 발휘되지 못함을 느끼고 정무를 게을리하여 해직되었다. 손오 대신 노숙이 이 사실을 알고 바로 유비에게 편지를 써서 '방사원

장통 조각

은 현령이나 지낼 사람이 아닙니다. 그로 하여금 주정부의 치중, 별가 같은 요직을 맡게 한다면 그의 재능이 충분히 발휘될 것입니다!' 라고 하였다. 제갈량도 방통을 추천하여, 유비가 방통을 만나 한 번 이야기를 나눈 뒤 '큰 그릇이구나!'라고 하였다. 그리고 바로 그를 치중으로 임명하고, 빠르게 군사 중랑장으로 승진하였고, 그에 대한 신임과 친근의 정도가 제갈량 다음이었다.

그렇다면 '봉추'라는 명칭을 가진 방통은 어떤 공적을 세웠는가? 그가 세운 공적은 주로 익주를 빼앗는 책략에 힘을 실어준 것이었다.

첫째, 유비가 익주를 공격하는 데 크게 도왔다. 방통은 적벽대전 후 형주가 황량해질 것이고 동에는 손오가, 북에는 조위가 있어 세 세력이 대치하는 계략을 시행하기가 어려울 것임을 언급하였다. 그는 온 힘을 다해 유비로 하여금 익주를 먼저 취하도록 설득하였으나, 유비가 동의하지 않았다. 유비는 '작은 것으로 천하의 신임을 잃을 수는 없다.'라고 강조하였다. 방통은 그가 세상 물정에 어둡다고 하며, 다시 유비가 병사를 이끌고 서쪽으로 진격해야 한다고 말하였다.

둘째, 홍문연 계획을 세워 유장을 생포하였다. 유비가 서천에 오자 유장이 부성에 와서 그를 맞이하고 그를 위해 잔치를 마련했다. 이에 방통은 계책을 세워 홍문연을 모방하여 유장을 생포하였다. 그는 '지금 이렇게 만나는 기회를 이용해서 갑자기 유장을 잡을 수 있으니, 장군은 병사를 이용하는 수고를 들이지 않고도 가만히 앉아서 한 주를 평정하셨습니다.'라고 하였다. 그러나 유비는 이를 단호하게 거절하였다.

셋째, 성도를 빼앗을 상중하 삼 책을 제시하였다. 유비는 익주 북부에서 일년 넘게 주둔하였다. 형주가 조조 군의 공격을 받았기 때문에 구원병을 보낼 준비를 하는 데 유장의 방해를 받게 되었다. 방통은 이에 성도를 빼앗을 삼 책을 내놓았다. 상책은 정예병을 선발하여 길을 서둘러 성도를 습격하는 것, 중책은 형주로 돌아온다는 명분으로 백수관 수비를 따돌려 보낸 뒤 그를 죽이는 것, 하책은 병사를 백제성으로 퇴각시켜 구원병을 기다리는 것이었다. 유비는 중책을 선택했고 부성을 순조롭게 공격하여 획득하였다.

방통은 낙성 공격 시 쏟아져 날아오는 화살에 맞아 사망하였다. 그 당시 그의 나이 36세였다. 유비는 크게 슬퍼하며 방통이라는 이름만 들어도 얼굴에 눈물이 가득하였다. 그는 방통의 부친에게 관직을 내렸고 후에 방통 작위를 내리기도 하였다. 그리고 시호를 '정후'라고 내리며 형주를 얻어낸 방통의 지혜와 책략의 공헌에 대한 사실을 치하하였다.

방통은 유비의 수석 책략가였다. 그의 '헌연환계'와 '초라한 모습'에 대한 이야기는 〈삼국연의〉에서 허구적으로 지어낸 것이다.

45
제갈량의 후계자는 도대체 누구인가

촉한 건흥 12년(234년), 북벌 전선 오장원에서 제갈량이 병으로 생명의 위기를 맞이하였다. 이때 승상 후계자의 선정은 촉한 조정의 가장 중요한 일이 되었다. 사서에 보면 제갈량 옆에는 세 명의 젊은 인재들이 가장 유력한 후보였다고 한다. 그들은 바로 용맹하고 전투를 잘하는 강유, 침착하고 노련한 장완 그리고 총명하고 민첩한 비의였다. 이들 중 도대체 누가 제갈량의 후계자가 된 것일까?

사서의 기록에 따르면 제갈량의 병세가 심각할 때 군주가 이복을 파견하여 안부를 물으며, '국가의 대계도 물었다.'고 한다. 그리고는 '당신의 백 년 이후 누구로 하여금 이 큰일을 맡길 수 있을 것인가?'라고 물으며 후계자의 문제에 관해 물었더니, 제갈량은 장완이 가장 적합하다고 대답했다고 한다. 그리고 장완 다음으로 비의가 그를 이을 것이라고 한다. '또 다음 사람을 물어보시면, 저는 대답하지 않겠습니다.'라고 하였다.

제갈량이 심사숙고하여 대답한 후계자는 첫 번째는 장완, 두 번째는 비의였다.

왜 제갈량은 그 다음 후계자는 추천하지 않은 것일까? 〈자치통감(資治通鑒)〉호3성에서는 '제갈량이 비의 다음 사람을 언급하지 않은

장완 조각

비의 조각

동윤 조각

것은 높은 군주가 아니었기 때문이며, 이후에도 역시 알 수 없었기 때문이고, 촉을 다스릴만한 비의를 계승할 인재가 부족하기 때문이다.'라고 하였다.

호삼성에서의 뜻은 중첩적이다. 하나는 장완, 비의 다음의 일은 너무 먼 일이라 알 수 없다는 것이다. 또 하나는 촉한의 인재가 부족하여 장완, 비의 다음에는 이 일을 맡은 사람을 찾기 어렵다는 것이다. 그래서 제갈량은 다시 대답을 하지 않았다는 것이다.

제갈량이 추천한 이 두 후계자는 어떤 사람일까? 장완, 비의는 촉한에서 덕과 지혜를 겸비한 훌륭한 인재들이었다. 그들은 제갈량에게 여러 차례 칭찬을 들었다. 제갈량은 장완에게 '의지와 충성스러움과 그 고아함이 지금 나와 함께 왕의 업을 맡을 사람이라 칭송받을만하구나.'라고 하였다. 〈출사표(出師表)〉에서는 비의를 '깊은 생각과 순수한 충성을 지닌 사람', '어질고 목숨을 바쳐 절개를 지킬 신하.'라고 칭찬하며, 유선에게 그를 믿도록 하였다. 장완과 비의의 품덕과 지식에 대해 제갈량은 모두 높은 평가를 했다.

두 사람의 공적은 어떠한가? 역사적 기록에 따르면 '장완은 무리 중에서도 뛰어나 여러 신하 중에서도 중시를 받았으며, 슬픈 표정이나 깊은 표정이 없고 행동거지가 무척 신중하며 항상 항상심을 유지하여 뭇 사람들의 존경을 받았다.'라고 하였다. 장완이 제갈량 다음을 잇는 것에 대해서는 군신들의 인정을 받았으며, 그에 합당한 추대를 받았다. 정치적 업적에 대해서는 역사가 평론을 인용하여 설명하고 있다. 진수는 〈삼국지〉에서 이렇게 말했다. '장완은 무거운 위엄이 있고, 비의는 드넓은 아량을 지녔다. 모두 제갈량의 정신을 이어 그를 따르려 개혁을 하지 않으니 변경은 아무 변고가 없고 평화로울 것이다.'

그래서 '촉나라 사람들은 제갈량, 장완, 비의와 (동)윤을 네 명의 승상으로 여기고 그들을 4명의 영웅이라고 하였다'. 장완, 비의의 계승은 당시 촉한 국민의 인정과 추대를 받았으며 정치적인 공로도 후세 사람들의 칭송을 받았다.

제갈량은 병중에도 여전히 나랏일 때문에 걱정하며, 신중하게 두 명의 적합한 후계자를 추천하였으니, 정말로 '나라를 위해 온 힘을 다하고, 죽을 때까지 충성을 다한 충신'이었다!

〈삼국연의〉에서는 제갈량이 병으로 죽은 뒤 나관중은 책의 중점을 강유의 중원 북벌에 놓는다. 강유는 촉한왕조의 '남일호'로 승진하여 제갈량을 계승할 만한 후계자가 되어 '중원을 아홉번 토벌'한다. 사실 이것은 나관중이 〈삼국연의〉 책에서 강유에게 극적인 효과를 가미한 결과일 뿐이다.

46

촉한에서
유명한 외교관은 누가 있는가

 유비 집단은 출병에서 시작하여, 점차 대외 연락을 담당하는 관원을 두었다. 처음에는 주로 각 제후들과 왕래하는 것이 주 임무였지만, 후에는 사절을 파견하여 촉과 오의 연맹을 유지하는 것이 주 임무가 되었다. 그렇다면 유비 집단에는 어떤 유명한 외교관이 있었을까? 그들의 소통 능력은 어떠했을까? 안과 밖에서 그들에 대한 평가는 어떠했을까? 먼저 시간 순서에 따라 순차적으로 소개를 해 보도록 하자.
 손건은 유비가 서주를 다스릴 때 유비를 따라 함께 전투했던 사람이다. 유비가 조조에게서 벗어나 원소에게로 갔을 때에도 손건이 파견되었다. 후에 유비가 형주로 갔을 때도 손건과 미축이 사절로 파견되어 유표를 만났다. 손건의 재능에 대해서는 역사적으로 '뜻한 바를 모두 이루었다.'라고 칭한다. 매번 유비의 뜻대로 일이 이루어졌다는 것이다. 이로 보았을 때 손건은 이 일에 적임인 외교관이라고 할만하다.
 제갈량은 정치가, 군사가였을 뿐만 아니라 뛰어난 외교가이기도 했다. 그의 외교적 능력은 두 가지 방면에서 증명할 수 있다. 하나는 바로 적벽대전 전날 밤, 강동으로 파견되어 손권을 설복시켜 오나라와 연합하여 조조를 굴복시키는 전략에서 비범한 외교적 안목과 커뮤니케이션 능력을 보여주었다는 것이다. 또 하나는 바로 손권과 유

비 연맹이 분란과 화해를 반복하던 중, 원칙을
고집하고 기민한 임기응변의 외교적 수단으로
아주 훌륭한 외교적 능력을 보여주었다는 것이
다. 삼국에서 아주 유명한 촉오연맹의 빠른 결
합과 지속은 제갈량이 아무도 대체할 수 없는
중요한 역할을 해 냈다고 볼 수 있다.

손건조각

  유비는 건국 후 여러 명의 훌륭한 외교 인재
를 배출해 냈다. 그중에는 비교적 유명한 등애
와 비의, 그리고 진진 같은 사람들이 있다.

  등애는 한나라 조정 명신인 등우의 후예이다.
유비가 익주를 평정한 뒤 광한군 태수를 맡았
다. 등애는 청렴결백하고 뛰어난 정치적 업적을
세웠다. 효정전투에서 패하고 군주가 병으로 죽
은 뒤 촉오연맹은 큰 도전을 맞이하게 된다. 정
치 보조 임무를 맡은 제갈량은 동오로 사절을
파견해 이 관계를 강화해야 할 필요성을 느낀

등지조각

다. 이때 등애가 언급되었고, 유선은 나이가 어려 재위한 지 오래되지
않은 상태에서 '대사를 파견하여 오나라와의 관계를 다지는 것이 더
나았다'. 그래서 제갈량은 등애를 동오로 파견하여 손권을 만나도록
하였다. 그는 거짓없는 진실한 태도로 당시 상황에 대한 의견을 솔
직하게 피력하였고 이에 손권은 위나라를 버리고 다시 촉나라와 결
맹을 맺기로 결심을 내린다. 이후, 등애는 또 한 번 손오로 파견되어
솔직한 태도로 손권의 높은 평가를 받는다. 손권은 등애를 칭찬하며
'두 나라를 화해시킬 사람은 등애 밖에 없다.'라고 말한다.

  제갈량은 북벌 시기가 임박해오자 특별히 비의를 파견하여 손오와 함께 협동작전을 펼치기로 한다. 양측은 자주 말다툼이 있었다. 그것은 바로 공무가 끝난 뒤 연회에서 제갈각 등이 '선봉의 어려움에 대해서 논하자면, (비)의는 순의독을 그만두어야 합니다. 이치로 대답을 하자면 끝내 굴복할 수 없을 것입니다. (손권)은 그를 아주 중시하고 있습니다.'라고 하며 논쟁을 펼쳤다. 또한 '손에 항상 가지고 다니던 보도를 그에게 주었습니다.'라고 하였다. 역사에서는 '비의가 사절로서의 명분으로 자주 오나라에 갔다.'라고 적혀 있다.

　손권이 황제가 된 것에 대해서 촉나라의 어떤 사람들은 이치에 어긋나는 역적 행위라고 여기며 비난받아 마땅하다고 생각하였다. 제갈량은 이래서는 안 된다고 생각하여 진진을 위위(구경 중 하나)의 신분으로 오나라에 파견하여 손권을 축하하였다. 진진은 국가를 대표하여 손권과 '연맹을 유지하여 천하를 교분하는 것'에 대해 정식으로 맹약 체결을 맺었다. 제갈량은 일찍이 형에게 서신을 보내 진진의 '품격이 아주 충성스러우며 순수하다.'고 언급하며 동오와 서촉 양국 관계의 화합을 위해 아주 귀중한 공헌을 했다고 하였다.

　촉한은 오나라와 함께 연합하는 계책을 위해 여러 번 사절을 파견하여 양측의 관계를 돈독하게 하며, 충성스럽고 직설적이며, 기민한 외교적 인재들을 배출하였다. 마량, 종예 등의 사람들도 오나라에 파견되었고, 역시 덕과 재능으로 손권의 공경을 받았다.

여기서 말하는 외교관은 집단을 대표하여 대외 연락을 담당하는 관원이다. 삼국 영웅의 품질과 재능은 외교적 지혜와 용기에서도 아주 풍부하고 생동적으로 드러났다. 촉한의 몇몇 외교관에게서도 이런 면모들을 볼 수 있었음은 물론이다.

47

진밀과 장온의 변론대회는 누구의 승리로 끝났는가

진밀에 대해 사람들은 잘 알지 못한다. 하지만 〈삼국지〉에는 그에 대한 전기가 실려 있으며 〈삼국연의〉에도 그의 사적에 대해 전문적으로 묘사한 부분이 있다. 왜일까? 왜냐하면 진밀은 박학다식하고 지혜로우며 변론에 능하여, 사람들에게 깊은 인상을 심어주었기 때문이다.

〈삼국지〉와 〈삼국연의〉에서는 모두 진밀과 장온의 변론에 대해서 기술하고 있다. 이 변론은 진밀의 박학다식함과 변론적 재능을 잘 보여주는 부분이다.

이릉전투 후 촉오는 다시 동맹을 맺었다. 손권은 장온을 서촉으로 파견하여 답례를 보냈다. 장온은 당시 손권의 호출을 받았을 때 경전 중의 어구와 고사를 이용하여 유창한 대답을 내놓아 그의 뛰어난 재능에 손권을 매우 놀라게 한 적이 있다. 그리고 촉에는 예부터 여러 문인이 있었는데 진밀도 그중에서 아주 뛰어난 인재 중 하나였다. 사서에서는 그를 '어려서부터 재능과 학식이 있어, 제갈량이 그를 익주에서 풍부한 학식을 지닌 자라고 칭찬한 적이 있다.'라고 기재하였다. 이 둘의 만남으로 촉오의 어마어마한 변론이 시작된 것이다.

장온이 촉나라에 도착해 공무를 모두 처리했을 때 제갈량이 연회를 마련하여 그를 환대하였다. 3잔씩 술잔이 돌았을 때 장온이 먼저 진밀에게 반복적으로 질문을 하여 자신의 재능을 드러내고자 하였다.

첫 번째 회합은 장온이 진밀에게 묻는 것이었다. '하늘에는 머리가 있습니까?' 장온의 이 질문에 진밀은 깊이 생각하지 않고 말했다. '머리가 있습니다.' 그러자 장온이 물었다. '어느 방향으로 머리가 있습니까?' 진밀은 '서쪽으로 있습니다. 〈서경〉에는 '내권서고'라는 말이 있습니다. 태양이 산으로 떨어지는 것은 서쪽을 그리워해서이기 때문이라는 것이지요. 그렇기 때문에 하늘의 머리는 서쪽에 있다고 추측해 볼 수 있습니다.'라고 대답하였다. 진밀의 대답은 아주 교묘했다. 장온에게 하늘의 운명이 서촉을 향해 있다는 것을 은연 중에 드

진복논천 - 출처 明崇禎年版《英雄譜》삽화

러낸 것이기 때문이었다.

두 번째 회합에서 장온이 또 물었다. '하늘에는 귀가 있습니까?' 진밀은 조용히 회답하는 동시에 반문하였다. '〈시경〉에는 두루미가 우는 소리가 물가로 퍼지는데 그 소리가 하늘까지 들린다고 하였습니다. 하늘에 만약 귀가 없다면 또 어떻게 이 소리를 듣는 것이겠습니까?' 장온이 또다시 물었다. '하늘에는 발이 있습니까?' 진밀은 더욱 침착하게 '〈시경〉에는 하늘의 걸음이 어려우니, 그 자식들은 더 노력해야 한다.'라는 말이 있습니다. 만약 하늘에 발이 없다면 어떻게 걸음을 내딛는 것이겠습니까?

장온은 연속으로 3번째 허무맹랑한 문제를 냈으나 진밀은 모두 〈시경〉의 구절을 교묘하게 인용하여 대답하였다. 그래서 그는 전략을 바꾸어 세 번째 변론을 시작한다.

진복조각

장온은 물었다. '진선생, 하늘에도 성씨가 있습니까?' 진밀은 웃으며 '하늘에도 당연히 성씨가 있지요.'라고 대답하였다. 장온은 이어 '하늘에 성씨가 있다면 그 성은 무엇이오?'라고 물었다. 진밀은 '그 성은 유씨입니다. 현재 천자의 성씨가 유씨이니, 아들은 당연히 아버지의 성을 따르겠지요. 그러니 하늘의 성은 당연히 유씨입니다!'라며 웃으며 대답하였다. 장온은 기분이 좋지 않았다. 속으로는 우리 주군 손권이 아직 황제로 불리지도 않았는데, 과거의 천자가 된 것처럼 될 수는 없다고 생각하였다. 그래서 그는 더욱 교활한 문제를 내며 반문하였다.

'진선생, 당신은 지금 천자의 성씨가 유씨라서 하늘의 성도 유씨라고 하셨지요. 그렇다면 당신은 태양은 우리 동쪽에서 떠오른다는 것을 잊은 것입니까?' 진밀은 조용히 웃으며 이렇게 대답하였다. '태양은 비록 당신네 동쪽에서 떠오르지만, 우리 서쪽으로 집답니다.' 말 뜻을 풀이해 보면 하늘의 운명은 결국 서촉으로 기운다는 것이었다.

세 번째 회합으로 진밀의 학식과 변론 능력이 장온보다 더 뛰어남이 판명되었다. 장온도 어쩔 수 없이 그의 언변과 학식에 마음속으로 탄복하였다.

이 변론대회를 통해 진밀은 자신의 지혜와 기민성을 잘 보여주었으며 촉한의 존엄도 지킬 수 있었다. 이 변론대회를 통해 오나라와 촉나라 연맹의 이익 관계였음을, 그들 사이에는 화합과 투쟁이 자주 있었음을 알 수 있었다. 당시 조위가 강대해져서 촉오는 결맹을 해야만 조위에게 대적할 수 있었기 때문이다. 그러나 각자의 이익을 취하고 나서는 그들은 당연히 멀어질 수밖에 없는 관계였다.

촉오 연맹, 양국은 비록 사절을 끊임없이 파견하였지만, 상호 자주 의문을 제기하고는 하였다. 촉나라 비의가 동오로 파견되었을 때 동오 대신 제갈각 등 무리들과 함께 그룹 변론을 한적이 있었는데, 혀를 무기 삼아 서로의 재능을 겨루며 상대를 제압하고자 하였다. 이것은 화합과 분쟁을 반복하는 삼국 문화의 일종의 매력이라고 할 수 있을 것이다.

48

이 마량이, 그 마량인가

문신랑에는 마량이라고 불리는 조각상이 있다. 이 마량이라는 이름은 우리에게 아주 친숙하게 들린다. 과연 우리가 어렸을 때 동화 속에서만 보던 그 신필 마량일까?

〈신필마량(神筆馬良)〉에서의 주인공 마량은 부지런하고 소박하며 패기가 있는 아이였다. 그는 어려서 부모를 잃고 빈곤한 가정에서 태어났다. 하지만 단 한 번도 생활이 어려워서 낙심한 적이 없었다. 그는 자신의 노력으로 회화를 배웠으며, 권세 앞에서도 절대 두려워하지 않았다. 신기한 붓을 하나 얻은 후에도 그는 여전히 열심히 마을 사람들을 위해 그들이 원하는 물건들을 그림으로 그려주었다. 마량은 신기한 붓의 힘을 빌어 민간에서 즐겨보고 듣는 영웅 인물이 되었다.

마량은 어떻게 유비의 휘하 사람이 되었으며, 성도 무후사로 오게 된 것일까? 원래 이 마량은 그 마량이 아니다. 이것은 삼국 역사 인물인 마량이다. 사서 〈삼국지〉에는 그에 대한 전기가 하나 있다.

마량(187~222년), 자는 계상, 형주 양양 의성 사람이자, 촉한의 대신이었다. 그에게는 다섯 형제가 있었으며 어렸을 때 형제 모두 뛰어난 능력으로 마을에서 유명했다. 그중에서도 마량이 가장 뛰어났다. 이웃 사람들은 그를 위해 하나의 속담을 지었는데, '마씨 오상 중에서도 하얀 눈썹이 가장 우수하다.'고 하였다. 마씨 집안의 오 형제의 자는 모두 '상(常)'이었다. 그리고 마량은 그중 우수하였는데, 그의 미중에는 하얀 털이 있었다. 그래서 이렇게 그를 칭찬한 것이다. 이 속담은 널리 퍼져 후세 사람들은 '백미'라는 말을 사용해 형제 중에서 가장 뛰어난 자를 가리키기 시작했다.

마량과 관련하여 하나의 전설적인 이야기가 있다. 그 이야기 제목은 〈식마량(識馬良)〉이라고 불린다. 한 번은 유비가 유표를 방문하여 연회에 참석하였다. 그런데 어느날, 마량이 한 번 나가더니 밤이 되도록 돌아오지 않는 것이었다. 유비가 다급해하는 데, 마량이 새벽이 되어서야 헐레벌떡 돌아왔다. 유비가 돌아와서 마량에게 어젯밤에는 무슨 일로 새벽에 돌아왔는지 물었다. 마량은 사실대로 보고하였다. 어젯밤에 말을 산책시키고 있는데, 뛰다가 말안장을 떨어뜨려서 사방을 찾아보아도 보이지 않아, 다른 사람에게 부탁하여 밤새 말안장을 하나 만들었다는 것이었다. 예전에 쓰던 말안장은 유비가 십여 년을 사용하던 것이었는데, 새것으로 바뀌었는데도 유비는 이를 알아채지 못했다. 그는 마량이 죄를 지어 벌을 받을 수도 있는데도 이 사실을 숨기지 않은 것에 감탄하였다. 그리고 잘못이나 착오가 있으면 바로 고치는 마량의 이런 점을 좋아하였다. 그래서 마량을 장령으로 승진시키고 그를 제갈량에게 부탁하여 육성시켰다. 후에 마량은 유비의 기대를 저버리지 않고 촉나라의 명신이 되었다.

사서에서는 마량이 제갈량과의 관계가 무척 좋았으며, 두 사람이 서로 호형호제하였다고 기재하였다. 제갈량이 촉에 와서 유비를 도왔을 때 마량은 형주에 남아 있었다. 마량은 일 년 동안 포위공격하던 낙성이 드디어 함락되었다는 소식을 들었을 때 제갈량에게 편지를 보내 축하하였다. 동시에 제갈량에게 치국 중, 시정과 인사 등 여러 방면의 문제에 대해서 주의할 것을 언급하며, 촉한 국정에 대한 비범한 견식과 충성을 보여주었다. 그는 과거 강동으로 파견되어 손권의 중시를 받은 적도 있었다.

서기 221년, 유비가 군사를 이끌고 오나라를 토벌할 때 마량을 파견하여 오계의 소수 민족에게 연락을 취하도록 하였다. 마량은 성공적으로 이 사명을 완성하였고, 오계의 각 부족은 적극적으로 유비의 군사 행동에 도움을 주었다. 안타까운 것은 유비가 효정전투에서 패하여 마량도 오계에서 죽임을 당했다는 사실이다. 당시 그의 나이는 36세밖에 되지 않았다.

마량조각

마량은 촉한 충신의 한 사람으로서 무후사 문신랑에 위치하여 사람들로 하여금 신필 마량을 떠올리게 한다. 마량은 이미 이 세상을 떠났지만 사람들의 기억 속에 잊혀지지 않고 남아 있는 것은 분명 그의 덕과 재능 그리고 공적이 후세에 어느 정도 남겨졌기 때문일 것이다.

'마씨오상' 중 마량의 자는 계상이다. 그리고 마량의 동생 마속의 자는 유상이었다. 이 두 사람만이 사서에 기록이 되고 있으며 이외 세 사람에 대한 고증은 없다.

49
조각상 중에는
왜 법정과 위연이 없을까

　문신무장랑을 천천히 걷다 보면, 마치 금과철마의 삼국시대에 있는 느낌이 든다. 장판파 앞에 있는 조운의 침착한 모습과 정군산 위에 있는 황충의 위풍당당한 모습이, 낙성 문 아래 방통이 젊은 시절 목숨을 잃는 모습, 승상부에서 동화가 간언을 하는 모습 등등이 떠오른다……. 이런 도중 사람들은 갑자기 왜 법정과 위연 같은 중신들의 조각상이 없는지 궁금해지게 된다.
　성도 무후사는 강희년에 재건되었다. 그 후 문신랑의 조각상에는 법정의 조각상이 생기게 되었다. 그런데 왜 지금은 없는 것일까? 그 이유는 청나라 도광제 29년(1849년)에 보정할 때 없애버렸기 때문이다. 이 일은 사천의 저명한 학자 유원에 의해 주도된 것이었다. 그는 깊고 넓은 학식을 지니고 있었다. 그가 무후사와 무후사 인물 조각상을 조정하는 일을 의뢰 받았을 때 '소열순신'을 기준으로 삼아 원래의 문무장랑 인물상을 '정치적 심사'하여 법정, 유파, 허정 등의 인물상들을 제거하였다. 동시에 이표, 장호 등 '근거가 없이 전해지는' 인물상들도 제거하였다. 그리고 유비에게 충성을 바치고 전투에서 용맹스럽게 전사한 부융, 장남, 풍습등의 인물들을 추가해 넣었다. 그리고 유원은 양랑 조각상을 각각 14개 씩으로 늘리고, 직접 모든

위연 법정 인물도
- 출처 康熙年版《三國演義》

조각상들의 비문을 작성하며 인물들의 생애와 사적을 소개하여 그 조각상 앞에 세웠다. 성도 무후사에 현존하는 47개 조각상 중, 25개 조각상은 모두 그에 의해 재탄생된 것이다.

유원은 조각상 조정 및 증설이라는 역할을 맡은 뒤 문장을 지었는데, 그 문장의 제목은 〈한소열묘종사공신기(漢昭烈廟從祀功臣記)〉이다. 문장 중에서는 '법정은 세간에서 원망을 너무 많이 받았고, 유파, 허정의 생애를 돌아보면 업적이 가벼워 모두 소열순정의 반열에 들기가 어렵다.'라고 하였다. 이로 인해 법정의 조각상도 제거된 것이다. 확실히 사서에서는 법정이 유비에게 중용된 뒤, 과거 자신이 받은 은혜에 대해 모두 보답하였으나, 다른 사람이 자신에게 가졌던 원한에 대해서도 모두 다 복수했을 뿐만 아니라, 자신을 비방하고 헐뜯는 사람들도 모두 다 죽여버려 그 품행이 좋지 않았다고 언급하고 있다.

하지만, 법정은 촉한에서 아주 큰 공적을 세운 인물이다. 그는 원래 유장의 부하였으나 중용되지 못해 몰래 유비에게 책략을 헌납하였고, 유비가 성도를 포위했을 때 유장을 설득해 항복하게 하였다. 이로 인해, 그는 유비가 촉을 세우는데 큰 공을 세워 아주 중요한 책략가가 되었다. 후에 그는 또 하나의 책략을 유비에게 주었다. 이에 그는 유비를 따라 한나라를 쟁탈하는 전투에 참여하여 큰 공을 세웠다. 그래서 처음에는 조각상을 세워 그를 표창하였다. 하지만 유원은 순수한 충성스러움과 품행을 기준으로 그를 표창을 받을만한 촉나라 문신무장에서 제외했다.

위연, 법정의 조각상이 모두 없어진 것은 당연한 일이었다. 그 이유는 무엇일까? 그가 '반역의 뼈'를 지니고 있었기 때문일까? 위연은 '반역의 뼈'를 가지고 있다고 언급한 것은 소설 〈삼국연의〉에서이다. 사서 〈삼국지〉에서는 위연에 대한 좋은 평가와 나쁜 평가가 모두 존재한다. 삼국지에서는 그가 사병들을 무척 잘 다루며 다른 사람보다 용맹하지만, 자기자신을 너무 높이 평가한다고 적혀 있다. 제갈량이 북벌을 할 때 그는 '출자오곡(出子午谷)'이라는 장안을 돌습하는 책략을 제기한 적이 있다. 하지만 받아들여지지 않았다. 그래서 위연은 자주 '소심한 (제갈)량이라고 말하며', 자신의 재능이 충분히 발휘되지 못함을 개탄했다. 제갈량이 죽은 뒤 그는 양의가 지휘하는 것에 불만을 품고, 자신이 적의 퇴로를 차단하는 임무를 맡는 것을 원치 않았다. 이에 제갈량이 임종 전에 배치한 명령을 듣지 않고 마음대로 행동하여 결국 삼족이 멸하게 되는 최악의 종말을 맞이하게 되고 만다. 그래서 위연은 처음부터 조각상으로 만들어져 표창될 자격이 없었다.

문신무장랑의 인물 조각상들의 생애가 적혀 있는 작은 비석들을 자세히 읽다 보면 하나의 공통점을 발견할 수 있다. 그것은 바로 그들은 모두 자신의 일에 최선을 다하며 충성을 다했고 용맹하게 싸우다 전사했으며 품덕이 고상한 사람들이었다는 것이다. 그래서 법정과 위연 같은 사람들은 이 중에 끼지 못한 것이며, 이것은 당연한 일이라고 할 수 있겠다.

중국 전통문화 가치의 방향은 언제나 윤리도덕을 중시해 왔다. 인물과 사건을 평가할 때 항상 알게 모르게 윤리도덕 관점에서 그 사람의 선악을 논하였고, 업적과 공로는 그 다음이었다.

50

공명전 지붕에 있는 조각상은
어떤 의미를 지니는가

공명전 앞에 오면 지붕 정중앙에 하나의 조각상이 있는 장면이 한눈에 들어온다. 어떤 사람을 조각한 것이며 도대체 어떤 의미를 가지고 있는 것일까? 왜 지붕 위에 조각을 해 놓은 것일까? 우리는 보자마자 관련된 질문을 연속적으로 쏟아놓게 된다.

이 조각상은 세 사람과 가산을 배경으로 구성된 것이다. 이 세 사람은 도대체 누구일까?

정중앙에 앉아있는 미륵불은 불교의 뭇 부처 중 영향력이 가장 큰 보살이다. 그는 가슴과 배를 드러내고 다리를 뻗고 앉아 기쁜 눈을 하고 있으며 항상 웃음을 띤 입 모양을 하고 있다. 그는 여래불의 법정 후계자이며, 아주 신통하고 재난을 막고 복을 불러오며 어려움 속에서 사람들을 구해 주는 민간에서 아주 환영받는 부처이다.

동쪽에 있는 적송자는 전설 속의 신선이다. 그는 용으로 변해 비를 다스릴 수 있으며, 바람을 따라 비를 아래위로 내리게 할 수 있다. 후에 도교에서 최고 신인 원시천에 의해 우사로 책봉되었으며, 장마를 주관하였다. 그의 머리 위에는 두 뿔이 있으며 홍색 치마를 입고 있는데, 이는 붉은 용을 상징하는 것이다. 왼손에는 큰 그릇을 들고 있고, 안에는 한 마리의 용이 가득 차 있으며 오른손에는 물병을 들고 물을 뿌리는 형상을 하고 있다.

서쪽에는 진천군이 있는데, 그 역시 우사이다. '천군'은 도교에서 어느 정도의 급을 지니는 신선에게 붙여지는 존칭이다. 그는 뇌공강천군, 전모수천군, 풍백방천군처럼 명청시기 아주 널리 퍼진 허구적 인물이었다. 그는 홍색 치마를 입고 있으며 왼손에는 물병을 쥐고 있고 오른손에는 원형으로 된 섬전반을 들고 있다.

세 사람 사이에 있는 가산, 보탑, 소교 등의 조경들은 신선들이 사는 선경을 의미한다. 지붕 양측에는 도교팔선에 있는 철괴리와 한종리 조각이 있다.

왜 조각들을 지붕에 배치해놓은 것일까? 건물의 가장 높은 용마루와 지붕을 장식으로 삼는 것은 중국 고대 건축의 전통이자 특징이다. 한나라 시대부터 용마루에 봉황 및 다른 동물들을 장식으로 하는 것이 시작되었는데 이를 '척식(脊飾)'이라고 칭하였다. 이후 대부분 정척과 수척 위에 척식을 하게 되었고, 이를 통해 길조를 불러일으키고 사악한 기운을 쫓고자 하였다. 이는 이후에 고귀한 품격을 나타내는 의미가 되었다. 하지만 장식을 지붕 위에 하는 경우는 많지 않았다.

공명전 지붕 위의 조각

이 조각상들이 속세에서 아주 익숙한 미륵불이며, 도교에서 유명한 우사 적송자와 진천군으로 이루어졌으며, 그 의미는 재앙을 쫓고 복을 불러오며 사악함을 피하고 불을 막기 위함이다. 이는 아주 명확한 사실이다.

공명전의 정척과 수척에도 모

두 장식이 있다. 지붕 양측 전후의 사수척과 앞단에 모두 각각 다섯 종류의 동물들이 놓여 있는데, 모두 길조의 의미가 있는 동물들이다. 오수양단에는 치문(鴟吻)이 있는데, 이는 용의 새끼에 속하는 것 중 하나다. 중간에는 화주(火珠; 보정(寶鼎)이라고도 한다)가 있는데, 화주는 7층으로 되어 있으며 그 높이 때문에 앞뒤가 철끈으로 고정되어 있다. 이 조각상은 철끈으로 아랫 면에 붙어 있는데 이는 복을 기원하고 사악함을 쫓아내며 불을 막는다는 소망을 나타낸 것이다. 이는 또한 철끈이 지붕 위에 드러나지 않도록 하기 위함이었다.

왜 부처와 도교의 신선들이 한 곳에 함께 있는 것일까? 현존하는 자료에 따르면 이 조각상들은 청 도광년 초에 지어지고, 민국 초기에 다시 만들어져서 내용 및 형식상에서 불교와 도교가 하나로 합쳐졌다고 한다. 오랫동안 중국에서는 불교와 도교가 서로 섞여 전해져 내려왔다. 당연히 서로 부합하는 점도 많을 것이다. 과거 성도 무후사를 관리하던 사람들은 승려였다. 이후에 도교 신자도 있었다. 그때 당시 사찰에 향을 피우러 오는 손님들을 불러모으기 위해 이 조각상을 제작하였는데, 민간의 뜻에 따라 엄격한 도교적 규범에 구속되지 않았다. 이로 인해 미륵불, 적송자, 진천군 등 불교와 도교의 인물이 함께 있는 상황이 연출된 것이다.

이론적 측면에서 보면 불교와 도교는 한 데 섞여 있으면 안된다. 하지만 민간에서는 이런 것들에 대해 개방적이고 포용적이었다. 종교 신앙이 그 경계를 넘나들고 종교 건축의 경계가 함께 섞여 있는 것은 민중의 묵인이 있었기 때문이기도 하다.

51

왜 제갈량전은
'정원당(靜遠堂)'이라고도 불리는가?

공명전, 제갈량 조각상 위에는 세 큰 글자가 있다. 바로 '정원당(靜遠堂)'이라는 글자다. 머리를 들어 보면 대량에 '담박명지(澹泊明志), 녕정치원(寧靜致遠)'이라는 여덟 글자가 새겨져 있는 것을 볼 수 있다. 이 문구는 왜 여기 새겨져 있는 것이며, 유래는 어떻게 되는 것일까? 원래는 제갈량이 아들에게 써준 가훈 〈계자서(誡子書)〉에서 유래한 것이다. 그곳에서 '정원'이라는 두 글자로 축약한 것이다. 도대체 어떤 뜻을 지니고 있으며 왜 '정원'으로 제갈량전의 이름을 명명한 것일까?

이것은 제갈량 일생에 대한 깨달음이자, 그의 아들에 대한 요구와 바람이기도 하였다.

제갈량은 나라를 잘 다스려 촉나라를 번영하게 한 어진 승상이었을 뿐만 아니라, 집안도 잘 다스려 아들과 손자가 모두 우수했다. 북벌을 하던 시기 양자 제갈교가 원래 전선에서 성도로 돌아와야 했다. 하지만 그의 장령인 자제들은 여전히 촉나라 길에서 병사들을 인솔해 양식을 운반하고 있었다. 그래서 제갈량은 특별히 제갈교에게 명령해 군량을 운송하는 힘든 일에 참여하도록 했다. 그는 자기의 아들이 절대 특수한 임무를 할 수 없다고 결론을 내렸고 그의 장령 자제들과 똑같이 대해야 한다고 생각했다.

정원당

　제갈량은 노년에 아들을 얻었다. 47세 때 친아들 제갈첨을 얻었다. 제갈량은 자기의 아들을 지나치게 사랑하지 않았지만, 전심전력으로 기르고 교육했다. 그리고 그가 자라서 국가의 대들보 같은 인재가 되기를 바랐다. 유명한 서적인 〈계자서(誡子書)〉에는 그의 아들에 대한 이런 바람이 잘 드러나 있다.

　"군자의 행동거지는 조용히 자신을 다스리고 절제하며 덕을 키워야 함이다. 명리를 쫒지 않으면 이상을 펼칠 수 없으며, 조용하지 않으면 멀리 갈 수 없음이다. 배우는 것에 있어서도 침착해야 한다. 그래야 비로소 제대로 배울 수 있다. 배우지 않으면 널리 재능을 펼칠 수 없으며 뜻이 없으면 학문을 완성할 수 없다. 나태하고 방탕하면 정신을 잘 가다듬을 수 없으며, 교활하고 성급하면 자신의 성질을 제대로 다스릴 수 없음이다. 항상 시기를 쫒아야 하며 뜻은 시기를 따라가야 한다. 시기를 쫒지 못하면 소용이 없으며 세상에서 받아들여지지 않아 빈곤한 오두막집만 슬피 지켜야 할 것이며 이것이 계속 반복되고 말 것이다."

공명전 들보위에 있는 "담박명지 영정지원"

　제갈량은 아들에게 조용히 자신의 책임을 다하고, 생활의 검소함과 소박함으로 자신의 품덕을 고상하게 기르라고 경고한 것이다. 마음 속에 욕심이 가득하지 않아야만 자기 뜻을 명확하게 펼칠 수 있으며, 마음속이 깨끗하고 순결해야만 더 원대한 사상의 경계를 깨달을 수 있다는 것이다. 그는 또한 아들에게 넓게 배우고 정신을 맑게 하고 자신의 성질을 다스리며 시간을 소중히 여기라고 알려주었다. 문장 중에서 '담박명지(澹泊明志), 녕정치원(寧靜致遠)'이라는 문장은 고요하고 깨끗한 뜻으로, 평온이 널리 퍼지게 하라.'라는 말이다. 이 말은 제갈량이 일생 중 얻은 깨달음인데, 아들과 자손에 대한 바람이자 동시에 자신의 사상 행위에 대한 준칙이기도 했다.
　〈계자서〉의 문장은 간략하지만 깊은 뜻을 가지고 있으며, 제갈량의 고상한 인격을 그대로 드러냈다. 또한, 그가 아버지로서 아들에 대한 가르침과 무한한 바람이 담겨 있는 문장이다.
　공명전 옆 복도 안에는 '계자패'가 하나 있는데, 그 제목은 〈중수제갈충무후사기(重修諸葛忠武侯祠記)〉라는 제목을 가지고 있다. 이것은 민국 11년(1922년)에 세워진 것이다. 이 비석에는 당시 성도 무후사를 수리하게 된 관련 상황에 대해 기재하고 있을 뿐만 아니라, 〈계자서〉의 깊은 의미에 대해서도 언급하고 있다. 비문에서는 '(제갈)공의 생애는 아주 유익하다. 〈계자〉책 한 권에서 모든 것을 다 드러내고 있으며, '배우고', '조용히' 정진해야만 '비로소' 자기의 뜻을 널리 펼칠 수 있음을 말해 주고 있다.'고 하였다.

결론을 아주 잘 지었다. 배움을 완성하는 데 있어서 절대 경솔해서는 안 되며 항상 조용히 정진해야 한다. 인재가 되기 위해서는 경솔해서는 안 되고 항상 조용히 정진해야 한다. 이것이야말로 제갈량의 덕과 재능이 겸비되어 한 세대의 어진 승상이 된 원인이라고 할 수 있겠다. 또한 이것이야말로 제갈량전이 '정원당'이라고 불리는 이유에 대한 명쾌한 답안일 것이다.

'담박명지, 녕정치원'이라는 말은 제갈량이 아들에 대한 가르침의 명언이다. 또한 그의 일생에 대한 깨달음과 철저히 지킨 인생의 원칙이라고 할 수 있겠다. 예로부터 지금까지 '담박명지, 녕정치원', '녕정치원', '정원' 등의 경구들이 사람들의 좌우명으로 자주 사용되곤 했다.

52

왜 공명전에는 동으로 만든 북이 있으며, '제갈고'라고 불리는 것일까

공명전 안에는 동으로 만든 북, 동고가 놓여 있다. 사람들은 이것을 제갈고라고 부른다. 그 이유는 무엇일까?

제갈량이 군사를 이끌고 남쪽으로 정벌을 가던 중, 정오가 되어 군사들이 불을 지펴 밥을 하고 있었다고 한다. 그런데 갑자기 반란군이 한무리 나와 공격을 해왔다. 촉나라 군사들은 매우 놀라 갑자기 혼란 상태에 빠졌다. 이에 더해 산의 형세도 너무 험악해 명령을 전달하기에 순탄치 못했다. 군사들을 효율적으로 관리할 수가 없는 상황이었다. 결국, 촉나라 군의 승리로 결론이 나기는 했지만, 그 손실은 어마어마했다. 이 상황을 정리한 뒤 승상 제갈량은 군령이 효율적으로 전달되지 못하는 문제를 해결하는 것이 가장 중요한 일이라고 생각했다. 바로 눈앞에서 땅위에 뒤집혀 있는 솥을 보며 문득 아이디어가 떠올랐다. 어찌 북과 저 솥을 하나로 합칠 생각을 하지 못했을까? 한가한 때는 저 솥으로 밥을 하면 되고, 전투 시에는 솥의 입구를 아래로 돌려 솥을 북으로 쳐서 전령을 전달하면 되는 것이었다. 북소리 규칙만 정하면 그만이었다. 이에 그는 동으로 솥과 같은 모양의 북을 만들도록 명령했다. 남중 사람들이 이것을 보고는 모두 그것을 모방하여 만들었고, 이 동으로 만든 북에게 제갈고라는 이름을 붙여주었다.

제갈북   제갈북

　사실 동고는 중국 남방 민족 지역의 취사도구였다. 후에 예기와 악기로 사용된 것일 뿐이었다. 최초의 동고는 춘추시기에 나타났다. 동고의 이름을 제갈고로 바꾼 이야기는 백성들이 제갈량의 남중을 다스린 일에 대해 인정을 한 사실에서 유래한 것이었다. 그는 힘으로 취하려 하지 않고 마음으로 설득하여 취하려 했다. 그리고 그는 현지 수령 관리로 하여금 현지 사무를 보게 하며, 선진 생산 기술을 받아들이고, 뽕나무를 농작하라고 권유하며 현지 사람들이 생산 발전에 도움이 되도록 하였다. 또한 현지의 풍속 신앙을 존중하고, 현지의 특징에 따라 다스렸다. 제갈량의 이러한 화합 정책으로 남중 지역의 민족 문제는 잘 해결되었다. 수천, 수백 년 동안 서남 각 민족의 제갈량에 대한 그리움과 추대는 계속 변하지 않았다. 지금까지도 제갈량을 '공명 할아버지'라고 친근하게 부르며, 심지어 오늘날 면전 일대에서는 일부 사람들이 자신이 바로 제갈량의 후예라고 말하기도 한다.

　제갈고 이야기는 제갈량이 서남지역에 끼쳤던 영향력이 만들어 낸 이야기이다. 명나라 시대, 중국 서남 지역의 지방지에서도 동고를 제갈고로 칭했다는 이야기가 있다. 사천 〈경부현지(慶符縣志)〉에서는 '동고 혹은 무후남정전고다.'라고 하였다. 또 〈존의부지·금석지(遵義府志·金石志)〉에서는 '세상에 전해지는 동고는 제갈이 남긴 것일 수도 있다.'라고 하였다. 지금까지 남방 지역에서 출현한 동고는 여전히 '제갈고'라고 칭해진다.

공명전에 놓여 있는 이 제갈고는 통 모양을 하고 있으며, 바닥은 비어 있다. 북에는 십이광망구운권이 그려져 있고, 나사무늬, 현무늬, 체크무늬 등으로 장식이 되어 있다. 소박하고 우아한 멋을 지니고 있으며 서남민족의 특징이 담겨 있다. 천칠백여 년 전, 제갈량이 '화합, 공심'을 제창하며 서남 각 민족의 화합과 발전을 촉진했고, 천백여 년 후인 지금은 여전히 이 제갈고가 당시의 '제갈 할아버지'가 각 민족의 화목한 관계를 형성하는 것을 도왔다는 이야기가 전해져 내려오고 있다.

1975년, 운남성 초웅 만가파에서 5개의 춘추시기 동고가 출토되었는데, 이는 지금까지 중국에서 발견된 동고 중 가장 오래된 것으로 밝혀졌다. 고고학을 통해 동고는 음식을 짓는 솥에서 변화된 것이며 사회의 발전에 따라 남방 소수 민족의 제사와 축제시에 쓰이는 예기와 악기로 변화되었다는 것이 증명되었다.

53
제갈량의 키는 몇이며,
어떤 이미지의 사람이었을까

한 시대에 이름을 떨쳤던 승상 제갈량에 대해 사람들은 모두 자신만의 상상 속의 이미지를 그리고 있을 것이다. 외모가 준수하고, 품위가 있는 이름난 선비 분위기였을까, 아니면 국가와 백성들을 위해 자신의 일과 충성을 다하는 국사의 분위기였을까, 아니면 무후사의 제갈량 조각처럼, 깃털 부채를 들고 머리에 관건을 쓰고 평안하고 공손한 모습이었을까. 제갈량은 도대체 어떤 모습이었을까?

〈삼국지〉에서는 제갈량이 '어렸을 때는 무리 중에서도 눈에 띄는 인재였으며, 패기로운 기운이 가득했다. 키는 8척에 잘생긴 외모를 지니고 있었다. 당시 사람들과는 차이가 컸다.'라고 말하고 있다. 즉, 제갈량의 재능과 기개, 외모 모두 사람들에게 아주 풍부한 상상의 공간을 마련해 주고 있을 뿐이다. 그저 그의 키에 대해서만 구체적인 수치로 언급하고 있다. 그렇다면 그의 '팔 척'이나 되는 신체는 얼마나 큰 키인 것일까?

중국의 계량은 옛 서적의 기재에 따르면 상나라 시대 일 척은 약 16.95㎝ 정도 되었다고 한다. '장부(丈夫)'라는 이 단어의 유래는 이 척도에 따르면 사람의 키는 약 1장(丈) 정도, 즉 1.7m 정도가 되기 때문에 '장부(丈夫)'라고 불렸다는 것이다. 주나라 시대에 1척은 약 23㎝였다. 기원전 221년, 진나라 왕이 중국을 통일하고 도량 통일에 대한 조서를 발표함과 동시에 무게를 재고 부피를 재는 표준 그릇을 제작하여 각지에 뿌렸다. 전국시기 진나라에서 100여 년 동안의 도량형 단위제를 전국으로 시행하게 된 것이다. 이 당시 1척을 23.1㎝로 정했다. 한나라는 진나라의 제도를 계승하여 진나라 시대의 척 단위를 한나라의 길이 세는 단위로 삼았다. 하지만 실제 사용할 때 한나라의 척의 길이는 원래 진나라 시대의 척과 약간의 차이가 있었다. 동한 시대에 와서 척도는 갑자기 23.1㎝의 표준을 따르지 않았고, 그 길이는 서한보다 약간 길었다.

제갈량인물도(程十發 그림)

제갈량의 본적은 산동이었으며, 랑사에서 태어났고, 14세 고향을 떠나 이리저리 전전하다 호북 양양에 머무르게 되었다. 만약 동한의 척도로 계산한 것이라면 1척은 23.1cm로 제갈량의 8척은 실질적으로 약 184.8cm 정도가 되는 것이었다. 그렇다면 표준에 준하는 산동 사내대장부라고 할 수 있을 것이다. 하지만 이것도 그의 진정한 키는 아니다. 왜냐하면 삼국시기의 척도를 사용해 환산해 낸 것이기 때문이다.

1984년 안휘 마안산시구 삼국오국주연묘에서 척의 실물이 출토되었다. 삼국시기의 '척'은 이 길이로 계량되었다는 사실이 사람들의 눈앞에 드러나게 된 것이다. 주연은 삼국동오의 좌대사마, 우군사를 지낸 지위가 높은 사람이었다. 출토된 문물 중에는 삼국시기의 명자, 명알이 있었는데, 특히 사람들의 주목을 받았다. 명알과 명자는 모두 박목판으로 만들어진 것이었는데, 그 길이가 약 24cm 정도 되었으며, 같은 묘에서 출토된 칠척의 길이는 24㎝로 명알과 명자와 길이가 같았다. 만약 출토된 실물 24 ㎝/척을 기준으로 환산해 보면 제갈량의 키는 192cm일 것이다. 만약 그렇다면 상당히 우람한 체구를 지녔음에 틀림없다!

이처럼 우람한 체구를 지닌 제갈량이 다른 뭇 사람들과 다른 재능과 영웅의 기풍을 지니고 있었다면 분명 외적인 모습도 내적인 모습도 모두 완벽한 '남신'급 인물임에 틀림없다. 한 번 생각해 보라! 외모도 위풍당당하고 품위 있으며, 고상한 품덕을 지니고 능력도 출중한 사람이 만약 오늘날 존재한다면, 이런 남신급 인물의 팬이 얼마나 많을지를 말이다.

삼국 실물 척의 출토는 삼국 이름의 키에 대한 과학적 근거를 마련해 주었다. 유비의 키는 7척5촌, 약 1.8m 정도 되는 키다. 조위 대장 허저는 8척 정도 되는데 이는 약 2m 정도 된다. 산동에서는 예부터 걸출한 인물로 유명했다. 적지 않은 산동 본적의 역사적 인물들이 모두 높은 키를 지녔다. 예를 들어 공자도 역사에서는 '약 9척 6촌의 키를 지녔다.'라고 말하고 있다. 주나라의 척이 23㎝였다는 기준에 따르면 그의 키는 약 2.2m 정도 되는 것이다. 약간 과장이 더해졌다고 할지라도 2m는 되었을 것이다. 그렇기 때문에 제갈량의 큰 키는 근거가 있는 이야기라고 할 수 있겠다.

54

'우선륜건(羽扇綸巾; 손에 우선을 들고 머리에 청색 실을 넣은 두건을 쓰다)'
이라는 말은 어떻게 제갈량만의
문장이 되었을까?

우선륜건: 머리에 청색 실을 넣은 두건을 쓰고, 손에는 우선을 들고 있다. 이러한 스타일은 일찍이 제갈공명의 표준 스타일로 알려져 있다. 하지만 삼국양진의 역사를 거슬러 올라가다 보면 두건을 쓴 모습은 책을 읽는 사람들 사이에서 유행하고 있었던 머리 묶는 장식이었고 우선은 오초 지방 문인들이 태양을 가리고 더위를 피하기 위해 사용하던 유행 아이템이었다. 이 두 가지 아이템은 와룡 선생만의 독자적인 패션은 아닌 셈인 것이다.

'우선륜건(羽扇綸巾)'이라는 말은 사람들에 의해 서서히 공명 선생의 이미지를 그릴 때 떠오르는 대표 성어로 인식되어 왔다. 그것이 내뿜는 기품과 분위기 때문에, 그의 선비적 이미지와 유교적 태도, 도적 수양적인 모습과 가장 잘 어울렸던 것이다.

두건은 원래 고대 평민들이 머리에 쓰는 장식이었다. 대부분 갈포로 만들어졌다. 동한 말, 선비들이 두건을 쓰는 풍습이 생기기 시작했고, 그 형식과 품질도 점점 다양해졌다. 비단을 사용해 만든 두건은 '폭건', '겸건'이라고 불렸고, 청사대로 만든 것은 '윤건'이라고 불렀다.

한말 삼국시기, '높은 벼슬의 귀족들은 모두 복건을 고아함의 상징이라고 여겼다'. 이것과 비교했을 때 정식 복장 개념인 관창과 복건, 윤건은 캐쥬얼한 스타일임과 동시에 보다 자유분방하고 속세를 벗어난, 보다 넓은 의미를 지니고 있어 융중에 은거하며 천하의 시기를 기다리던 선비 제갈량에게 아주 적합했다.

우선은 새의 깃털을 이어 만든 부채다. 오초의 선비들이 태양을 가려 더위를 피하고자

제갈량 조각

만든 물건이다. 자연천성의 아름다운 재질로 선비들이 여러 번 그것으로 제목으로 삼아 시를 읊었다. 또 무겁고 차가운 무기들과 비교를 해 보자면 우선의 한적하고 자연스러운 분위기는 전쟁터에서도 그것을 사용하는 사람이 침착하고 조용한 책략을 지닌 사람이라는 느낌을 풍기게 해 주었다. 이로 인해 삼국양진의 문헌 자료에서는 우선을 가지고 작전을 지휘하는 장면이 묘사되어 있다. 동진 소설 〈어림(語林)〉에서는 제갈량과 사마의가 대전을 할 때 '하얀 우선을 들고 삼군을 지휘하는' 장면을 묘사하고 있다. 또한 송장 신기질의 붓 끝에서 제갈량은 역시 '우선을 들고 윤건을 정돈하는' 선비적 풍모를 지닌 책사로 묘사된다.

원명시기까지 잡극의 '삼국희'에서는 제갈량의 '우선륜건' 이미지는 비록 구체적으로 나타나기는 했지만, 너무 신선화, 도교화에 편향된 모습을 보인다. 심지어 나관중은 '정사에 따라 소설 형식을 취한' 작품인 〈삼국연의〉를 집필하였는데 여기서 다시 선비의 풍모를 지닌 제갈량으로 재탄생되었다.

나관중의 글 속에서 건안 12년(207년) 눈이 내린 엄동설한의 겨울, 유비는 3번째 융중에 있는 제갈량을 찾아간다. 드디어 모습을 드러낸 제갈량은 '관옥 같은 얼굴에 머리에는 윤건을 쓰고 있었으며 몸에는 학창의를 두르고 있어', 신선과 같은 느낌을 준다. 이번 방문 이후, 강산의 수려함을 담고 있으며 천지의 기회를 마음 속에 품고 있던 이 청년은 '천하삼분'이라는 대책략을 실천에 옮기고 전쟁터에서 손에 우선을 흔들며 아주 자신감 있게 군사를 지휘해 나간다. 그리고 조정에서 공손하고 신중하며 죽을 때까지 나라를 위해 온 힘을 다하며 중국 역사에서 가장 큰 추종과 존경을 받는 인물이 된다.

나관중은 제갈량이라는 캐릭터의 이미지를 만드는 동시에 '우선륜건'에 대한 이미지에도 절제를 가했다. 그리하여 제갈량의 전형적인 스타일로 우선륜건이라는 말이 정해진 것이다.

오늘날 성도 무후사 정원당에 오면, 희미한 햇살이 동쪽의 원형으로 된 창문을 뚫고 들어와 신비감을 더하고, 황금빛의 선을 끌어온다. 빛 그림자 속에서 청나라 강의 초년의 제갈량 조각상을 볼 수 있다. 손에는 우선을 들고 머리에는 윤건을 쓰고 있으며 몸에는 학창의를 두르고 평온한 모습이다. 사람들은 이에 다시 한번 감탄을 하게 된다.

소동파의 시 〈염노교 · 적벽회고(念奴嬌 · 赤壁懷古)〉에서는 '공근 당시의 추억을 회상하니, 소교가 처음으로 출가를 하였는데. 그 모습이 너무나 똑똑하고 용맹스럽구나. 우선에 윤건을 두르고 담소를 나누고 있으니, 오랑캐들이 하나둘씩 연기속으로 사라지네.'라고 하였다. 주유도 우선륜건의 모습을 하고 있었으며 선비의 우아한 자태를 자랑하였다.

55
제갈량은 왜
도사의 팔괘의를 입고 있었던 것일까

성도 무후사 공명전에서 우선륜건을 하고 학창의를 두르고 있는 제갈량 조각상을 보면 어떤 사람들은 왜 희곡에서는 무후사 안에서 그가 도사 팔괘의를 입고 있는지를 묻는다.

그렇다. 경극 〈차동풍(借東風)〉과 〈공성계(空城計)〉에서 청나라 시대 〈삼국연의〉의 일부 삽화에서 보면 제갈량은 어느 무후사 안에서도 모두 팔괘의를 입은 도사의 이미지를 하고 있다. 제갈량은 중국의 유명한 정치가이자 군사가이다. 그런데 어째서 팔괘의를 입고 도사의 이미지를 한 채 나타난 것일까?

이것은 여러 이유가 있다. 게다가 이렇게 되기까지는 아주 긴 스토리가 있다.

첫째, 제갈량은 도가사상을 믿었다. 그의 정치사상과 철학사상 중에는 도가사상의 성분이 포함되어 있다. 그가 마음을 다스리거나 수신을 하는 점들은 모두 도가의 청정, 담백사상의 표현인 것이다.

둘째, 송원강사 특히 잡극에서 그를 신격화시켰기 때문이다. 지금 현존하고 있는 것 중에서 제갈량이 나타나는 잡극은 9개가 있는데, 그의 복장은 모두 도사의 이미지이다. 무대에 올라 자기소개를 하는데 모두 이 말을 한다. '빈도(승려 혹은 도사가 자신을 낮춰 부르는 말)는 성

은 제갈, 이름은 량, 자는 공명입니다. 혹은 와룡이라고도 불립니다.'
다른 때는 자신을 '빈도' 혹은 '출가인'이라고 칭한다. 희곡으로 연출
되면서 제갈량은 도포를 걸친 도사의 형상과 매우 비슷한 이미지로,
도가 법술을 부릴 수 있는 신선의 이미지로 청중들에게 호소했다.

셋째, 제갈량은 융중에서 10년이나 은거했다. 송원시대 강사로 편집되었는데 특히 잡극에서 '은거하며 수도를 통해 신선이 되는 과정'이라고 해석되었다. 이는 제갈량이 도가 인물로 형성되는데 기초가 되었다.

넷째, 청나라 제갈사묘의 관리자는 대부분 도사들이었다. 제갈량을 도가의 신선으로 모시고, 제사를 지냈다. 이것은 그들의 직책이나 민중들의 요구이기도 했다.

다섯째, 도교 신선 숭배의 특징의 결과이다. 도교의 신선은 어렴풋한 우주 속의 부처가 아니며, 또한 어두컴컴한 세계 속의 귀신도 아니다. 도교의 신선은 현실 생활 속의 사람이 무한한 연장이자 직접적인 승화로

경극 〈공성계〉 중에
팔괘옷을 입는 제갈량

탄생한 것이다. 도교 신선의 가장 큰 특징은 바로 보통 사람들처럼 장생하며 죽지 않는다는 것이다. 또 하나의 특징은 매우 신통한 능력을 지녔으며 자유롭게 지낸다는 것이다. 제갈량은 비범한 지혜를 지녀 칭송받았으며, 도포를 걸치며 점점 도가 신선의 반열에 들게 되었다.

〈삼국연의〉는 '정사를 기반으로' 편집된 소설이다. 제갈량의 도사 이미지도 있는 힘을 다해 바꾸거나 혹은 약해진 것일 것이다. 예를 들어 무대에 올라 더 이상 '빈도'라고 말하지 않고, '산야의 촌부' 혹은 '노부'라고 칭하는 것이나 사람들에 의해 더 이상 '사부'라고 불리지 않고 '군사' 혹은 '승상'이라고 불리게 된 것들이 그 예이다. 하지

만 책에서는 여전히 술법을 부리는 제사의 분위기와 별을 보며 액운을 쫓고 수명을 기원하는 등 신선 같은 행위들이 남겨져 있다. 이것은 나관중도 예전에 형성된 제갈량의 도가적 이미지를 모두 바꿀 수는 없었음을 의미한다.

 제갈량은 뛰어난 지혜로 송원시기에 점점 신선으로 추대되었다. 따라서 팔괘의를 걸치고 도교 신명의 행렬에 들 수 있었던 것이다. 비록 그의 도가적 이미지는 명대에 들어 약해졌지만, 후세 사람들이 그의 신묘한 지략과 교묘한 계책과 미래를 예측하는 신선의 특징들은 그대로 남겨두었다. 제갈량의 정치가, 군사책략가의 신분은 도가 이미지와는 잘 어울리지 않지만, 이것은 제갈량 문화 현상의 일종의 특징이라고 볼 수 있을 것이며, 중국 민족 전통문화 속의 신선을 숭배하는 문화가 반영된 것이라고 볼 수 있을 것이다.

 제갈량은 도교에서 '공명선사'로 불려, 신명의 반열에 들었다. 또한 도교 신명에서 제, 군, 왕, 공 다음으로 급이 높지 않았다. 이것은 〈도교간의(道教簡義)〉, 〈도교제신(道教諸神)〉 등의 서적에서 모두 기록하고 있는 것들이다.

56

왜 제갈량은 성이 '갈'씨로
또 하나의 성이 더 있는 것인가

제갈량의 성은 제갈, 이름은 량이다. 이것은 모든 사람들이 다 알고 있는 사실이다. 하지만 문헌자료 중에는 그의 성이 '제'라고 말하는 자료도 있다. 〈삼국지·후주전(三國志·后主傳)〉의 풀이 〈위략(魏略)〉에서는 군주 유선이 이렇게 말했다고 한다. '정치는 갈씨에게, 제사는 과인이 하겠소.' 뜻은 국가 정무는 제갈량이 맡고 선조들에게 제사를 지내는 일은 나의 일이라는 뜻이다. 육유는 〈한소열혜릉급제갈공사우〉의 시에서 이렇게 말했다. '유와 갈은 출중한 재능으로 세상을 바라보는데 공통된 한 꿈을 가지고 있다.' 즉 제갈량의 성을 '갈'로 칭한 것이다. 그 이유는 무엇일까? 그의 성은 도대체 '제갈'인 것일까 아니면 '갈'인 것일까? 이 두 가지는 어떤 관계가 있는 것일까?

역대 학자들은 이 두 개 성씨의 근원에 대해 깊은 토론을 진행하였고, 그에 대한 견해를 정리해 보면 주로 다음 세 가지로 정리해 볼 수 있다.

첫째, 갈천씨후예설이다. 일찍이 원고시기 갈천씨 부족이 갈지에서 생활을 했는데(오늘날 하남 녕릉지방), 하나라 조정 말년에 들어 이름이 갈이라는 작은 나라가 생겼다는 것이다. 이 갈국이 바로 갈씨 성의 근원지였다. 전국시기, 전쟁이 많이 발생하여 갈국은 위나라에 의해 합병이 되었고 갈씨의 후예는 도처를 떠돌아다니다가 그중의 일부가 살아남아 제현에 머물렀는데 그들이 제현갈씨였다는 것이다. 그들은 계속 이동을 하다가 양도에 이르렀다. 제현갈씨와 양도제갈씨는 모두 원고 부락에서 나온 갈천씨이다.

두 번째, 갈씨추봉제현설이다. 〈삼국지·제갈근전(三國志·諸葛瑾傳)〉의 해석 〈풍속통의(風俗通義)〉에서는 다음과 같은 문장을 기재하고 있다. '제영은 진섭장군이다. 공을 세웠지만 비난을 받았고, 효문제에 의해 추록되어 그의 자손들이 제현후에 봉해졌다.' 제영이 제현의 후작으로 봉해졌는데 그의 아들과 손자들이 이를 성으로 삼아 그곳에 안주했다는 뜻이다. 하지만 여러 역사적 자료들을 살펴보면 한문제가 봉한 성씨 중 갈영이라는 이름은 없다. 한나라의 시대가 종료될 때까지 갈씨 성을 지닌 사람들은 제현후로 봉해진 적이 없었다.

〈삼국지·후주전〉 한 부분
(毛氏汲古閣本, 明崇禎十七年版)

셋째, 갈씨천도양도설이다. 〈삼국지·제갈근전(三國志·諸葛瑾傳)〉의 해석 〈오서〉에 따르면 '(제갈근)의 선조의 성은 갈씨였는데, 본래 랑사 제현 사람이었다가 후에 양도로 옮겨갔다고 한다. 양도에는 성이 갈씨라는 사람이 있었는데 그 당시 사람들이 그를 제갈이라고 불렀다. 그래서 그것이 성으로 바뀌었다.'라고 한다. 이 해설은 제갈의 본적이 산동 낭사제현이며 후에 낭사 양도성 남쪽의 갈파로 이사를 하였는데, 그곳에 원래 살고 있던 갈씨 성과 구별을 두기 위해 '갈'씨

제갈량 인물도 -
〈삼국연의〉(清康熙年两衡堂刊本)

성에 '제'를 더해 불렀다는 것이다. 제현으로 이사를 온 갈씨가 이로 인해 '제갈'이라는 성을 얻게 되었다는 설이다. 〈오서〉의 작가인 위소는 과거 삼국 손오에서 서랑, 태사령, 중서 등의 직무를 맡으며 오나라 국사를 수정하고 다듬는 일을 하며 〈오서〉 25권을 집필하였다. 이 책은 비록 지금은 발견되지 않았지만 이 문자는 〈삼국지〉 비송의 인용구와 다른 서적에서 근거로 삼을 만하다. 제갈 가족은 당시 명문 가문이었다. 아주 혁혁한 명성을 가지고 있었으며, 위소는 당대 역사를 수정하고 다듬는 사람이었다. 이로 인해 '제갈'성씨의 기원 파악은 더욱 더 믿을만한 것이다.

이로 보아 제갈량의 성씨가 갈이었다는 이론은 합리적인 근거가 있는 것으로 보인다. 제갈량의 선조의 성이 '갈'씨였으나 후에 여러 원인으로 인해 성을 '제갈'로 바꾸었다는 것이다.

중국인의 성씨는 대부분 수천년 전부터 전해져 내려온 것이다. 최초에는 어머니의 성을 따랐는데, 그 당시가 모계사회였기 때문에 어머니만 알고 아버지는 누구인지 알 수가 없었기 때문이었다. 그래서 '성(姓)'이라는 이 한자도 '여자(女)'와 '낳을 생(生)'자가 조합된 것이다. 하, 상, 주나라 시대에 들어 사람들은 성과 씨를 모두 다 가지게 되었다. '성'은 거주하던 촌락 혹은 소속된 부족의 명칭에서 따왔으며, '씨'는 군주로부터 봉해진 땅, 하사받은 작위, 혹은 추가된 칭호에서 따온 것이었다. 청나라 시대 학자 고염무는 〈일지록〉에서 성의 용도는 '혼인을 구분하기 위함'이었으며, 씨의 용도는 '귀천을 구분하기 위함'이었다고 하였다. 씨는 변할 수 있지만 성은 변할 수 없었다. 그 말은 즉 성은 혈연과 유전자에 기인한 부호이며, 동성과의 결혼을 피하여 기이한 후세를 낳는 결과를 피하기 위해 쓰였다는 것이다. 이에 반해 씨는 사회적 신분을 나타내는 부호로 귀천의 고저를 구별하는 데 쓰였다는 것이다. 전자는 변할 수 없고 후자는 변할 수 있는 것이었다. 이 말은 주나라 시대 귀족사회의 말이었다. 한나라 시대 이후 선진의 귀족사회가 무너지면서 성씨도 이와 함께 하나로 섞이고 말았다.

57

무후사의 제갈량상은
맨 처음에는 어떤 모습이었을까

사당에서 모시는 대상은 대부분 그림이거나 위패이다. 하지만 지금 성도 무후사에서 모시는 것은 흙으로 빚어낸 조각이다. 그렇다면 성도 무후사에서 처음에 모셨던 것도 바로 진흙 조각상이었을까? 성도 무후사의 역사를 살펴보면 그렇지 않다는 것을 알 수 있다. 성도 무후사에서 맨 처음에 모셨던 것은 당연히 그림이었다. 그리고 후에 진흙 조각상으로 대체된 것이었다.

촉한 경요 6년(263년), 습융과 향윤이 표를 올려 군주 유선에게 제갈량의 화상을 묘에 세우자고 제안하였다. 문장에서는 '한나라가 부흥한 이후, 작은 선과 작은 덕들로 도형을 만들어 묘를 세우는 자들이 많아졌습니다. 제갈량의 덕이 이처럼 후하여 전 세상을 뒤덮었는데, 왕실에서 이를 괜찮다고 하면 게으르다는 소리를 들을 것입니다.' 작은 선과 작은 덕을 행하는 자들이 많아져 묘를 세우는 도형을 많이 만들었는데, 제갈량처럼 큰 공을 세운 사람을 묘를 지어 화상을 세워두지 않겠는가라는 말이다.

그래서 면현에 첫 번째 무후사를 짓게 되었다. 제갈량을 위해 사당을 지은 표문에서 이 무후사가 맨 처음 지은 무후사라는 것을 알 수 있다. 또한 그를 위한 형상을 그려주었다는 것도 알 수 있다. 이로써 당시 사당에서 모시던 것은 제갈량의 화상이지 진흙 조각상이 아니라는 것을 알 수 있다.

동시에 사당에서 모시던 화상이 그 당시 제사를 지내는 주요 형식이었던 것이다. 〈삼국지〉에서는 이에 대해 여러 차례 기술을 하였다. 조위 진군의 조부 진식, 부친 진기, 숙부 진심은 모두 이름난 사람들이었는데, 죽은 뒤 예주의 백성들이 모두 식, 기, 심의 형상을 그려 제사를 지냈다. 또 동오의 황개가 죽은 뒤에도 백성들이 그를 그리워하여, 그의 그림을 그려 사시에 제사를 지냈다고 하였다. 역시 화상을 그려놓았지, 진흙 조각상을 세워둔 형식은 아니라는 점을 알 수 있다.

성도 무후사 향엽정에 있는 무후인물도

면현 무후사에서부터 전국 각지에 연속적으로 지어진 제갈량을 위해 제사를 지내는 사당들에서 모시던 것 역시 제갈량의 화상이었다. 그런데 지금 무후사 속에 있는 제갈량 조각은 대부분 진흙 조각상이다. 언제부터 진흙을 이용한 조각들을 세워놓은 것일까? 그 이유는 과거 무후사를 재건하던 곳에서 실마리를 찾거나 제갈량을 제사 지내던 시문 중에서 실마리를 찾아볼 수 있다.

남훈전본에 제갈량상

송대 장진의 〈충무후사당기(忠武侯祠堂記)〉에서는 와룡사승 혜련에게 명하여 '제갈량을 위해 사당을 재건하고 그를 위해 화상을 그려, 백성들의 그리움을 달래고자 하였다.'라고 하였다. 즉 백제성 무후사에 있는 제갈량상도 역시 화상이라는 것이다. 원대 학거의 시문에서는 '무너진 담벼락의 붉고 푸른 물감들도 여전히 하얀 선우를 표시하고 있네, 무너진 비석의 문자에는 그저 푸른 이끼만 끼어 있네'라고 하였다. 원나라 시대 오장원 무후사의 제갈량상도 역시 화상이었음이 분명하다. 청나라 조굉은의 〈중수무후사기〉에서는 '정사를 구성하는 세칸은, …… 돌을 베어 제갈량의 얼굴을 남겼고, 사당을 세워 제사를 지내고자 하였다. 그래서 토목으로 조각을 만들어 세워 다르게 한 것이다.'라고 하였다. 청나라 윤회일의 〈융중초려기(隆中草廬記)〉에서는 '융중에 과거 사당을 세워 세 개의 비석을 사당에 세웠다. 중간에는 무후의 모습을 새겼고, 〈양부음(梁父吟)〉을 그 위에 기재하였다. 그리고 양 옆에는 〈출사표〉를 새겼다.'고 하였다. 이것은 양양 융중 무후사의 제갈량상은 아주 정교하게 만들어졌으며, 사당의 상은 반드시 '토목으로 조각을 그려내 달라지도록 한다.'는 원칙을 보여준 것이고, 연속 두 번 모두 제갈량의 상을 돌에 새겨 사당의 정중앙에 세웠다는 것을 말한다.

왜 명청시기에는 진흙으로 조각을 만드는 변화가 생긴 것일까? 주 원인은 아래와 같다.

첫째, 명청시기의 무후사 관리자는 대부분 도사나 승상이었다. 이 도사들과 승상들은 중국 사당의 도관 신상은 모두 나무나 뼈, 진흙으로 조각해야 한다는 관례에 따라 무후사 제갈량의 상도 진흙으로 조각을 한 것이다.

둘째, 진흙 조각상은 시각적 효과가 강렬하고 입체감이 있어 위엄이 있어 보이고 생기가 있어 보여 제사를 지내는 사람들에게 더 강렬한 심리적 느낌을 줄 수 있기 때문이었다. 게다가 오래도록 보관할 수 있고 색채도 쉽게 바래지 않았다.

 셋째, 소설과 희곡의 영향으로 제갈량은 점차 민간의 신기한 인물이 되었고, 이로 인해 종교, 우주와 하나가 된 것을 조각상의 형식을 차용해 나타낸 것이었다.

사당에서 보는 상에 대한 것과 불교와 도교의 묘에 대한 관념의 형식은 모두 다르다. 이 점은 절대 가벼이 넘어가서는 안 된다. 무후사의 제갈량 상이 화상에서 조각상의 과정을 거쳐 갔다는 사실은 명백하다.

58

제갈량의 농경지는
어느 지방에 있었을까

　제갈량은 어렸을 때 어느 지방에서 농사를 지으며 10년 동안 살았으며, 유비의 '삼고초려'를 받아 산을 나오게 된 것일까? 〈출사표〉에서 그는 '신은 본래 평민으로 남양에서 농사를 지었습니다.'라고 한다. 이로 보았을 때 제갈량이 남양에서 농사를 지었다는 사실에는 아무 문제도 없을 것이다.
　하지만 동한말기의 남양은 하나의 군이었다. 아주 넓은 지역이었고, 하나의 행정구역으로서 오늘날의 성, 시와도 같다. 약간의 현을 관할한 것이었는데 당시 군정보의 소재지는 완현이었다. 즉 오늘날의 남양시인 것이다. 이로 인해 제갈량의 농경지는 남양군에 있었다는 말은 맞는 말이다. 하지만 구체적으로 남양군의 어느 지방에 있었던 것일까?
　〈삼국지 · 제갈량전(三國志 · 諸葛亮傳)〉은 〈한진춘추〉를 해석하면서 '(제갈)량의 집은 남양의 등현에 있다. 양양에서는 서쪽으로 20리 떨어져 있으니, 그곳을 융중이라 불렀다.'라고 하였다. 〈한진춘추〉라는 책은 동진 양양 사람인 습착치에 의해서 지어진 책이다. 그의 기재는 믿을만하다. 그는 제갈량이 '롱무를 경작' 하던 때의 집은 남양군의 등현에 있다고 하였다. 이 지방은 양양성에서 서쪽으로 20리 정도 떨어져 있어 융중으로 불렸다고 한다. 즉 융중은 양양성과 아주 가까웠으며 남양군의 관할인 완현과는 약간 멀었다. 행정 구획 상으로 융중은 남양군의 등현에 속했다는 것이다. 그래서 제갈량은 자신을 '남양에서 농사를 지었다.'라고 말한 것이다. 이것은 넓게 자신의 농경지를 가리킨 것으로 맞는 말이다.

  제갈량의 농사를 지은 지방은 양양성 서융중에 있었다. 그래서 그가 10년 동안의 농경 생활 속에서 사귄 친구들도 모두 양양사람이거나 양양에서 머무는 타향 사람들이었던 것이다. 유비도 이리저리 떠돌다가 머물 곳을 잃어 형주의 양양, 번성에 머물렀으며 그러다가 유표에게 의탁을 하게 되었다. 그의 삼고초려는 당시 조조의 땅인 완현으로 간 것이 아니라 유표의 땅인 양양성의 서쪽 융중으로 간 것이었다.

  양양은 형주의 남군에 속한다. 당시의 형주는 유표에 의해 다스려졌다. 유표는 처음에 오랫동안 군사적인 혼란에 개입되지 않았다. 그래서 양양 일대는 상대적으로 무척 평온했다. 이로 인해 제갈량은 융중에서 농사를 지으며 유학하고 스승을 모시고 친구도 사귀며 조용

양양 융중십경의 궁경전

하고 유유자적하게 10여 년의 생활을 보낼 수 있었던 것이다.

남양의 등현은 남북조의 북주시기 성으로 분리되었다. 융중은 양양에 귀속되었고 제갈량의 농경지도 양양 융중의 땅으로 되고 말았다. 남양 등현의 융중도 점차 등한시되었다.

양양 서쪽의 융중에서는 제갈량의 고택이 진나라 때부터 보호를 받아왔다. 이후 과거 보수를 거쳐 지금은 아주 유명한 문물풍경구가 되었다. 그곳에는 무후사 및 초가집, 포슬정, 삼고당, 제갈정 등의 10가지 풍경들이 있다. 이미 중국의 전국 중점 문물 보호 단위로 지정된 곳이다.

〈삼국지·제갈량전〉 한 부분
(毛氏汲古閣本, 明崇禎十七年版)

제갈량의 농경지가 남양군에 속한다면 남양 사람들이 제갈량을 그리워한다는 사실은 당연한 일이 될 것이다. 일찍이 하남 남양시에는 와룡강이 있었고, 그곳에는 무후사와 초가집, 포슬석, 양부애, 제갈정, 궁경정 등 열 가지 풍경들이 있었다. 지금 다른 것들은 모두 중국의 전국 중점 문물 보호 단위로 지정되었다.

제갈량은 중화 민족의 우수한 인물이며, 역사적 충신이자 어진 승상이다. 천백여 년 동안 사람들은 그를 존경하였고 그가 간 곳이면 어디든지 모두 사당을 세워 그를 기념하여 그의 충성, 지혜, 부지런함, 청렴결백 등 전통 미덕에 대한 찬미를 보냈다.

> 제갈량의 농경지가 어디있는지에 대해 남양 무후사의 한 폭의 대련 속 문구가 이를 아주 잘 설명해 준다. 마음은 국가에 있는데 어딜가는게 무슨 상관이요. 대련 속의 문구는 다음과 같다.
>
> 마음은 조정에 있는데, 선주든 후주든 무슨 상관이겠느냐.
> 이미 천하에 이름이 널리 알려져 있는데, 어찌 양양인지, 남양인지 변론을 하는가.

59

제갈량은 왜
양부음(梁父吟)을 좋아했을까

    무후사에서 대청을 지나면 곽말약이 쓴 대련이 한 폭 걸려 있다. '출사표를 보면 그의 포부를 볼 수 있고, 양부음을 좋아했다.'고 하였다. 대련에서 제갈량의 뜻과 포부는 〈출사표〉에 담겨 있고, 그가 융중에 있을 때는 〈양부음〉을 좋아했다는 것이다.

    '〈출사표〉를 보면 그의 포부를 알 수 있다.'는 말은 이해하기가 쉽다. 그런데 양부음을 좋아했다는 말은 도대체 무슨 뜻일까?

    '양부음을 좋아한다.'라는 이 말은 〈삼국지·제갈량전(三國志·諸葛亮傳)〉에서 나온 말이다. 진수가 〈제갈량전〉에서 이처럼 묘사한 것은 분명 그 의미가 있는 것이다.

    〈양부음(梁父吟)〉은 〈양보음(梁甫吟)〉이라고도 불린다. '양보'는 산의 이름이며 태산의 아래에 있다. 〈양부음〉은 당시 태산 일대의 민요로, 일종의 자비와 연민의 정과 비분한 감정을 토로해내는 곡조이다. 제갈량의 부친 제갈규는 태산군승을 역임하였다. 그 구역이 또 마침 바로 〈양부음〉이 전해진 범위 내에 속한다. 제갈량이 어렸을 때 아버지를 따라 그곳에 갔는데, 자주 보고 들어 그 일대의 풍토와 사람들의 정에 대해 익숙해졌다고 한다. 태산 지역에 유행했던 민요 〈양부음〉은 제갈량이 어렸을 때 마음 속에 있던 기억의 씨앗을 심은 것이다.

제갈량이 융중에서 농사를 지으며 책을 읽던 시절, 직접 동한 환관들의 반란과 군웅할거 그리고 백성들이 편히 살아갈 수 없는 사회 현상을 목격하게 되었다. 이에 부모와 숙부의 잇따른 죽음으로 슬픔을 참을 수가 없었다. 이에 그가 익숙히 들어 좋아했던 고양의 비가 〈양부음〉으로 백성들을 자상하게 돌봐주는 연민의 마음과 한나라 황실을 부흥시키고자 하는 투지를 길렀던 것이다.

"지견출사표" 대련 탁본

어떤 학자들은 제갈량이 불렀던 〈양부음〉이 곡조나 가사 모두 제갈량 본인이 창작한 것이라고 한다. 원곡이 동한 말기의 시대적 특징을 따르지 않았기 때문이다. 음률에 정통하고 소양이 높았던 제갈량이 직접 새로운 버전의 〈양부음〉을 개편해 냈다는 것이다. 새로운 양부음은 더 격앙되게 개편되어 제갈량의 어렸을 때의 속마음을 토로하기에 더 적합했을 것이다. 제갈량이 창작한 〈양부음〉의 가사는 제국명상 안영이 계책을 세우는 장면을 묘사하였는데 두 개의 복숭아로 세 명의 용사들을 암살하는 이야기를 담고 있다. 국상 안영은 세 명의 장사들이 몇 번이나 자신에게 예를 행하지 않은 일을 마음에 두고 있었다. 이에 제경공에게 간언을 하여 이 세 사람을 없애고자 하였다. 가사는 안영의 교활한 마음과 간계를 비난하고 있다. 다시 제갈량을 살펴보면 그는 한나라 황실을 부흥시키고자 하는 원대한 꿈을 품고 있으며 인의를 중시하는 군주를 도와 중원을 통일하고자 하는 높고 원대한 꿈을 가지고 있었다. 그는 절대 이러한 반대파를 제거하는데 정치적 수단을 사용하지 않았다. 제갈량이 창작한 〈양부음〉은 안영의 인색한 마음과 교활한 계략을 비판하고 오히려 제갈량의 넓은 포부와 웅장한 투지를 돋보이게 하였다.

당시 와룡이라고 불렸던 제갈량은 노래를 부르기 좋아하고 악기를 다루기 좋아하는 문예 청년으로서 새로운 버전 〈양부음〉의 가사와 곡조를 새롭게 개편, 창조해 내어 가사로 자기의 뜻을 명백히 하고, 이치에 부합하도록 하였다. 〈양부음〉은 제갈량의 고향에 대한 그리움과 더불어, 비범한 정치적 이상을 드러낸 노래였다. 이것이 바로 그가 창작과 노래 부르기를 좋아했던 이유였다.

제갈량이 창작한 〈양부음〉은 사적에서 이렇게 기재하고 있다. '제성의 문을 지나고 나면 멀리 흐릿하게 바라본다. 그 안에 세 개의 묘가 있는데 모두 다 비슷하게 생겼다. 어느 집의 무덤인지를 물었다. 전강고야라는 사람의 무덤이라고 하였다. 힘으로는 남산을 없앨 수 있었고, 글로는 지리를 거절할 수 있었다고 한다. 조정들의 간언에 두 개의 복숭아로 세 명의 선비를 죽였다고 한다. 누가 이러한 간계를 세웠냐 하니 국상 제안이라는 자라고 하였다.' 이 작품은 〈예문류취(藝文類聚)〉와 〈약부시집(樂府詩集)〉에서 모두 제갈량이 지었다고 표시하고 있다. 그런데 어떤 학자들은 이 작품이 제갈량과는 관련 없다고 주장하고 있기도 하다.

60
융중에서 제갈량의 친구는 어떤 사람이 있었는가

제갈량은 친구가 있었을까? 당연히 있었다. 왜냐하면, 그는 정을 아주 중히 여기는 사람이었기 때문이다.

그가 14살이었을 때 전란을 피해 고향을 떠나 형주에 오게 되었고 융중에서 농사를 짓게 되었다. 유비가 제갈량에게 삼고초려를 한 27세까지 그는 그곳에서 거주하였다. 14살부터 27살까지는 제갈량의 성장에 있어 아주 중요한 단계였다. 그는 형주의 어떤 청년들과 사귀었던 것일까?

그렇다면 제갈량의 융중에서의 친구는 어떤 인물들이었을까?

먼저 제갈량과 이름을 나란히 한 '봉추' 방통이 있다. 방통은 방덕공의 조카였다. 제갈량의 가장 어린 누나는 방덕공의 아들 방산민에게 시집을 갔다. 방덕공은 두 사람의 선배이자 동시에 사장이기도 하였다. 두 사람은 비슷한 연령대였고, 친척이기도 하고 동창이기도 하였다. 이로 인해 두터운 친분을 쌓았고 후에 유비를 위해 촉한제업의 큰일을 해내 큰 공을 세웠다.

제갈량의 친한 친구로는 최균(자는 주평), 서서(자는 원직), 석도(자는 광원), 맹건(자는 공위)등의 사람들이 있다. 사서에서는 그들이 함께 배우며 교류하였으며 함께 산과 들을 돌아다니며 뛰어놀았다고 전해진다. 또한 정권의 잘잘못을 논하며 자신의 심경을 토로하였다고 한다. 제갈량이 자신을 관중, 악의에 비교하였을 때 주변의 사람들이 모두 인정하지 않았는데, 오직 최균과 서서 등의 사람들만이 이에 대해 깊은 믿음을 가지고 의심을 품지 않았다고 한다. 그들은 제갈량의 뜻을 잘 알고 있었고 그의 재능을 믿었다.

마량과 마속 형제도 제갈량의 친한 친구였다. 마량은 편지를 쓸 때 제갈량을 '존형'이라고 불렀다. 이곳에서 마량이 제갈량을 형으로 모셨다는 사실을 알 수 있다. 동시에 그는 편지에서 자신이 비록 역사상의 종자기는 아니지만, 자신을 잘 아는 제갈량과 함께 촉한을 위해 온 힘을 다하고 싶다고, 뜻을 함께 하는 친구가 되고 싶다고 밝혔다. 그리고 제갈량과 마량의 동생 마속 두 사람의 사이도 말할 것이 없겠다. 그들은 자주 늦은 밤까지 함께 있었다. 남정 시대 제갈량이 그의 의견을 물었는데, 마속은 '공격이 우선이다.'라는 책략을 내놓았다. 이에 순조롭게 남중을 평정시

청년 시절의 제갈량의 친구들

킬 수 있었다. 마속이 가정 전투에서 패한 뒤, 제갈량은 군법에 따라 눈물을 흘리며 마속을 벨 수밖에 없었다. 마속의 임종 전 편지로 '명공은 속을 마치 아들처럼 돌보아주었고, 속 역시 명공을 아버지처럼 여겼다.'라고 썼다. 그와 제갈량의 사이는 마치 부자간의 사이와 같았다.

제갈량은 우정을 무척 중시했다. 이는 마량과 마속의 이야기에서도 알 수 있다. 사서에서는 십여 년 후 제갈량이 촉에서 승상의 자리를 지낼 때 전선에서도 조위의 장수들에게 서서와 석도의 상황에 대

해 물어보았다고 한다. 그들의 직위가 높지 않다는 소식을 듣고 탄식하며 개탄하였다고 한다.

제갈량이 우정을 무척 중시했다는 사실은 그가 때때로 융중에서의 친구들과 함께 보내던 시절을 그리워했다는 것에서도 알 수 있다. 그가 승상으로 재임시에는 여러 사람을 거느리느라 주변에 친구가 없었다. 이때 그는 진정한 우정을 진정으로 갈망했다. 그리하여 자주 융중에 있었을 때의 친구들을 그리워했다고 한다. 사서에서는 그가 교령 중에 두 번 정도 최균(자는 주평)과 서서(자는 원직)를 언급했다고 한다. 그가 말하길 '당시 최주평과 친구가 되었는데, 그가 자주 내가 하는 일에 실수가 있다고 바로 잡아주었다. 후에는 서원직과 친구가 되었는데, 그는 나에게 많은 깨달음과 교훈을 주었다.'고 했다.

제갈량의 친구는 익우(益友; 사귀어 도움이 되는 벗)는 아니었다. 모두 쟁우(諍友; 친구의 잘못을 바로잡고자 극력(極力) 충고하는 벗)였다. 친구들 사이에 솔직하게 교제하며 서로서로를 도왔다. 이는 제갈량의 일생에 큰 도움이 되었으며 평생 잊지 못하였다.

사람은 사회에서 살아가면서 항상 사람들과 왕래를 한다. 일반적으로 모든 사람은 자신의 친구들이 있다. 친구는 사적으로 만난 친구도 있고, 공적으로 만난 친구도 있다. 서로 지나치게 치켜세우며 칭찬을 하기도 하고 서로 배우며 격려를 해 주기도 한다. 이것은 친구 사이의 좋고 나쁜 점의 기준이라고 할 수 있을 것이다. 제갈량의 친구들은 모두 천하에서도 마음만은 연결되어 있었다. 서로 솔직하게 대하였으며, 서로서로 장점은 취하고 단점은 버렸다. 이러한 우정이야말로 아주 진귀한 우정이라 할 수 있을 것이다.

61

제갈량은 왜
유비를 보좌하기로 선택하였는가

'나는 새도 가지를 가려서 앉고, 신하도 군주를 가려서 선택한다.' 라는 말이 있다. 동한 말년 군웅들이 모두 의거를 일으키고 영웅들이 많이 배출되었는데, 그야말로 인재들이 크게 이동하던 시대라고 할 수 있었다. '와룡'과 같은 아름다운 칭호를 지닌 제갈량은 융중에서 10년 동안 은거하며 산에서 나오지 않다가 결국 조조보다 실력이 떨어지고, 가문의 세력이 손권보다 약한 유비를 택한다. 많은 사람들이 제갈량이 왜 이러한 선택을 했는지에 대해 의문을 지닌다.

우리는 이것을 네 가지로 제갈량의 선택을 해석해 볼 수 있겠다.

첫 번째 삼고의 지극정성 때문이었다. 유비가 '삼고초려'를 했을 때 제갈량은 27세였다. 어떠한 관직도 맡고 있지 않았다. 그런데 좌장군의 신분인 유비는 그 당시 47세였다. '천하영웅'이라는 칭찬도 듣고 있었다. 제갈량보다 20세나 많은 유황숙이 자신의 사회적 지위를 모두 내려놓고, 자신이 더 장자라는 신분을 내려놓고, 연속 3번이나 나라를 평온하게 다스릴 계책의 가르침을 그에게 청하였다. 덕망이 높은 분이 이토록 예의와 겸손으로 대한 것은 제갈량에 대한 극대한 존중이었다. 이는 제갈량을 크게 감동시켰다. 그래서 제갈량이 산을 나가게 된 첫 번째 이유는 바로 유비의 인재에 대한 존중과 유비의 진실한 요청에 감동을 받았기 때문이었다.

두 번째, 뜻이 맞았기 때문이다. 감동을 받은 것을 제외하고 더 중요한 것은 제갈량과 유비의 뜻이 맞았다는 것이다. 유비가 삼고초려를 했을 때 제갈량에게 한나라 황실의 위기가 급하여 '나 유비는 성패를 따지지 않고 선뜻 자진하여 나서게 되었으며, 비록 아직 이룬

유비의 삼고초려 - 〈삼국연의〉 삽화(淸康熙年兩衡堂刊本)

것은 없지만 아주 큰 뜻을 품고 있다.'라고 하였다. 제갈량도 융중에 은거하고 있었지만 마음속으로는 '한나라 황실을 부흥시키고 천하를 통일시키고자하는' 포부를 지니며 현명한 군주를 기대하고 있었다. 두 사람의 이상과 시비관념이 이토록 하나로 맞아떨어진 것이다. 그래서 제갈량은 〈융중대〉를 바치며 자신의 이상과 같고 자신의 포부를 실현시켜줄 수 있는 인생의 주인을 선택한 것이다.

셋째, 유비의 인덕 때문이었다. 인의의 군주 유비는 제갈량의 명군의 정의에 완전히 부합하는 사람이었다. 조조와 손권 같은 사람들에 비해 유비에게는 강력한 가문, 배경은 없었다. 그저 황제의 후손이라는 빈 이름만 있었을 뿐이었다. 유비는 개인의 신의와 인덕으로 다른 사람들의 마음을 얻었다. 그가 병사를 일으킨 것도 사람들의 마음에 따른 것이었다. 형제를 대할 때도 그 아랫사람들을 대할 때도 그러했다. 선비를 대할 때도 백성을 대할 때도 유비는 항상 진심을 가지고 대했다. 그래서 유비는 실패를 해도 항상 그를 따르는 사람들이 있었던 것이다.

넷째, 발전 공간이 넓었기 때문이다. 당연히 제갈량이 유비를 따라가기로 선택한 것은 자신이 발전할 수 있겠다는 확신 때문이었다. 그는 〈융중대〉에서 이렇게 말했다. '조조는 이미 백만 군중을 가지고 있다.' 옆에 많은 인재가 있으며, 지혜로운 책략가도 구름처럼 많다는 것이다. 그리고 손권은 이미 부모 형제 세 세대를 겪어 '현명한 능력을 지닌 사람을 쓰고 있었다'. 이미 현명한 지혜를 지닌 능력 있는 자들이 모여 손권을 위해 일을 하고 있었던 것이다. 유비의 주변에는 무사들만 있었고 책사는 부족하여 '현명한 사고판단에 목이 말라 있는 상태'였기에 계속해서 훌륭한 인재를 뽑는 단계였다. 닭의 머리가 될지언정 봉황의 꼬리는 되지 않겠다고 생각하는 제갈량이 유비에게로 간다면 쓸만한 물자는 다 쓸 수 있었고 자신의 재능을 충분히 발휘하며 큰 발전을 해나갈 수 있었다.

제갈량은 유비의 삼고초려 후 산을 나가 한말 삼국의 무대에서 유비를 도와 촉한의 제업을 성취하였다. 명군은 사람을 잘 알아보고 중용하며, 좋은 신하는 한 마음 한 뜻으로 충성을 다한다고 하였다. 이러한 군주와 신하의 본보기는 천고에 전해질 것이다.

제갈량이 한 시대의 어진 승상이 될 수 있었던 것은 유비가 준 기회(삼고)와 무대(탁고) 때문이었다. 그렇지 않았다면 그는 그저 '와룡'일 수밖에 없었을 것이다. 결과적으로 제갈량의 선택은 아주 정확했다는 것이 증명되었다.

62
제갈량은 남정 승리에 왜
반년이나 걸린 것일까

　제갈량의 남정은 왕복 행군만해도 수천리였다. 전쟁이 빈번히 발생하였으나 빠른 승리를 획득하였다. 사서에서는 '3년 봄, 제갈량이 군사를 이끌고 남정에 나섰다. 그리고 가을이 되자 평온해졌다.'라고 하였다. 즉 남정 전후로 약 반년의 시간이 걸렸다는 뜻이다. 왜일까? 그 원인은 무엇일까?
　첫째, 소수민족에 대한 '화합과 포용의' 지도 사상 때문이었다. 제갈량은 〈융중대〉안에서 다음과 같이 말했다. '서로는 융족들과 화친하고, 남으로는 이와 월을 포용한다.' 서쪽의 소수민족들과 평화롭게 지내고 남쪽의 이인과 월인에 대해 포용의 정책을 펼치며, 진압이나 도살을 행하지 않았다는 것이다. 이러한 지도 사상이 있었기 때문에 제갈량은 남중반란에서 바로 병사를 보내지 않았다. 오히려 사절을 파견해 오나라를 초빙하였고, 농업에 종사하며 골짜기에서 생활하고, 내부를 안정시키며 그들을 관찰하며 기다렸다.
　둘째, 남정을 하기 전 먼저 예를 행한 뒤 병사를 사용했기 때문이다. 옹개반란 초기 그는 이엄으로 하여금 편지를 써서 그들을 설득하고자했다. 이엄의 편지는 여섯 장이나 되었는데, 상대에게 이익과 손해에 대해서 자세히 알려주었다. 옹개는 한장의 편지로 다음과 같

운남 곡정에 있는 제갈량과 맹획 조각(부분)

이 대답하였다. '하늘에는 두 개의 태양이 있을 수 없고 땅에는 두 명의 주군이 있을 수 없다.' 오늘날 천하가 양립하고 있으니 우리는 누구에게 속해야 할지를 모르겠다라는 뜻이다. 이렇게 오만한 태도를 보아하니 말로 설득할 수 없어 남정을 필히 행할 수밖에 없었다.

셋째, 마속의 건의를 받아들여 '마음을 공격' 하는 전술을 운용했기 때문이다. 병사들을 이끌고 출발하기 전에 과거 남중에서 직무를 맡았던 마속에게 '마음을 굴복시키는' 전술로 맹획을 칠금칠종하게 하는 전략을 물었다. 그리하여 전황은 순조롭게 흘러갔고 전지까지 승승장구할 수 있었다.

넷째, 각 민족에게 순응하며 화목하게 지내는 흐름은 남중 민족들에게 지지를 받았기 때문이다. 오랫동안 남중은 내지와 소식과 물자를 주고받으며 지냈다. 각 민족 사이에는 밀접한 경제 문화적 교류가 있었던 것이다. 그래서 '익주 이인들은 옹개를 따르지 않았다. 이에 옹개는 맹획으로 하여금 이인을 설복시키도록 하였다'. 남중의 일부 민족들의 우두머리는 반역을 행하는 것을 원치 않았다. 이에 옹개는 맹획으로 하여금 거짓 소문을 퍼뜨려 그들이 반란에 참가할 수

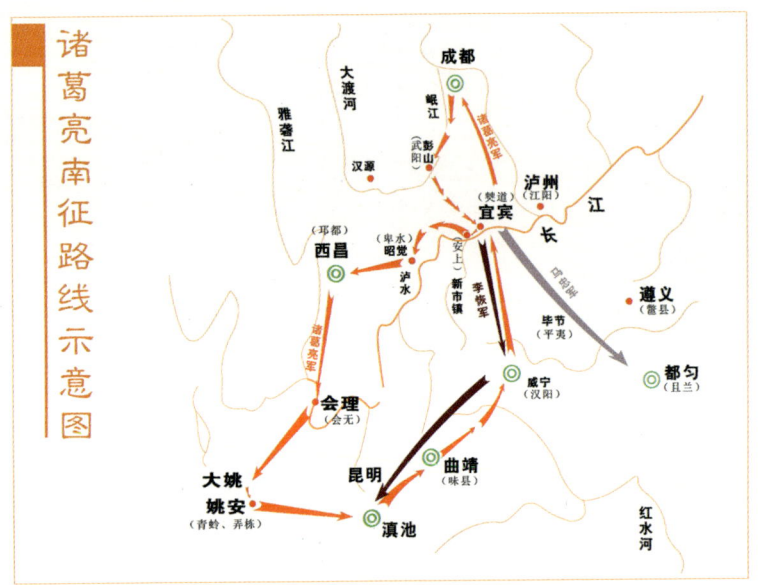

제갈량 남정노선 약도 (方國瑜《諸葛亮南征的路線考說》에 의한 제작)

있도록 하였다. 하지만 일부 우두머리들은 반란에 참여하지 않았을 뿐만 아니라 제갈량의 무리에 합류하여 반란군을 평정하였다. 문헌에서는 장가에서 이인의 우두머리 제화가 '제갈무후의 남정 소식을 듣고 양식을 쌓아 길을 통하게 하여 제갈량을 맞이하고 무후를 따라 서남의 이인을 평정하고 맹획을 붙잡았다.'라고 기재하고 있다. 제화는 자신의 사람들을 이끌고 나무를 베어 길을 만들었고 양식을 바치며 길을 함께 했다. 털 한 끝도 깊이 들어오지 못하도록 반란군을 공격하는 포위 공격은 맹획의 포획에 큰 도움이 되었음은 물론이다. 이후 제화는 제갈량에 의해 라전의 국왕으로 봉해졌다.

다섯째, 남중 지역에 파견된 촉한 관리들의 지지를 받았기 때문이다. 남중 반란 시기 촉한은 남중 지역에 많은 관리를 파견했다. 내강 도독 이회, 장가 태수 마충은 모두 자신의 직무에 최선을 다하는 관리들이었다. 후에 그들이 반란군 평정에서 각각 중로와 동로군을 이끌고 제갈량의 서로군을 도와 빠르게 반란군을 진압하였다. 또한 영창 군승 여개와 부승 왕항 등은 반란군에 참여하는 것을 거절하였다. 옹개는 여러번 여개에게 명령을 내려 그를 반란군에 참여하도록 하였다. 그러나 여개는 정당한 이치와 날카로운 말로 거절하였고 오히려 옹개에게 어서 뜻을 바꾸어 바른 길로 들 것을 설득하였다.

도의에 부합하는 자는 많은 사람이 돕기 마련이다. 남정은 지방 할거를 반대하는 행동이었으며 이는 국가 통일의 역사적 흐름과 화목하게 지내고자 하는 각 민족의 바람에 부합하는 것이었다. 이로 인해 여러 사람의 지지와 도움을 받을 수 있었던 것이었다. 제갈량은 인과 덕의 관념으로 소수민족들을 대하였고, 정치를 펼치고 군무에 임해서도 근엄하고 겸손한 태도를 유지했다. 이런 것들이 남정이 빠른 승리를 할 수 있도록 도운 추진 작용을 했을 것이다.

남정은 제갈량 일생 중 가장 칭송받을 만한 가치가 있는 군사행동이었다. 전투의 조속한 승리와 사후 남중에 대한 효율적인 다스림이 가져온 영향은 아주 긍정적이고 깊은 의미를 지니고 있었다.

63
악비는 〈출사표〉를 집필할 때 왜 울었을까

성도 무후사의 두 문 좌우 양 측 회랑 답벽에는 아주 유명한 장수 악비가 손으로 쓴 제갈량의 전후 〈출사표〉가 돌에 새겨져 있다. 악비가 쓴 〈출사표〉의 필체는 그 기세가 무척 드높으며 장관이다. 이에 많은 사람의 발길을 잡곤 한다.

악비는 어떤 상황에서 이 〈출사표〉를 쓴 것일까? 표문 다음의 감상은 이렇다.

'소흥 무오 가을 8월을 앞두고 남양을 지나다 무후사에서 잠시 쉬는데 비가 내려 무후사 안에서 머물렀다. 밤이 깊어 손에 촛불을 들고 벽에 옛 선현들이 찬미한 선생의 문장과 시구들을 보았다. 그리고 무후사 앞 돌에 글을 새기며 나도 모르게 비처럼 눈물이 흘렀다. 밤이었지만 잠에 들 수 없어 새벽까지 앉아있었다. 도사가 차를 바치기에 종이와 붓을 달라고 하여 눈물을 흘리며 붓을 휘둘렀다. 공구가 나쁜 것은 따지지도 않고 단숨에 마음속의 응어리를 풀어버렸다!'

원래 남송 소흥 8년(1138년) 8월 15일이 되기 하루 이틀 전, 악비가 병사를 이끌고 북으로 진군을 하다 남양을 지나게 되어 무수하에 방문하게 되었다. 그는 눈 앞의 정경을 보고 어떤 특별한 감정이 일어 눈물을 흘리며 붓을 휘갈겨 전후 〈출사표〉를 써서 자신이 금나라에

성도 무후사 조각 〈악비서출사표〉

맞서는 원대한 포부와 장대한 뜻과 나라와 군주를 사랑하고 충성을 다하는 마음에 대해 표현하였다.

악비는 왜 눈물을 흘리며 〈출사표〉를 쓴 것일까? 그의 마음속 답답함의 출처는 어디일까? 서기 1138년 전후에 발생한 일을 살펴보면 그 원인을 알 수 있다.

〈송사·악비전〉에는 악비가 서기 1137년전에 전쟁터에서 연승을 거두어 남송이 과거에 잃었던 토지들을 많이 회수하였다. 송나라 고종 조구는 무척 기뻐하며 직접 악비를 찾아와 그에게 '중흥의 일은 모두 경에게 맡기노라.'라는 말을 하였다. 그리고 동시에 왕덕의 군대를 악비에게 보내 관할을 할 수 있도록 하겠다고 승낙하였다. 이로 보아 악비는 1137년 고종에게 높은 평가를 받았다고 할 수 있겠다.

하지만 〈송사·왕륜전〉에 기재된 내용에 따르면 고종은 과거 왕륜을 북강으로 파견하여 금인에게 하남의 땅을 돌려받는 일과 관련해 평화 담판을 하라고 하였다. 공교롭게도 왕륜이 이때 조정에 돌아와 금인과의 강화 소식을 알리고 위제 정권이 곧 사라지고 하남 강토도 다시 귀환될 것이라는 좋은 소식을 알렸다. 고종은 이 소식을 듣고 무척 기뻐하며 진회에게 바로 명령하여 강화 계획을 제정하라고 명령하였다. 동시에 금인에게 잘 보이려고 악비에게 약속했던 증병 계획을 취소하였다.

소흥 무오년(1138년)에 금인은 하남의 땅을 남송에 돌려주고 함께 화합하는 것에도 동의하였다. 조정에서는 이 강화 소식에 기뻐 춤을 추었다. 악비는 '금인은 믿을 수가 없으니, 강화 소식도 완전히 믿어서는 안 된다.'라고 말하며 글을 올려 진정을 청하며 금나라가 위제를 폐하는 좋은 시기를 틈타 그들이 준비가 되어 있지 않을 때 공격하여 '신속하게 중원을 수복할 것을' 제안하였다. 하지만 이 전투 요청 서신은 회답을 받지 못하였고 이에 악비는 중원을 수복할 수 있는 좋은 시기를 놓치고 말았다. 약 1년의 시간이 지나자 금인은 동맹을 깨고 공격을 해 왔다.

고종의 유약함과 진회의 강화는 악비의 북벌 계획을 물거품으로 만들어버리고 중원을 수복할 원대한 꿈이 실현되지 못하도록 했다. 1138년 정정 1년 동안 조정은 소극적으로 전쟁을 피하기만 했고, 이에 악비도 더 이상 참가할 수 있는 전투가 없었다. 그는 마음 깊이 답답함을 느꼈다. 왕서에게 보낸 편지에서 그는 '올해 만약 공격을 하지 않는다면 나는 관직을 그만두고 돌아가 쉬도록 할 것이다.'라고 말하였다. 그래서 남양 무후사에서 악비는 제갈량이 당시 여러 번 병사들을 이끌고 북벌에 나섰던 장거를 떠올리며, 자신은 조정의 지지를 받지 못함을 한스러워 하며 〈출사표〉를 작성하다 마음속의 비분이 끓어올라 눈물을 흘렸던 것이다.

〈출사표〉는 제갈량이 북벌을 하던 때 후주 유선에게 올린 문장이었다. 제갈량은 문장을 통해 그의 한나라 황실 부흥에 대한 결심을 표현하였다. 수백 년의 시간이 지나고, 남송의 금인에게 대항하던 명장 악비의 손을 거쳐 이토록 진귀한 보물로 남겨지게 된 것이다. 명인, 명작, 훌륭한 문장으로 인해 오늘날 사람들의 사랑을 받고 있다.

남송 소흥 무오년에는 전투가 없었기 때문에 악비는 북상을 하여 남양으로는 온 적이 없었다. 〈악서출사표〉라는 진귀한 보물의 진위는 아직도 무한한 추측과 논쟁만 남아 있다.

64
〈후출사표〉는 제갈량이 지은 것이 맞는가

제갈량의 〈출사표〉는 무척 유명하다. 왜 출사표는 전후 두 가지가 있는 것이며, 왜 어떤 사람들은 〈후출사표〉는 그가 쓴 것이 아니라고 말하는 것일까?

제갈량이 군사를 이끌고 북벌을 나서기 전 후주 유선에게 〈출사표〉를 써서 올렸다. 이 출사표가 오늘날 말하는 〈전출사표〉임은 어느 누구도 의심하지 않는다. 처음 북벌에 실패하고 제갈량은 또 하나의 문장을 써서 올렸는데, 이 문장에서는 북벌의 필요성과 승리의 가능성에 대해서 설명하고 있다. 이 문장이 바로 〈후출사표〉다.

후출사표는 〈삼국지·제갈량전〉에 기재되어 있지 않고 배송의 풀이인 〈한진춘추〉에 나온다. 풀이 후 그는 '이 출사표는 제갈량 집에 없는 것이다. 장엄 〈묵기〉에서 나온 것이다.'라고 말한다. 이로 인해 많은 역대 학자가 이 출사표에 질의를 던졌다. 게다가 이 문장에서는 조운의 사망 연도가 〈삼국지·조운전〉에서 기재하고 있는 연도와 다르다. 문장에서 언급한 이복 또한 역사 속에 없는 인물이다. 게다가 후출사표의 문장은 무척 가라앉아 있으며 자신감도 부족해 보여 제갈량의 말투 같지가 않다. 그래서 이 문장은 제갈량이 쓴 것이 아니라는 결론이 나온 것이다.

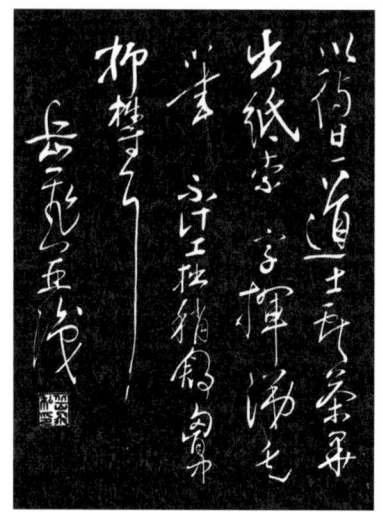
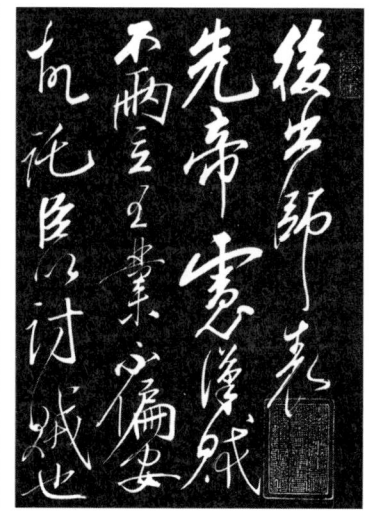

악비가 쓴 〈후출사표〉 조각 탁본 부분

하지만 역대 많은 학자는 〈후출사표〉는 제갈량이 쓴 것이라고 주장한다. 그 이유도 아주 충분하다.

첫째, 진수의 〈삼국지〉와 〈제갈량집〉에서 〈후출사표〉를 기재하지 않은 것은 아마도 실수로 누락시킨 것이라고 한다. 진수 〈삼국지〉에서 누락된 중요한 문헌 자료가 적지 않기 때문인데, 배송의 풀이인 제갈량의 〈절맹호의〉는 〈한진춘추〉가 그 출처고, 〈여육손서〉는 〈강표전〉이 그 출처이며, 〈공문상상서〉와 〈여이풍교〉는 출처가 없다. 이로 인해 〈삼국지〉에서 기재하지 않았다고 거짓이라고 볼 수 없다는 것이다.

둘째, 제갈량과 그 형 제갈근은 편지를 자주 주고 받았는데, 이 문장의 부본을 제갈근에게 보내줬다는 것이다. 제갈근의 아들 제갈각이 '가까이서 숙부 표진과 역적이 말다툼을 하는 계략을 보았다.'라고 말한 것이 바로 그 증거다. 장엄이 오나라 시중일 때 이 문장을

〈묵기〉에 수록하였는데 이것은 일이 순조롭게 잘 이루어진 것이라고 할 수 있다. 그리고 장엄은 〈묵기·술좌편〉에서 제갈량을 칭찬하며 '그는 사퇴 의사가 간절하였으며 진은 진취적인 뜻을 지니고 있으며 아주 충성을 다하는 의로운 모습이 주로 드러난다.'라고 하였다. 이는 〈후출사표〉를 읽은 뒤의 감흥일 것이다.

셋째, 조운이 죽은 해는 아마도 〈삼국지·조운전〉의 오기였다는 것이다. 조운은 아마도 건흥 6년 겨울에 죽었을 것이다. 이 시기는 제갈량이 문장을 쓰기 전이다. 그리고 성도에 운송되어 땅에 묻힌 시기는 건흥 7년 봄이었다. 제갈량이 말한 그의 졸년은 진수가 기재한 그의 장례 시간이었을 것이다.

이복은 〈삼국지〉에 확실히 존재하지 않는 사람이다. 하지만 〈자치통감〉 호삼성 해석 내용을 보면 아마도 왕복(혹은 왕자복)의 잘못된 기재였을 것이다.

넷째, 전후 두 문장의 기세나 분위기가 조화를 이룬다는 것이다. 후출사표의 '성패의 순조로움과 순조롭지 않음에 대해서는, 신이 예측할 수 있는 것이 아닙니다.'라는 말과 전출사표의 '익주의 문제는, 이 성에서 가장 위급한 존망의 가을입니다.'라는 말은 모두 분명히 객관적인 사실을 전달하는 말이자, 일종의 위기감을 강조하고 있다. 또한 그 어투도 완전히 다르지 않다. 이 외 두 출사표의 언어에서 풍기는 분위기도 기본적으로 달리한다. 그저 전출사표가 서사, 서정적인 성격에 좀 더 편중되어 있다면, 후 출사표는 반박을 논하는 것에 더 초점을 맞췄다는 것이다. 두 출사표가 서로 이처럼 호흡을 맞추니 이 두 문장은 분명 한 사람이 작성한 것이라고 볼 수 있다.

그렇다면 〈후출사표〉는 도대체 제갈량이 쓴 것인가 쓰지 않은 것인가? 양측이 모두 자신만의 주장을 가지고 아직까지 그 논쟁을 펼치고 있다. 정말 풀리지 않는 문제이다. 하지만 사람들은 모두 출사표 최후의 두 구절 '죽을 때까지 나라를 위하여 온 힘을 바치겠소'는 제갈량의 명언이라고 여긴다. 그러니 〈후출사표〉는 그가 직접 쓴 것이라고 할 수 있지 않겠는가?

진수는 서진 진시 10년(274년)에 제갈량의 저작을 모두 모아 〈제갈량집〉을 냈다. 〈제갈량집〉은 총 24편, 104,000여 자로 이루어져 있다. 아쉽게도 유실되어 현존하지 않는다. 지금은 중화서국에서 출판된 장주의 〈제갈충무후문집〉에서 편집된 〈제갈량집〉이 유행하고 있으며 〈후출사표〉는 여기에 본문으로 삽입되어 있다.

65
왜 〈출사표〉를 읽고 울지 않은 자는 충성스럽지 않다고 말하는가

세상 사람들은 '〈출사표〉를 읽고 울지 않은 자는 충성스럽지 못하다.'라고 말한다. 그 이유는 무엇일까? 왜냐하면 〈출사표〉에서 드러낸 진실한 감정이 아주 뜨거운 충성심에서 우러러 나와 충성스러운 마음을 지닌 사람들에게 깊은 감동을 주었기 때문이다. 문장에서 드러나는 감정의 서술에 따라 제갈량은 '문장을 마주하고 눈물을 흘렸고', 이를 읽는 자 역시 자신도 모르게 얼굴 한가득 눈물을 흘렸기 때문이다.

확실히 〈출사표〉에서 드러내고 있는 책임, 완강함, 장렬함은 '충성'이라는 도덕 규범을 아주 완벽하게 해석하고 있다.

서기 227년 제갈량이 군대를 통솔하여 북벌하던 시기, 그는 출발을 하기 전 후주 유선에게 〈출사표〉를 올린다. 이 문장에서 그는 '천하는 세 개로 나뉘어 있으며 익주가 바로 그 문제'라는 형세를 분석하며 완곡하고 간절한 말투로 후주 유선에게 누구나 다 자신의 의견을 말할 수 있도록 해야 하며 상과 벌을 엄중히 내려야 하며 현명한 사람을 가까이 하고 아첨하는 자는 멀리해야 한다고 설득한다. 동시에 제갈량은 유비의 삼고초려와 자신을 알아봐 준 은혜를 회고하며 죽기 직전 국가대사를 천에게 맡긴 무한한 신임과 군주를 폐립

제갈량 표 올리는 체읍
- 淸康熙年版
〈삼국지연의〉출처

할 수 있는 높은 권력을 주었던 일들을 강조한다. 그가 임무를 받았을 때 '다리와 팔의 있는 힘을 다해 죽을 때까지 충성을 다하겠다.'라고 약속하였는데, 이 약속은 제갈량의 마음과 몸속에 깊이 새겨졌다. 제갈량은 진실되게 자신은 유비로부터 큰 은혜를 받았으며 자신의 지혜를 짜내 충성을 다해 남은 생을 마감해야만 한나라 황실 부흥이라는 대업을 완성하여 유비의 두터운 은혜에 보답할 수 있다고 말했다. 마지막 문장에서 그는 자신의 감정을 추스르지 못하며 이렇게 말했다. '선제가 남긴 유서를 깊이 따르니, 신은 받은 은혜에 감격할 따름입니다. 오늘날 이렇게 멀리서 문장 앞에서 눈물을 흘리니 할 말이 없습니다'.

제갈량은 마음 깊은 곳에서 슬퍼하며 눈물을 흘렸다. 제갈량은 조정에서 군신의 앞에서 뜨거운 눈물을 흘렸다.

표문 중에서도 우리는 제갈량의 충성을 느낄 수 있다. 그는 시종 '선제의 인재를 알아봐 준 은혜에 보답하는 것'을 잊지 않았으며, 때때로 유비의 유언을 가슴에 새기며 '폐하에 대해 충성을 다하는 직분'을 잊지 않고 어디서나 유비의 아들 유선을 세심하게 돌보았다. 표문은 화려한 문체로 쓰여지지 않았다. 내용은 소박했으며 진실한 감정이 담겨 있었다. 표문에서는 제갈량의 품격이 반영되어 있었으며, 진실한 감정이 녹아 있었다. 그야말로 '충'의 가장 좋은 해석이라고 할 수 있었다.

〈출사표〉는 그저 한 편의 문장이었다. 진정으로 후세 사람들을 감동하게 해 눈물을 흘리게 했던 것은 제갈량의 인품과 마음이었다. 그는 패군이었던 때에 임무를 받아, 위기의 순간에 명령을 따랐다. 또한 '안 된다는 것을 알았지만 행하였으며', '죽을 때까지 나라를 위하여 온 힘을 바쳤다'. 당대 시인 백거이는 〈출사표〉를 읽은 뒤 감개무량하여 '전후출사표가 있어, 사람들로 하여금 읽은 뒤 눈물이 나 소매로 훔치게 하는구나.'라고 말했다. 남송 명장 문천상도 '〈출사표〉는 지금까지도 읽은 뒤 눈물이 나 가슴까지 먹먹하게 하는구나.'라고 하였다. 이 외에도 애국 시인 육유도 〈서분〉에서 '출사표는 세기의 작품이다. 천 년을 전해져 내려져 왔음에도 우열을 가릴 만한 작품이 없구나.'라고 하였다.

〈출사표〉는 한 세대 현상의 충성스러운 마음을 담아, 그와 같은 포부를 담고 있는 무수히 많은 영웅의 마음을 울렸다. 출사표를 읽으면 그의 충성스러운 마음에 감동할 수밖에 없었고, 마음 깊은 곳에서 눈물이 나 소매를 적실 수밖에 없었다. 그런 이유로 후세까지 전해지며 '〈출사표〉를 읽고 울지 않은 자는 충성스럽지 못하다.'라는 문장이 생긴 것이다. 이러한 마음과 뜻은 분명 영원히 후세에 전해질 것이다.

성도 무후사에는 현대 사람이 쓴 한 폭의 대련이 있다. 하련에는 '출사표는 정말 놀라운 문자이다. 춘추에 눈물을 흐르게 했으며, 그 먹물이 악장군에게까지 영향을 미쳤다.'라고 쓰여 있다. 대련의 문장 속에서는 악비의 '눈물을 흘리며 붓을 갈겨 〈출사표〉를 쓴 이야기를 인용하여 〈출사표〉의 한 글자 한 구절이 아주 감동적임을 말하고 있다. 천백 년 동안 많은 어진 사람과 큰 뜻을 가진 사람들의 눈물을 흘렸으며 악비가 글씨를 쓸 때도 울면서 썼다는 이야기를 하고 있다.

66

제갈량은 왜
마속을 베며 '눈물을 훔쳤을까'

'눈물을 흘리며 마속을 벤(泣斬馬謖 읍참마속)' 이야기는 모든 사람이 알고 있는 이야기다. 하지만 대부분은 제갈량이 마속을 베면서 도대체 어떤 이유로 눈물을 흘렸는지는 잘 알고 있지 못하는 것 같다.

사서에서는 이 이야기에 대해 비교적 간략하게 기재하고 있다. 촉한이 처음으로 북벌에 나서 마속을 선봉으로 세워 가정을 지키도록 하였다. 그런데 마속은 왕평의 명령을 듣지 않고 물을 버리고 산으로 올라 결국 크게 패하고 말았다. 제갈량은 어쩔 수 없이 군대를 돌려 한중으로 돌아와 마속을 법에 따라 벨 수밖에 없었다. '제갈량은 그를 위해 눈물을 흘렸고', '이에 십만 군중들도 그를 위해 눈물을 흘렸다.' 이 일이 일어난 후 자완이 제갈량에게 와서 '천하는 아직 안정되지 않았는데 지혜로운 사람을 죽이다니 어찌 그를 아쉬워하지 않으시는 겁니까?'라고 물었다. 제갈량은 눈물을 흘리며 '손무가 천하를 다스릴 수 있었던 것은 법에 따랐기 때문이다. 양간이 군법을 어지럽히자 위강은 그를 죽였다. 사해 분열되어 있고 병사들도 서로 섞여 있으니 만약 법을 살렸다 없앴다 한다면 어찌 사악한 적들을 토벌할 수 있겠는가!'라고 말하였다. 이 사실은 소설, 희곡의 가공을 통해서 재현되었고 사람들 사이에서 널리 회자하는 삼국의 이야기가 되었다.

 마속을 벤 제갈량은 왜 한 번, 두 번, 그리고 세 번씩이나 눈물을 흘렸던 것일까? 그 이유에 대해서는 지금도 논쟁이 분분하지만 주로 2개의 원인으로 정리해 볼 수 있다.

 첫째, 부끄러워 자책하며 흘린 눈물이다.

 유비가 임종 시, 마속에 대해 '마속은 사실보다 말이 더 과장된 사람이니 큰 곳에 중용해서는 안 된다. 군주라면 그를 잘 관찰해야 할 것이다!'라고 말하며 당부를 한 적이 있다. 하지만 제갈량은 그렇지 않다고 여기며 그를 내버려 두었고 예전처럼 중시 여겼다. 그리하여 북벌의 선봉 장군을 선별할 때 여러 사람의 뜻을 어기고 마속을 선발하였다. 하지만 마속은 병사들을 이끌고 참전했던 실전 경험이 부족하였다. 제갈량은 유비의 충고를 듣지 않고 마속을 잘못 중용하여 첫 북벌에서 승리를 거두지 못했다. 그는 마음속 깊이 자책하고 부끄러워하였다. 이에 마속을 벨 때 통곡하며 눈물을 흘렸다.

 둘째, 친구를 잃은 슬픔에 눈물을 흘렸다.

가정고전장, 현재의 감숙성 장랑현 옹성진

경극 〈읍참마속〉 사진

마속과 형 마량은 양양 사람이었고 '모두 재능이 있어 유명한 사람들'이었다. 마속은 어렸을 때 제갈량과 형제처럼 친하게 지냈다. 그런데 제갈량이 직접 마속을 처형하라고 명령을 내리고 마속이 목이 잘리는 모습을 직접 보니 마음에 마치 칼을 꽂는 듯한 기분이었을 것이다! 마속은 죽기 전 유언을 남겼는데 제갈량이 자신을 평소에 아들처럼 잘 보살펴주었다고 하며, 죽은 뒤에도 똑같이 자신의 가족들을 잘 보살펴달라고 했다. 마속이 남긴 유서를 생각하니 마속이 처형되는 모습을 보는 제갈량은 더 마음이 아파 눈물이 흘렀을 것이다.

셋째, 인재가 아쉬워 눈물을 흘렸다.

마속은 '보통 사람들보다 총명하고 똑똑했으며, 군계를 논하기를 좋아했다'. 제갈량이 남정에 나갈 때 그는 '마음을 공격하는 것을 우선으로 하라는' 책략을 건의한 적이 있다. 제갈량은 마속과 이야기를 나누기 시작하면 항상 낮부터 밤까지 함께 시간을 보냈다. 여기서 마속에 대해 제갈량이 높은 평가를 했다는 것을 알 수 있다. 이러한 똑똑한 인재를 어째서 한 번 군령을 어겼다 하여 목을 베는지 물었을 때 제갈량은 눈물을 머금고 '만약 마속 때문에 법기를 폐한다면 어떤 것을 근거로 적을 물리치고 한실을 부흥시킬 수 있겠는가?'라고 대답하였다. 한실 부흥이라는 대업을 실현하기 위해 자신이 신임하던 사람조차 법에 따라 처형을 할 수밖에 없었으니, 제갈량은 마음이 아팠을 것이다. 그는 슬픈 감정과 어쩔 수 없는 마음, 그리고 자책하는 마음 속에서 눈물을 흘릴 수밖에 없었다.

〈자치통감〉에서 호삼성은 '사람을 죽이는 것은 왕법이고 옛사람의 은혜에 보답하기 위해서는 그 정을 잊지 말아야 한다.'라고 말했다. 왕법과 인정은 제갈량에게 닥친 선택하기 어려운 두 가지 선택이었을 것이다. 하지만 법과 정의 저울에서 그는 결국 법을 선택했다. '마속을 죽인 사건'은 제갈량이 '모든 일에서 법을 우선으로 한다.'는 이념을 보여주었고, '눈물을 흘린 일'은 그의 '친구에 대한 정'을 보여주었다. '눈물을 흘리며 마속을 베었다.'는 이야기는 후세 사람들에게 아주 깊은 깨달음을 주었다.

대장부는 눈물을 쉬이 흘리지 않는다 하였다. 제갈량이 '눈물을 흘리며 마속을 베었던' 때는 그가 47세였을 때였으며, 그는 당시 승상을 맡고 있었다. 그 나이에, 그 신분에, 한 사내대장부가 국가대계를 위해 눈물을 흘리며 친구를 법에 따라 처참하였던 것은 제갈량의 몸에 배어 있던 전통 미덕으로 아직도 사람들을 경탄시키곤 한다.

67

제갈량은 왜
북벌을 고집하였을까

　서기 227~234년, 제갈량은 8년에 이르는 북벌조위전쟁을 진행하였다. 이 기간에 위나라를 5번 공격하였으니, 이를 '육출기산'이라고 하였다. 북벌전쟁에서는 국부적인 승리를 거두었으나, 조위와 촉한의 형세에는 근본적인 변화를 가져오지 못했다. 제갈량은 왜 앉아서 남이 이룩한 성과를 누리지 않고 위나라를 토벌하는 것을 고집했을까?
　북벌에 대해 당시 사람들은 의문을 가지고 있었다. 제갈량은 전후 〈출사표〉에서 자신의 입장과 결심을 밝히며 북벌에 대한 각종 질문에 대답을 하였다. 만약 여기에 〈융중대〉를 결합해 본다면 제갈량이 왜 북벌을 고집했는지에 대한 답안을 얻을 수 있을 것이다.
　첫째, 신념을 끝까지 지키기 위한 것이었다. 제갈량이 융중에 있었을 때, 한실을 부흥시키고자 하는 의지를 굳게 다졌다. 그는 유비에게 '패업을 이루어 한실을 부흥시킨다.'라는 소망을 명확하게 드러냈다. 이 시기부터 '한실 부흥'이라는 신념은 마음 속에 깊이 새겨졌고 그가 조정을 장악한 후 북벌로 중원을 수복하는 일은 필수로 행해져야 하는 임무였다.
　둘째 은혜에 감사하는 마음에 기초한 것이었다. 유비의 삼고초려와 탁고는 제갈량으로 하여금 그에 대한 감사의 마음에 눈물을 흘리게 하였다. 〈출사표〉의 육백여 자나 되는 문장 속에서는 13번이나 '선제'를 언급하고, 7번이나 '폐하'라는 단어를 언급한다. '선제의 은혜에 보답하고', '폐하에게 충성을 다하는' 감은사상이 전체 문장 속에 깃들어져 있는 것이다. 그렇다면 어떻게 은혜에 보답을 할 것인가? '북쪽으로는 중원을 안정시켜 비록 우둔한 힘이나마 최선을 다

기산, 현 감숙 예현에 위치하여, 후인이 만든 무후사

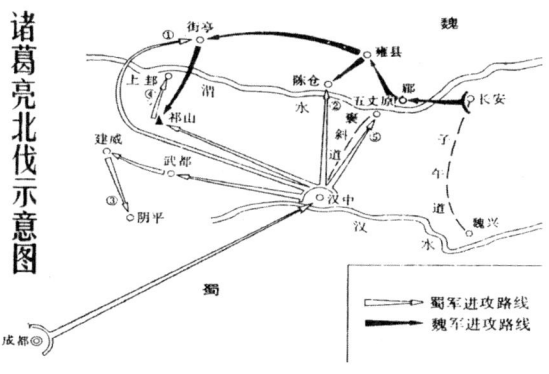

제갈량의 북벌약도

해 간악하고 흉악한 무리를 제거하여 한나라 황실을 부흥시키고 옛 도시로 돌아오는 것이다. 이로써 신은 선제의 은혜에 보답하고 폐하에게 충성을 다하는 직분을 행할 수 있을 것이다.' 이로 인해 제갈량은 북벌을 끝까지 고집했다.

셋째, 승리의 가능성이 있었다. 제갈량은 과거 〈융중대〉에서 '군웅이 할거하니 조조의 세력이 원소에 미치지 못한다. 원소를 이길 수 있었던 것은 단지 천시만이 아니라 사람의 모략이 있었기 때문이었다.'라고 하였다. 약한 세력은 '인간의 모략'으로 강대해질 수 있으니, 어찌 강한 위나라를 토벌해 승리를 할 수 있을지, 없을지를 알 수 있겠는가? 이로 인해 그는 있는 힘을 다해 '인간의 모략'을 펼쳤다. 사절을 파견해 오나라를 초빙하고 연맹을 공고히 하였으며, 농사를 열심히 하여 골짜기를 차지하고 그곳을 닦아 '백성들을 편히 쉬게 하였던 일'이나 '5월에 노수를 건너 불모의 지역에 깊숙이 들어갔던 일', '병법을 강습하여 후의 대거를 기다리는' 등의 전략을 펼쳤던 것이다.

유비가 죽은 뒤 제갈량은 〈정의〉를 저작하여 조위의 항복 권유에 대답하였다. 그는 '만인이 죽어야만 천하를 횡행할 수 있을 것이다.'라고 말하였다. 즉 나는 '수십만의 대중을 거느리고 있으며 정도에 의거하여 죄를 지은 자를 처형하니 어느 누가 이에 대적할 수 있겠는가.'라는 뜻이다.

제갈량은 '사람의 모략'을 행하여 '정도'에 의거한다면 약해도 강한 자로부터 승리를 거둘 수 있으며, 촉한과 조위의 강약형세를 바꿀 수 있을 것이라고 깊이 믿었다. 그래서 조위를 토벌하는 북벌을 끝까지 고집했던 것이다.

넷째, 품덕을 쌓는 일이었다. 중국전통 유가문화의 '수신제가평천하' 이념은 어렸을 때부터 제갈량의 뼛속까지 깊이 스며들어 있었다.

그가 추구하는 것은 높은 관직이나 봉록이 아니었으며 관중, 악의와 같은 역사에 길이 남는 가치 있는 인생을 사는 것이었다. 그는 유비의 천하 통일과 한실 부흥의 유서를 자신이 실천해야 하는 목표로 여기고 '죽을 때까지 충성을 다하는' 마음을 후세에 남겼다. 제갈량은 있는 힘을 다해 북벌을 추진하였으며, 이는 약속을 지키는 충신으로, 자신의 '평천하' 뜻을 실현하기 위한 것이었다.

북벌중원은 아마도 제갈량의 최선의 선택이 아니었을 것이다. 하지만 이는 충신 현상 제갈량의 유일한 선택이었을 것이다. 가능하다고 여기고 그것을 위해 노력하는 것, 이것이야말로 그의 충성스러운 마음을 더 잘 표현하는 것이라고 하겠다.

제갈량의 북벌은 아주 큰 과제였다. 역사적으로 그것에 대해 논하는 자들이 많았다. 공적인 측면에서 득보다 실이 많은지, 득과 실이 비슷한지, 실이 득보다 많은지에 대해서 많은 사람이 일치된 의견을 보이지 못하고 논쟁하였다. 하지만 도덕과 정신적인 측면에서 제갈량의 북벌이 보여준 감은 정신과 약속을 끝까지 지키고자 하는 마음, 감히 행하고자 하는 품덕, 진취적인 행동, 죽을 때까지 충성을 다하는 정신은 그를 중화민족의 우수한 인물의 반열 속에 들 수 있도록 하였다.

68

왜 제갈량을
'군사'라고 부르는 것이 틀린 말인가

만약 제갈량의 직무를 물어본다면 모두 이구동성으로 '군사'라고 대답할 것이다. 하지만 이는 정확하지 않다. 왜냐하면 제갈량은 이 직무를 맡은 적이 없기 때문이다. 이것은 〈삼국지·제갈량전〉의 판정이다.

그렇다면 제갈량이 맡았던 직책은 무엇이며 도대체 무엇이라고 불러야 맞는 것일까? 〈삼국지〉 제갈량의 이력을 펼쳐 그의 모든 직무를 살펴보며 정확한 답안을 찾아보도록 하자.

서기 207년, 유비가 삼고초려하여 제갈량을 산에서 나오게 한 뒤, 유비는 그에게 직위를 주지 않았다. 강동에 파견하여 손권을 설복하였을 때도 그는 아무 직책도 없었다. 적벽대전 후 서기 208년 '선주가 강남을 수복하여 제갈량은 군사 중랑장이 되었다'. 그 직책은 바로 '영릉, 계양, 장사 삼군을 다스리고 그곳에서 세금을 거두어 부족한 군량을 보충하는 것'이었다. 군사 중랑장이 바로 제갈량의 첫 번째 직책이었으며, 그는 삼군을 관리하고 세금을 거두어 양식을 비축하였다.

서기 214년 유비가 촉에 들어가 성도를 공격하였을 때 '제갈량을 군사장군으로 삼았다.'라고 하였다. 이것은 제갈량이 맡은 두 번째 직책이었다. 군사장군으로 승급한 것이다. 그의 직책은 '좌장군부에 배치되어 선주가 외출하였을 때 성도를 지키고 양식과 병사들이 충족한지 보살피는 일'이었다. 그는 유비 장군부를 대신하여 관리하였으며 전방 군사들의 식량과 자원의 공급을 보장하는 역할을 담당하였다.

서기 221년 유비가 황제가 되어 제갈량을 승상으로 임명하여 상서대 공무를 총괄하도록 하였다. 그리고 후에 사이교위라는 일도 겸임하도록 하였다.

제갈량 인물도 (範曾 그림)

서기 223년 유비가 탁고하며, 유선에게 직위를 계승하였다. 그리고 제갈량을 무향후로 봉하였고 정식으로 승상부를 설립하여 국가 정무를 보도록 하였다. 그리고 오래지 않아 또 익주목을 겸임하도록 하였다. 촉나라의 정사는 크고 작은 일을 막론하고 모두 제갈량의 전권에 의해 결정되었다.

서기 228년, 첫 번째 북벌을 할 때 마속이 가정을 지키지 못해 제갈량이 '자신의 등급을 3등급 떨어뜨려 그 잘못에 대한 책임을 지게 해달라.'라고 부탁하였다. 그래서 제갈량은 우장군으로 강등되었으며 승상의 일을 대행하였다.

서기 229년 조위북벌이 승리를 거두어 유선이 제갈량의 승상 직위를 회복시켰다. 234년 그가 병으로 죽기 전까지 그의 직무는 변동이 없었다.

제갈량의 일생을 종합적으로 살펴보니 그는 군사라는 직무를 맡은 적이 없었다. 그가 맡았던 군사중랑장과 군사장군은 정규 관직이 아니었다. 유비가 임시 군사로 인해 자신의 필요에 따라 만든 관직이었던 것이다. 그는 군사와 중랑장, 장군의 직책을 한데 묶어 군대의 책략을 논의하도록 하였고 병권도 부여하였다. 이 두 직위의 급은 모두 높지 않았으며 제갈량이 이 두 가지 직무에서 주로 맡았던 직책은 바로 군사에 필요한 사무를 도왔던 것이었다.

제갈량은 먼저 정치가였다. 그가 맡았던 직책들에서 우리는 명확히 알 수 있다. 희곡, 소설에서는 그를 천하제일의 책략가로 그렸고, 이에 더해 그가 장기적으로 군사와 관련된 직무를 맡도록 꾸몄다. 그래서 '군사'라는 칭호로 우리가 그를 부르게 되었던 것이다. 송원시대의 설삼분, 〈삼국지평화〉, 원잡극과 〈삼국연의〉에서는 모두 첫머리에서 '제갈량이 산에서 나와 유비에 의해 군사로 임명되었다.'라는 말을 하며 '군사'라는 칭호를 처음부터 끝까지 사용하고 있다. 그래서 군사가 제갈량의 유일한 직무인 것처럼 보이게 되었던 것이고 후에 지략을 논하는 책략가의 칭호가 되었다. 이것이 오래되어 사람들은 군사를 제갈량의 정식 직무라고 여기게 되었고, 그의 진실한 직무였던 정치가라는 신분은 잊어버리고 그 이미지가 점점 옅어지게 되었다.

삼국시기의 관직은 두 가지 종류가 있었다. 하나는 조정에서 규정에 따라 설정된 것이었고 또 하나는 어느 정도 급이 있는 고관이 직접 설정한 것이었다. 후자의 관직은 사람과 사건에 따라 창설될 수 있었고 종종 병권을 가지고 있었다. 제갈량이 맡았던 군사중랑장, 군사장군이 모두 이런 관직이었다.
군사라는 이 관직은 또한 삼국시기 삼공과 상설장군이 위임한 속관이었다. 그 직책은 군사 참모였으며 막료, 참모와 비슷했다.

69

〈제갈완〉은
어디서 유래한 것일까

　사서에서는 제갈량이 뛰어난 구상을 하는 데 소질이 있었고, 민간에서도 그를 지혜의 화신이라고 여겼다고 기재하고 있다. 그는 여러 가지를 발명하고 창조해 냈다. 성도 무후사의 '삼국문화진열실' 안에는 그릇 세트를 전시하고 있는데, 이 그릇들의 이름은 '제갈완'이라고 부른다. 이 그릇도 그가 발명한 것 중 하나이다. 이 그릇은 보기에는 평범해 보이지만 현묘한 이치를 담고 있다. 이 그릇은 가운데가 비었고, 바닥에는 동그란 구멍이 있어 뚫린 가운데와 통한다. 한 번 살펴보면 요새 단열보온기능이 있는 두꺼운 바닥을 가지고 있고, 중간이 비어 있는 그릇과 비슷한 모양이다. 그 독특한 성질로 인해 많은 여행객이 발걸음을 멈추고 신기해한다. 제갈량은 왜 이 제갈완을 발명한 것일까?

　제갈완은 북벌의 한 고사에서 기원하였다. 제갈량이 육출기산을 했을 때 사마위가 여러 차례 패하여 곤란한 상황에서 빠져나올 수가 없었다. 제갈량은 이에 편지를 써서 사절을 파견해 사마의에게 '건곤과 옷'을 보내 그에게 수치감을 주고자 하였다. 파견한 사절이 돌아와 보고하길 사마의가 여자의 옷들을 받은 뒤 무척 화를 냈을 뿐만 아니라 오히려 승상이 밥을 잘 먹고 잠은 잘 자고 있는지 일은 잘되고 있는지 여러 상황을 물었다고 보고하였다. 그리고는 '적게 먹는데 번잡한 일이 많다면 어찌 오래 살겠느냐'라고 말했다고 한다. 제갈량은 사마의가 그의 몸 상태를 물어보고 미간에 주름을 지며 책략을 궁리했다는 사실을 알아냈다.

사마의는 사람을 보내 제갈량에게 보내준 선물을 무척 감사히 받았다고 전하였다. 제갈량은 기쁘게 위나라에서 온 사절을 맞이하고 그에게 점심을 대접하였다. 위나라의 사자는 몰래 제갈량이 얼마나 밥을 먹는지 기록하였고, 돌아가서 그에게 바로 보고하였다. 사마의는 제갈량이 한 번에 밥을 다섯 그릇 먹는다는 이야기를 듣고는 사자가 직접 보았다고 말하는 데도 믿지 못하였다. 마음속으로는 지난번 촉한 사자가 거짓을 말하였다고 믿으며 제갈량이 또 그를 속여 출전시킬 계략을 궁리하고 있다고 여겼다.

사마의는 제갈량이 발명한 밥그릇이 또 그를 속였다는 사실을 알지 못했다. 제갈량은 적수 사마의가 분명 사절을 파견해 그의 몸 상황을 물어볼 것이라고 예측하였고, 이에 그릇을 하나 발명해 낸 것이었다. 이 그릇은 외형은 보통 그릇과 똑같이 생겼지만, 벽과 바닥이 두 겹으로 이루어져 있어 그릇 안에 담기는 내용물은 무척 적었다. 한두 입만 담으면 이 그릇은 가득 찼던 것이다. 조위의 사자는 제갈

명시대의 두청 광택, 은은한 꽃무늬로
제작한 제갈그릇(성도 무후사 박물관 소장)

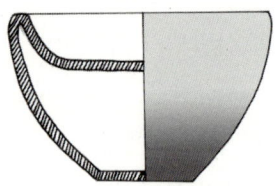

제갈그릇 단면약도

량이 확실히 밥을 다섯 그릇 먹는다는 사실을 보았지만, 한 그릇이 일반 그릇의 반 정도 용량밖에 담지 못한다는 사실을 알지 못했다. 그 후 수수께끼가 풀려 사람들은 이 그릇을 '제갈완'이라고 부르기 시작한 것이다.

'제갈완'의 이야기는 제갈량이 무척 머리가 좋다는 사실을 드러냈을 뿐만 아니라 그가 죽을 때까지 나라에 충성을 다하는 마음가짐도 보여주었다. 그는 병이 들어 힘들었던 상황 속에서도 지혜로운 책략과 한결같은 신념으로 적과 싸웠던 것이다.

역사 속의 제갈완은 최초 북송 용천요각화기에서 발견되었다. 만들어진 수량도 비교적 많았다. 명, 청 시대 경덕진도 이 그릇을 만들긴 하였지만, 지금까지 전해져 내려오고 있는 그 완성품은 많지 않다.

제갈완은 독특한 모양과 실용적인 가치로 백성들의 생활 속에 점점 스며들었다. 오늘날 그것은 단열보온 기능을 하는 특수 그릇으로 변형되어 사람들의 사랑을 받고 있다.

제갈완은 두 겹으로 만들어졌다. 이에 위에만 밥을 담아도 마치 한 그릇이 꽉 찬 것처럼 보이지만 사실 반 그릇밖에 담기지 않는다. 그릇 바닥의 외층에는 구멍이 하나 있는데 공기를 통하게 하며 온도를 균일하게 유지하는 기능을 하였다. 사서에는 제갈량이 이 그릇을 발명, 사용했다는 내용이 기재되어 있지 않다.

70

왜 제갈량의 지혜로운 생각이
뛰어났다고 말하는가

무후사에서 제갈량이라는 뛰어난 인물을 보면 자연스럽게 그가 지혜의 화신으로서 발명해 낸 창조물들을 떠올리게 된다. 그렇다면 그는 어떤 발명과 창조를 해 낸 것일까?

사학자 진수는 제갈량을 평가하며 '그는 훌륭한 구상을 하는 데 뛰어났다.'라고 말했다. 천성적으로 교묘하고, 지혜로운 생각을 하는 데 뛰어난 능력을 갖추고 있었다는 것이다. 그리고 그가 해냈던 좋은 생각들을 나열한다. '연노와 목우유마를 개발해 낸 것도 모두 그의 생각에서 나온 것이었다. 병법추론과 팔진법도 모두 필요에 의해 개발한 것이었다.' 그는 한 번에 여러 화살을 쏠 수 있는 연노라는 화살과 목우유마를 만들었는데 이것도 모두 그가 설계를 한 것이었고, 고대의 병법을 발전시켜 팔진도를 완성했으며, 이 또한 모두 여러 원리를 이용하여 개발해 냈다는 것이다.

사서에서 열거하는 이러한 창조물들은 모두 군사에 쓰였다. 연노, 목우유마, 팔진도가 그 예다. 그리고 민간에서도 제갈량이 창조해 낸 것들이 아주 많다. 공명등, 무후계명침, 제갈금, 제갈채, 제갈고, 만두, 제갈비차, 제갈행군산 등이 그 예다. 요즘도 볼 수 있는 그가 발명해 낸 물건들을 몇 가지 살펴보자.

먼저 공명등에 대해 이야기해 보자. 요즘 사람들이 공명등을 띄우며 복을 기원한다. 과거에 공명등은 일종의 군사 통신 수단이었다. 당시 제갈량이 사마의에 의해 평양에 포위되었을 때, 외부로 구조요청을 보낼 수가 없었다. 그래서 제갈량은 묘책을 하나 생각해 내었는데 풍향을 계산해 내 바람에 떠다니는 종이로 된 등을 제작해 구조 요청을 보내는데 성공했다. 그리하여 결국 위험에서 탈출할 수가 있었다. 이 등은 전투에서 비둘기 서신처럼 쓰인 것이었다. 군사 행동은 신속한 것이 최고였다. 소식 전달이 느렸던 고대에 이러한 선진 통신방식이 있었으니 어찌 승리를 거두지 않을 수 있었을까?

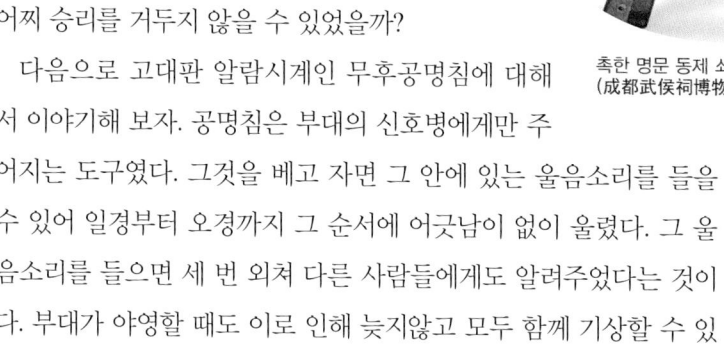

촉한 명문 동제 쇠뇌틀
(成都武侯祠博物館藏)

다음으로 고대판 알람시계인 무후공명침에 대해서 이야기해 보자. 공명침은 부대의 신호병에게만 주어지는 도구였다. 그것을 베고 자면 그 안에 있는 울음소리를 들을 수 있어 일경부터 오경까지 그 순서에 어긋남이 없이 울렸다. 그 울음소리를 들으면 세 번 외쳐 다른 사람들에게도 알려주었다는 것이다. 부대가 야영할 때도 이로 인해 늦지않고 모두 함께 기상할 수 있었다. 현대 사람들은 동일 빈도의 공진 원리를 통해 무후공명침의 기관을 해석할 수 있을지도 모른다. 하지만 예부터 이 베개에는 공명의 기묘한 생각이 반영되어 있었던 것이다.

제갈량은 그외에 여러가지를 발명해 냈다. 예를 들어 식당에서 자주 보이는 양배추와 만두가 그것이다. 양배추는 아주 고귀한 이름인 제갈채라는 이름을 가지고 있다. 제갈량이 융중에 있었을 때 이 채소를 발견하였는데 뿌리가 머리처럼 커서 그 이름을 대두채라고 지었다고 한다. 제갈량은 대두채를 절인 후 맛이 더 좋아지고 보존하기 좋아지는 것을 발견하고 이 요리법을 부근의 백성들에게 알려주었다. 백성들은 제갈량의 공로를 잊지 않기 위해, 이 채소를 '제갈채'라고 부르기 시작했다. 그리고 만두 역시 제갈량이 발명하였다고 전해진다. 제갈량이 남정에서 승리하여 조정으로 돌아오던 중, 노수를 지날 때 전투 중 죽어간 원혼들의 방해를 받았다고 한다. 그래서 그는 죽은 자들에게 제사를 지냈는데, 사람의 머리로 제사를 지낼 수가 없어 밀가루 안에 소를 넣어 인간의 머리 모양처럼 만들어 제사를 대신 지냈는데, 그 이후부터 그 음식을 '만두'라고 부르기 시작하다가 후에 '포자'라고 이름이 바뀌었다. 그는 '내용물을 교체하여' '형식에 영합하는' 교묘한 발명을 해냈고, 이는 그의 자비롭고 인자한 마음씨를 잘 나타내주었다.

창의적이고 지혜로운 생각과 실용성이 겸비된 그의 발명은 사실 고대 민간 백성들의 영리함과 지혜의 결정체가 제갈량이라는 인물에게 끼워 맞춰져 그를 중화민족 지혜의 화신이 될 수 있게 한 것이었다.

진수는 〈삼국지〉에서 '훌륭한 구상을 잘해 낸다.'라는 말을 통해 제갈량의 지혜를 칭찬했다. 후세 사람들은 이로 인해 그의 일부 발명과 창조들을 억지로 둘러맞추기 시작했다. 사람들은 민간에서 발명된 창조물들을 제갈량에게 끼워 맞춰 그의 지혜에 대한 숭배의 마음을 반영하였으며, 한 시대의 현상 제갈량에 대한 존경심을 나타냈다.

71

제갈량에게서 유래한 만리교의 이름

성도 고대 서남 양강에는 칠좌교가 있었다. 이것은 진대 촉수 이빙이 만든, 하늘의 북두칠성에 화합하는 다리였다. 남문 밖에 있었던 이 다리의 본명은 장성교였다. 삼국시대 후 만리교로 이름이 바뀌어 지금까지 답습되었다. 왜 이름을 바꾸었으며 왜 만리교로 부른 것일까? 이는 모두 제갈량과 관계가 있다.

장성교의 부두는 진한시기 성도의 중요 항구이자 물을 따라 강동으로 갈 수 있는 곳이었다. 제갈량이 오나라와 연맹을 맺고 위나라에 대항하는 전략을 펼쳤을 때 자주 이 다리 옆에서 오나라에서 온 사신들을 맞이했고 이 다리 옆에서 촉나라의 사신들을 배웅했다. 사서에서는 그의 여러 배웅 중에서 두 번만을 기재하고 있다.

촉한 건흥 2년(224년), 손오는 사신 장온을 촉나라로 파견하였다. 공적인 업무가 끝나자 제갈량은 무리를 이끌고 사신을 배웅하였다. 장성교 옆에 도착하여 장온이 배를 타고 강동으로 돌아갈 때 제갈량은 '이 물은 양주 만리까지 닿습니다.'라고 말하였다.

건흥 3년(225년), 제갈량이 남정에서 조정으로 돌아온 지 얼마 되지 않아 비의를 소신 교위로 임명하여 그를 동오로 파견하였다. 제갈량은 항구에서 연회를 마련해 그를 배웅하였다. 이별을 앞두고 제갈량은 감탄하며 '만릿길은 이곳에서 시작된다.'라고 말하였다. 이 말의

243

뜻은 이번 일은 책임이 무겁고 갈 길은 멀다라는 뜻이었다! 비의는 사명을 저버리지 않고 '그 뜻을 받들어 오나라로 자주 파견 가겠습니다.'라고 말하였다. 그는 사명을 완성하겠다는 마음으로 이후에도 여러 번 동오로 파견되었다.

제갈량은 여러 번 이곳에 와서 다리 밑에서 하염없이 눈물을 흘렸다. 그는 이곳에 오면 촉오연맹의 우여곡절들을 떠올렸고 '만리의 길은 발 아래에서 시작한다.'라고 말하며 감탄하였다. 창업을 지키는 일도 무척 어렵다는 뜻을 돌려 표현한 것이었다. 이때부터 '만릿길은 발아래에서 시작한다.'라는 말이 꾸준히 앞으로 나아가는 뜻을 지니며 여러 사람의 공감을 받아 장성교의 이름도 이에 따라 만리교로 대체되게 된 것이다.

제갈량의 개탄과 촉한 관원들이 이곳에서 가진 빈번한 모임 때문에 만리교는 점점 유명해졌고, 성도의 여러 다리들 중에서 가장 으뜸인 다리가 되었다. 당송시기 이곳은 상인이 모이고 여러 주점들이 모

성도 만리교 옛날사진

여있어 여러 시인묵객들이 시를 지었던 곳이기도 하였다. 만리교에 감정을 이입해 적지 않은 미사여구를 남긴 것이다. 두보의 시에서는 '만리교 서쪽에는 주택이, 백가지 꽃들이 북장에 있구나.', '창에 서쪽 고개와 춘추설이 머금어져 있고 문에는 동오 만리에서 온 배들이 정박해 있다.'라고 하였다. 잠참〈만리교〉시에서는 '성도와 유양을 가려면 만리나 된다.'라고 하였으며 장적의 시에서는 '만리교 옆에 있는 많은 주막은 여행객들이 머물기 좋아하는 곳이었다.'라고 하였고, 소식의 시에서는 '나는 만리교로 돌아가서 물과 꽃과 바람과 잎과 저녁노을을 홀로 즐기고 싶다.'라고 하였다. 육유의 시에서는 '손님을 보내고 맞이하는 두 가지 흐름이 있는 역에서 은촛불이 밝히는 아름다운 만리교를 본다.'라고 하였다. 이 시구들은 만리교에 더욱 문학적인 색채를 부여하였다.

오늘날 도시 건설의 수요 때문에 만리교는 다른 곳으로 옮겨졌다. 옛 주소는 지금 성도의 노남문대교다. 그곳에는 높은 건물들이 세워져 있으며 아주 번화한 거리들을 자랑하고 있다. 높은 건물들과 다리, 여기 저기 뻗어 있는 도로들, 다리 밑에 흐르는 강물은 이미 현대 사회의 입체적인 교통을 형성하고 있다. 하지만 만리교에 담겨있는 문화적 의미는 성도 역사의 연륜에 깊이 박혀 있다.

만리교는 제갈량이 이곳에서 사람들을 배웅하며 했던 말 때문에 지어진 이름이었다. 하지만 문헌자료에서는 제갈량이 비의를 보내며 했던 말이 약간 다르다. 어떤 문헌에서는 제갈량이 '만릿길은 이곳에서 시작된다.'라고 하고, 어떤 문헌에서는 제갈량이 탄식하며 '만릿길은 오늘부터 시작된다.'라고 말했다고 한다. 어떤 문헌에서는 비의가 한숨을 쉬며 '만릿길은 이 다리에서 시작된다.'라고 말했다고도 한다.

72
제갈량은 왜
'집사광익'이라는 말을 했을까

　중국의 여러 고사성어 중, '집사광익'은 아주 익숙하고도 자주 쓰이는 성어 중 하나다. 그것은 의사결정을 할 때 여러 사람의 지혜를 모아 유익한 의견들을 광범위하게 수렴하면 더 좋은 효과를 낼 수 있다는 뜻이다.
　이 성어의 유래는 어떻게 되는 것일까? 이는 제갈량의 한 편의 교령에서 유래한다. 그가 부하들에 대한 기대와 요구를, 그의 경험에 빗대어 말하며 분부한 말이다.
　유비가 익주를 공격하던 초기, 많은 정무가 제갈량에 의해서 처리되었다. 자가 유신, 동화라고 불리던 관원은 비서로서 제갈량과 함께 이 정무들을 처리했다. 그는 성격이 단순하고 일에는 열심이었으며, 넓은 식견을 가지고 있었다. 사무를 처리하던 중, 제갈량과 의견이 맞지 않을 때마다 그는 항상 솔직하게 자신의 의견을 피력하였다. 두 사람은 상대를 설득시키기 위해 쟁론을 서슴지 않았고 서로 양보하지 않았다. 상대방을 설득시키거나 상대방에게 설득을 당할 때까지 쟁론은 끊이질 않았다. 제갈량은 충성스럽고 직설적인 동화를 무척 높이 평가하고 존중하였다. 그는 동화의 고집스러운 의견에서 많은 좋은 점을 받아들였다. 그래서 그가 승상이라는 직책을 맡게 되어 조정을 총괄한 후 〈여군하교〉라는 글을 발표해 아랫사람들에게 동화를 본받아 배우라는 '집사광익'이라는 주장을 하게 된 것이다.

교령에서 제갈량은 '기요서를 설치한 이유는 사무를 처리하는 관원들이 함께 모여 모두의 지혜를 한데 모아 국가에 대한 충성스러운 마음으로 유익한 일을 널리 알리기 위함이었다.'라고 하였다. 만약 작은 마찰을 피하고자 다른 의견을 피력하는 것을 원하지 않는다면 정사를 망치게 되고 국가에 큰 손실을 주게 될 것이다. 반복적인 쟁론을 통해 정확한 의견을 얻는 것은 낡은 신발을 버리고 주옥을 얻는 것과도 같다. 하지만 사람들의 마음속 생각을 전부 말하게 하기란 어렵다. 오직 서원직만이 이 방면에서 미혹됨이 없었다. 동유신은 사무를 7년 동안 처리하였는데 내가 면밀치 못하게 처리한 부분을 반복해서 언급하였다. 만약 다들 서원직 정신의 10분의 1만이라도 흠모하여 배울 수 있다면 동유신 같은 근면·성실함으로 나라를 위해 충성을 다한다면 나도 범하는 실수를 줄여나갈 수 있을 것이다.'라고 하였다.

촉을 다스리면서 제갈량은 항상 허심탄회하게 아랫사람들의 의견을 듣고 그들이 하고 싶은 말을 모두 할 수 있도록 격려하고 그들이 다른 의견을 발표할 수 있도록 북돋워 주었으며 쟁론 중에서 정확한 의견을 획득해 자신이 잘못이나 실수를 저지르지 않도록 하였다. 그

〈삼국지·동화전〉 한 부분
(毛氏汲古閣本, 明崇禎十七年版)

247

동화 인물도

는 이러한 방법들을 국가를 위해 충성하는 높은 위치로 승격시켜 이러한 방법들이야말로 낡은 신발을 버리고 주옥을 얻는 것과도 같다며 칭찬하였다. 이것이 바로 그가 '집사광익'을 언급한 원인이다.

'집사광익'은 두 가지 측면을 가지고 있다. 윗사람은 겸손하게 듣고 이해하며 다른 사람의 권고를 흔쾌히 받아들인다는 것이고, 아랫사람이나 동료들은 직언과 간언을 하여 자신이 하고 싶은 말들을 허심탄회하게 한다는 것이다. 집사광익은 동시에 양측이 모두 공적인 마음에서 우러나서 한 말이며 마음에 거리낌이 없어야 함을 요구하고 있다. 이것은 고대의 훌륭한 정치적 분위기였으며, 그 태도의 구체적인 모습이 드러난 것이었다.

제갈량은 성실한 태도와 겸허한 마음으로 적극적으로 '집사광익' 정신을 주장하였다. 그리고 이는 국가 통치에 아주 많은 유익한 의견과 방법들을 받아들일 수 있게 하였다. 제갈량은 진실한 한 시대의 충성스러운 어진 승상이었다.

중국의 전통문화 속에서는 여러 사람들의 의견을 허심탄회하게 듣고 취하며, 간언하여 자신이 알고 있는 것을 모두 말하는 훌륭한 전통이 있었다. 그리고 제갈량이 주장한 '집사광익'은 이 사상을 하나로 농축시킨 것이라고 할 수 있겠다.

73

검문관은 누가 설립한 것일까

'촉도를 가는 어려움이 푸른 하늘 오르기보다 어렵다.'라고 하였다. 이백의 〈촉도난〉 시구는 예술적 과장으로 요새가 겹쳐진 촉도를 묘사하고 있다. 그리고 검문관은 험준한 촉도 중에서도 가장 구체적인 서술이라고 할 수 있겠다. 그렇다면 누가 촉도대검산의 험준한 지형을 이용해 그곳에 그 유명한 검문관을 설치하였던 것일까? 그것은 바로 제갈량이었다. 그렇다면 검문관은 어떻게 설치한 것일까?

검문관은 사천 검각현성에서 북쪽으로 30km 떨어진, 대검산맥이 끊어진 곳에 있다. 대검산맥은 72개의 봉우리를 가지고 있으며, 백 리가 끊이지 않고 이어지는 위험한 봉우리들이 치솟아 있는 곳이다. 검의천의 가장 높은 봉우리는 해발 2000m라고 한다. 검문관 입구의 두 절벽은 마치 칼과 도끼로 쪼갠 것처럼 절벽 두 개가 마치 문처럼 대치하고 있는 모습을 하고 있는데 아주 웅장하면서도 위험하다고 한다. 검문관 절벽은 약 150m 정도 되는데, 두 절벽의 골짜기 넓이는 50m로 약 50m에 이르는 협곡을 형성하고 있다. 여름철에는 계곡물이 이 골짜기에서 포효하며 아래로 흐른다.

제갈량은 조위를 토벌하기 위해 특별히 성도 북쪽으로 난 길을 정리하였다. 촉도 대검산에서 그는 이 험준한 지형을 이용해 '한 사람이 관문을 지키면 만 사람이 와도 뚫지 못하는' 험준한 관문을 만든

검문관 관루

검문관 조망

것이다.

사서에서는 제갈량이 이 촉도를 만든 목적은 세 가지 측면에서 나누어 볼 수 있다고 기재되어 있다. 첫째는 오래된 울타리 길을 다듬는 것이었다. 〈화양국지〉의 기록에 따르면 '제갈량은 촉을 바라보며 돌에 구멍을 뚫어 나무를 허공에 끼웠고, 하늘을 잇는 각도(閣道)를 만들어 (서)촉과 한중이 통할 수 있도록 하였다. 이것이 바로 고검각도이다.'라고 적혀 있다. 제갈량은 대검산의 각도 복원을 진행하였다. 각도는 잔도의 일종으로 고대 일부 지역만 가지고 있는 특수한 도로 형식이었다. 각도의 시공 과정은 먼저 산의 낭떠러지 혹은 물과 인접한 가파른 기슭에 정방형의 구멍을 뚫고, 그 돌 구멍에 가로로 큰 나무를 끼운다. 그리고 나무에 목판을 대어 산의 절벽을 따라 도로를 형성한다. 구멍을 뚫고, 나무를 끼우고, 판을 대는 일은 모두 절벽에서 이루어지는 시공 과정으로 아주 힘든 작업이다. 두 번째는 검문관을 설립한 것이다. 〈태평환우기(太平寰宇記)〉의 기록에 따르면 '제갈량은 촉을 바라보고 검각에 문을 하나 세워 대검산에서 이곳까지 좁은 길을 만들었고 이로 인해 이름이 생겼다.'라고 하였다. 대검산을 따라 이곳에 자연적으로 형성된 요새, 각도를 수리하고 성을 지어 문을 만들고 관문으로 삼으니 이름을 '검문관'이라고 하였다는 것이다. 세 번째는 병사를 파견해 관문을 지키는 것이다. 〈여지광기(輿地廣記)〉에는 '제갈량이 검문현을 세우고 각도를 수리하고 위를 세워서 이곳을 지키도록 하였다.'고 적혀 있다. 그는 현을 세운 뒤 특별히 위급군관을 설치해 '각위'라 칭하고, 사병 부대를 이끌고 이곳을 지키도록 하였다. 이는 검문관의 군사적 작용을 확보하기 위함이었다.

검각도는 복원 작업을 통해 상업과 여행객들이 왕래하고 군수물자가 운반되는데 큰 편리함을 제공해 주었을 뿐만 아니라, 군사적 역할도 크게 증강되었다. 서기 263년 위나라 종회가 십만대군을 끌고 촉에 쳐들어왔을 때 강유가 검문관으로 퇴각하여 수비하니 종회가 오래도록 이곳을 격파하지 못해 결국 퇴각을 하고 말았다. 위나라 장군 등애가 몰래 음평을 건너는 것에 성공하여 유선이 항복해 강유도 명령에 따라 이 관문을 버리고 항복을 할 수밖에 없었다. 싸우지 않고 항복을 한 것에 대해 '장수들은 모두 분노하여 칼을 들고 돌을 베며' 자신의 분노를 표출하였다. 검문관이 얼마나 험준한지는 이 사실만 보아도 알 수 있을 것이다. 〈진서(晉書)〉의 내용에 따르면 이웅이 촉에 들어와 검문관에 이르렀는데 이 험준한 관문을 보더니 개탄하며 '유선은 이처럼 강력한 요새를 가지고 있었음에도 패배를 인정하고 투항을 하다니, 훌륭한 인재는 아니로구나!'라고 말했다고 한다.

제갈량은 민생에 관심이 있던 실무형 정치가였다. 사서에 기재된 내용에 따르면 '제갈량은 관부, 차사, 교량, 도로를 다스리는 데 능했다.'고 한다. 촉도 검문단을 복원하고 검문관을 설립한 것은 그가 촉의 역도를 다스리던 일 중 하나의 이야기일 뿐이다.

74

중국역사에서
가장 능동적으로 자신의 재산과
모든 것을 공개하였던 제갈량

중국 고대 관원은 계급에 따라 봉록이 달랐다. 작위를 받으면 받게 되는 봉읍에도 다소 차이가 있었다. 이것들은 모두 규정이 있었고 공개되는 것들이었다. 상금도 마찬가지였다. 공을 세우거나 제왕의 기쁜 날에는 상을 받았는데, 이것 역시 세상에 공개되었다. 그러나 수입과 가산에 대한 신고, 보고 제도는 눈에 띄지 않았고 사유제였기 때문에 당연히 뇌물과 부정이 있기 마련이었다. 일부 관원들은 권력을 이용해 돈을 벌었으며 뇌물을 수수하기도 했다. 이는 동서고금을 막론하고 예외가 아니었다. 자신의 가산과 수입을 공개하고 신고하는 것은 청렴결백한 관원이 되는 필수였다. 중국 고대에는 능동적으로 황제에게 자신의 수입과 가산을 보고하는 광경을 보는 것이 무척 힘들었다. 그러나 제갈량은 이에 있어 예외적인 경우였다!

왜 이렇게 말을 하는 것일까? 왜냐하면 제갈량은 최후의 북벌에서 자신이 머지않아 죽을 것을 예견하고, 자발적으로 후주 유선에게 자신의 가산과 경제 상황에 대해 상세히 보고했기 때문이다. 이 보고를 역사에서는 〈임종유표〉 또는 〈자표후주〉라고 부른다.

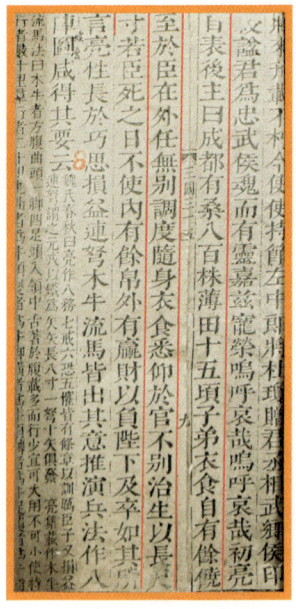

〈삼국지 · 제갈량전〉 한 부분
(毛氏汲古閣本, 明崇禎十七年版)

표문에서는 '성도에는 뽕나무가 800그루 있고, 척박한 땅이 15경 정도 있으며 자제들의 의식은 넉넉합니다. 신은 언제 어디서나 관직에 있으면서 다른 것을 탐하여 재산을 늘리지 않았습니다. 만약 신이 죽는 날, 안에 남는 견직이 있고 밖에 남는 재산이 없도록 해 주십시오.'라고 하였다.

이 재산보고는 대략 네 가지로 정리해 볼 수 있다. 첫째, 가정의 고정 자산은 뽕나무 800그루, 척박한 땅 15경이었다는 것이다. 즉, 밭과 뽕나무 농장을 보유했다는 것이다. 둘째, 자제들의 의식을 강조하며 먹을 것이 여유롭다고 하였다. 가족들의 옷과 먹을 것에 걱정이 없으며 여유로웠다는 것이다. 셋째, '마음대로 통치를 함이 없었으며', '다른 것을 위해 통치하지 않았다.'고 강조하였다. 즉, 언제 어디서든지 자신의 직권을 이용하여 어떠한 재물도 징수하지 않았고, 공적으로 자신의 타 지출을 청구하지 않았다는 것이다. 넷째, 자신의 일상 비용과 전 가족의 수입 출처를 밝히며 자신은 봉록과 밭, 뽕나무 농장에서 생산되는 수입만 있었으며 자신의 사적인 이익을 도모하거나 자손 후대를 위한 자산을 늘리기 위해 다른 일을 하지 않았다고 밝혔다.

사서에서는 '신하는 말한 바와 같습니다.'라고 적혀 있다. 제갈량이 세상을 떠난 뒤 그의 집안 재산은 유선에게 보고된 바와 완전히 일치했다.

제갈량은 일생 '수신에 조용히 힘쓰며 검소하게 덕을 쌓았던' 청렴결백한 관원이었다. 그는 능동적으로 자신의 가산을 공개하였는데, 이 역시 그의 품덕과 마음가짐의 표현이었을 것이다. 그의 청렴결백함은 촉한의 각계 관원들에게 영향을 미쳤고, 촉나라는 청렴결백한 관리들을 여럿 배출해 낼 수 있었다. 그의 청렴결백함은 촉나라의 청렴결백한 정치를 만들었고, '관리들은 간사함을 용납하지 않았고 사람들은 모두 자신을 엄격하게 다스렸으며 세상이 태평하였고 강한 자들은 약한 자들을 공격하지 않았고 예의바른 풍습'이 있는 평화로운 세상을 만들었다.

고대에는 관원들의 재산 신고 제도가 없었기 때문에 제갈량이 자발적으로 자신의 수입과 가정경제 상황을 보고함으로 인해 그는 중국 고대 승상들 중 가장 청렴결백한 사람이 되었다.

삼국 후 서진시기의 '점전제'에서는 일품관원들은 밭 오십경을 소유하고 그 이하의 관리들은 품이 하나씩 떨어짐에 따라 밭도 오경씩 덜 소유한다고 규정하고 있다. 이로 유추해 보아 팔품관원은 십오경을 소유할 수 있었고 구품관원은 십경을 소유할 수 있었음을 알 수 있다. 제갈량은 승상의 직위로 일품관원이었음에도 불구하고 그가 차지한 밭은 팔품관원과 같았다. 이것은 자신의 지위 신분에서 누려야 할 것과는 상당한 차이가 있는 것이었다.

75

제갈량을 '훈고관악(勳高管樂)'이라고 말하는 것은 무슨 뜻인가

'훈고관악(勳高管樂)'은 제갈량전 문미 위에 걸려 있는 편액이다. 무슨 뜻일까? 관이 가리키는 것은 관중, 악은 악의를 가리킨다. 이 편액은 제갈량의 공훈이 관중과 악의를 뛰어넘었음을 찬양하고 있다. 관중과 악의는 또 누구일까? 관중은 춘추초기에 유명한 정치가였다. 제환공에게 중용되어 제나라에서 개혁을 단행하여 국력을 증강했고 제환공을 도와 그가 춘추시기의 최고의 패주가 되는 것을 도왔다. 이후 사람들은 그를 현상의 모범이라고 여겼다. 악의는 전국시기 연나라 명장인데, 연소왕 시기 군사를 이끌고 제나라를 공격하여 70여 성지를 점령하여 창국군에 봉해졌다. 후에 사람들은 그를 무장의 모범이라고 여겼다.

왜 관중과 악의를 이용하여 제갈량을 찬양하였을까? 왜냐하면 제갈량이 젊었을 때 '자신을 관중과 악의에 비교했었기 때문'이다. 그는 자신을 문무가 모두 겸비된 사람으로 생각해 관중과 악의 같은 인물이 될 것으로 생각했다. 하지만 당시 젊었을 때 제갈량이 자신을 스스로 관중과 악의에 비교했을 때 주변 사람들은 그를 모두 경망스럽다고 생각하였다. 그저 그의 몇 친구들만 인정해 주었을 뿐이었다. 그러나 향후 제갈량의 이 비교가 절대 지나치지 않았음이 증명되었다.

공명전에 있는 "훈고관악" 편액

　제갈량은 27세에 산에서 나와 사람들을 놀라게 하였다. 강동에 사절로 파견되었던 일, 오나라와 동맹을 맺고 조조에게 대항한 것, 적벽대전에서 처음으로 큰 공을 세운 일, 형주를 지키고 군량을 비축하여 성심성의껏 직무를 다한 일, 지원군을 이끌고 익주를 취하여 유비가 촉한 정권을 건립하는 일을 도왔던 일, 유비가 세상을 떠난 뒤 나라 보좌의 임무를 맡아 정치적으로 폐단을 제거하는 일을 엄격히 시행하고 현명하고 능력 있는 사람들을 고용했고, 경제적으로는 농사를 중시여겨 생산을 발전시키고 철과 소금을 관리했다. 대외적으로는 오나라와 친하게 지내 그들과 연합하여 위나라에 대항하였고, 대내적으로는 서남 각 민족에게 화합 정책을 시행하였다. 그가 취했던 일련의 조치들은 촉나라 정치의 청명과 경제적 부귀를 가져왔으며 길에 물건이 떨어져 있어도 줍지 않고 밤에 문을 닫고 자지 않아도 되는 태평성대를 만들었다. 사학가 진수는 그의 공적을 높이 평가하며 그를 '통치를 할 줄 아는 어진 인재이며 관과 소에 필적하는 인재'라고 칭찬하였다. 즉 그가 국가를 잘 다스릴 줄 아는 우수한 인재였으며 관중, 소하와 견줄만한 인물이었다는 것이다. 진수의 평가는 제갈량을 관중과 같은 인물로 승격시켰지만, 그를 악의처럼 높이 평가를 하지는 않았다. 이유가 무엇일까? 진수는 제갈량의 재능은 '무기를 다루는 데는 능하지만 기묘한 책략을 펼치는데는 약간의 단점이 있다. 백성들을 통치하는 능력이 장수의 책략보다 더 뛰어나다.'라고 하였다. 치군과 용병은 본래 한데 섞일 수 없는 것이었다. 군사를 다스리는 데 중요한 것은 엄명하고 엄숙한 것이지만 용병의 중요함은 기묘한 책략으로 승리를 거두는 데 있었다. 그래서 제갈량은 악의와 비교했을 때 약간 모자라는 부분이 있다는 것이다.

'자신을 악의와 비교'했던 제갈량은 치국을 논함에 있어 천고의 현상이라고 할 수 있을 것이다. 하지만 용병을 논함에 있어 진수는 그가 결코 한 시대의 훌륭한 장수라고 보지 않았다. 하지만 후세 일부 학자들은 제갈량은 군사적 재능이 모자란 것이 아니며 진수가 이러한 평가를 한 이유는 사마의가 '서진의 신하로서 그가 어쩔 수 없이 마음과 다른 말을 해야 했었는데', 이 문장을 근거로 삼았기 때문이라는 것이다.

확실히 완벽한 사람은 없다. 편액 '훈고관악'은 비록 표창하고 있지만 약간 과분하게 포장을 한 것 같은 의심이 든다. 감히 천백여 년 동안 이 두 가지를 모두 완벽하게 잘했던 사람이 또 누가 있었는지 물어보고 싶다.

소설 〈삼국연의〉에서 제갈량은 아주 뛰어난 군사가이다. 그는 책략에 능하다. 그는 장막안에서 천리 밖에 있는 승리를 결정하는 사람이었다. '차동풍', '초선차전', '공성계' 등이 그가 냈던 훌륭한 책략들이었다. 그는 이 책략들로 적을 단숨에 몰살시켰다. 하지만 이러한 책략의 전적은 모두 나관중이 허구적으로 지어낸 것이었다. 이것은 진정한 제갈량이 아니다. 문학적 이미지는 역사적 사실과 같지 않은 법이다.

76

왜 '개성포공'이라는 말로 제갈량을 칭송했을까

'개성포공'이라는 말은 사람들에게 아주 익숙한 성어다. 그 뜻은 진실하게 상대방을 대하고, 담백하고 사사롭지 않으며 항상 공정 공평함을 밝혀 정의로움을 행한다라는 뜻이다. 이 말은 사학가 진수가 제갈량을 평가할 때 쓴 한 문장이다. 왜 이런 문구로 제갈량을 평가한 것일까?

사학 명작 〈삼국지〉는 매 인물의 전기 끝에 진수의 평론이 달려 있다. 제갈량에 대한 평가는 다음과 같다. '제갈량은 국가의 승상으로서 백성을 돌보고 법과 규칙을 제정하였다. 관직을 다하고 제도에 따랐다. 그는 성의를 다하여 공정한 정치를 펼쳤다. 충성을 다하고 이로운 자에게는 비록 원한이 있더라도 상을 내렸으며, 법을 위반하고 태만한 자는 비록 친분이 있더라도 벌을 내렸다. 자신의 죄를 인정한 자는 비록 죄가 무거울지라도 용서해 주었으며, 간사하고 듣기좋은 말만 하는 자는 비록 그 죄가 가벼워도 죽였다. 선함이 조금도 없는 자에게는 상을 내리지 않았으며 악함이 조금도 없는 자는 폄하하지 않았다. 일을 함에 있어 군더더기가 없었고 만물의 이치를 근본으로 삼았다. 사실과 부합하는지 항상 확인하고 거짓은 언급하지 않았다. 마침내 나라 안에서 모두 그를 경외하며 존경하니 형법과

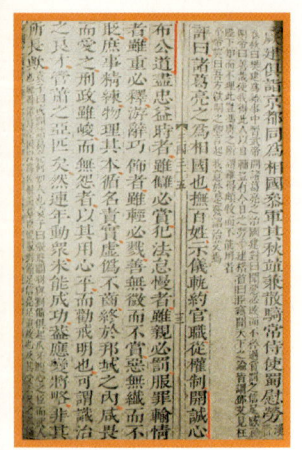

〈삼국지·제갈량전〉 한 부분
(毛氏汲古閣本, 明崇禎十七年版)

정치가 비록 엄하였으나 아무도 원망하지 않았고 마음을 다해 공평하게 상벌을 내렸다.' 이 문장 중에서 '성의를 다하여 공정한 정치를 펼쳤다.'라는 말이 바로 성어 '개성포공'의 출처인 것이다.

이 문장 속에서 우리는 진수가 제갈량이 펼친 정치 중에서도 성심, 충심, 치국을 함에 있어 공개적이고 공정하며 항상 바른길로 향하도록 하여 그 효과가 배로 이르렀다는 점을 무척 찬양하고 있음을 알 수 있다. 동시에 그 원인이 바로 '마음을 다해 공평하게 상벌을 내리는 것이 명확했기 때문'이라고 하였다. 예를 들어 예의, 법규, 제도를 공표하면서 백성과 관원에 대한 요구가 분명하였다. 또한 상과 벌을 내림에 있어, 형을 내리고 죄를 사함에 있어, 승진과 강등을 공개적으로 공평하게 처리하였다. 관원이 정치를 행함에 있어 실사구시를 중시하였으며 거짓을 다루지 못하게 하였으며 공정함을 추구하였다. 이 외에도 많은 사례가 있다.

제갈량은 나라를 다스림에 있어 확실히 마음을 다해 상과 벌을 명확히 하였다. 사서에서는 아주 많은 사례를 기재하고 있는데, 전기 중에는 전반적인 진술만을 하고 있을 뿐이다. 진수의 이 문장은 그저 이 많은 사례의 총결이라고 할 수 있겠다.

비록 진수의 평가는 봉건사학자의 관점에서 과분한 점이 있지만, 제갈량은 진실하고 충성스러운 태도로 나라를 다스렸으며 공개적이고 공평하게 바른길을 추구하였다. 진수는 '개성포공'이라는 말로 그를 한 시대 현상의 정치이념으로 정리하였다.

'개성포공'은 마음을 다해 진정으로 공평 공정하게 일을 행하여 바른길로 이끈다는 뜻이다. 이 말에는 중화민족전통문화 중 사람을 대하고 일을 행하는 데 긍정적인 에너지가 응축되어 있다.

77
제갈량은 왜 정군산에 안장되었는가

성도 무후사 안에는 유비의 묘는 있지만, 제갈량의 묘는 없다. 제갈량의 묘는 어디 있는 것일까? 왜 성도에 안장되지 않은 것일까?

건흥 12년(234년) 8월 제갈량이 오장원 군영에서 병으로 서거하였다. 당시 그의 나이는 54세였다. 〈삼국지〉의 기록에 따르면 '제갈량이 유언으로 한중 정군산에 안장해달라. 산에 무덤을 만들고 무덤의 크기는 관이 들어갈 정도면 된다. 검소하게 옷을 입히고 다른 그릇과 물건들은 불허한다.'라고 하였다고 한다. 사실 제갈량은 협서 한중면 현 정군산 아래 안장되었던 것이다.

봄이 가고 가을이 온다. 세월은 항상 빠르다. 얼마나 많은 사람들이 존경하는 마음으로 멀리 정군산까지 와서 승상에게 절을 올리며, 승상이 구천에서도 편안하기를 바라며 천년 후에도 여전히 사람들에 의해 기억되고 있음을 알기를 바랐던가! 어찌하여 제갈량은 정군산에 안장되기를 바란 것일까? 왜 성도로 돌아가 선주 유비와 함께 묻히지 않은 것일까? 그는 어떠한 마음으로 정군산에 안장되기를 바랐던 것일까? 이에 대해 많은 사람들이 의문을 품고 있다.

우리는 제갈량이 임종 시 남겼던 유언에서 그 답을 찾아볼 수 있다. 제갈량의 유언은 비록 짧은 몇 마디밖에 없지만, 그의 묘지 선택,

산서 면현 정군산하의 무후묘 대문

안장될 묘지의 규격, 안장 시 함께 할 물품에 대한 요구에 대해 아주 분명하게 말하고 있다. 또한 그의 북벌에 대한 의지, 검소한 행동, 소박한 장례식에 대한 미덕 역시 확실하게 보여주고 있다.

한중의 지리적 위치는 아주 중요하다. 한중은 촉한 북부가 장벽처럼 차단되어 있다. 역사에서는 '만약 한중이 없었다면 촉도 없었을 것이다.'라고 말한다. 그것은 촉한의 존망과 관계가 있었던 것이다. 제갈량은 한중에서 주둔했던 북벌 8년이라는 시간 동안 온 심혈과 힘을 다해 여러 번 약으로 강을 공격하고 혁혁한 공로를 세웠다. 이 8년은 그가 요직을 담당한 인생 중에서 가장 전성기였던 시기였다. 하지만 8년 중 5회의 북벌을 감행했지만 '북쪽으로는 중원을 평정하고 한실을 부흥시킨다.'는 원대한 꿈을 실현하지는 못했다. 결국 북벌을 하던 군대에서 병으로 세상을 떠나 천고의 한이 되었다. '출병하여 자기의 뜻을 이루지 못하고 먼저 죽다'. 원대한 뜻을 이루지 못한 제갈량의 마음은 분명 내키지 않았을 것이며 이에 자신을 한중 정군산 아래에 안장해 달라고 유언을 남긴 것이다. 무후묘에는 한 폭의 명련이 있는데, 청대 촉인 이사영이 쓴 것이다. 명련에는 '살아서는 유비를 위해 한나라 황실을 부흥시키고 죽어서는 촉을 지키기

산서 면현 정군산하의 무후묘

위해 정군산에 안장되었다.'라고 적혀 있다. 이 문장에서는 제갈량이 정군산에 죽어서도 걱정이 되어 촉을 보호하려는 뜻을 지니고 있었다는 사실을 잘 드러내 주고 있다. 일부 학자는 이 사실에 대해 더 직설적으로 말하기도 한다. 제갈량은 '죽은 뒤에 굳이 성도까지 옮겨 안장할 필요 없이 바로 전선에 있는 정군산에 안장하면 된다.'라고 요구했다는 것이다. 이로써 전쟁터에서 죽고자 하는 자기의 뜻을 나타내고자 했다는 것이다. 정군산에 안장된 또 하나의 중요한 이유는 제갈량이 촉한군신들에게 한중의 중요한 전략적 위치를 절대 소홀히 하지 말라고 알려주기 위해서, 북벌의 기정국책을 결코 잊지 말라는 사실을 알려주기 위해서였다는 것이다.

제갈량이 정군산에 묻힌 사실에 대해 후세 사람들은 모두 제갈량은 평생을 촉한을 위해 온 힘을 다해 한실을 부흥시키고 충성과 지혜를 다해 진정으로 나라를 위해 죽었다고 생각하고 있다.

제갈량이 죽은 뒤 성도로 옮겨 안장되지 않고 '한중 정군산에 안장하라고' 유언을 남긴 것은 그의 충성스러운 사상의 최후 발현이었다. 바로 죽어서까지 충성을 다한다는 말을 지킨 것이다. 이는 그의 한나라 대업 부흥, 북벌에 대한 깊은 미련이라고도 할 수 있을 것이다.

78
제갈량의 옛집과 뽕나무밭은 어느 지방에 있었을까

제갈량은 성도에서 21년 동안(214~234년) 거주하였다. 그의 옛집은 어느 지방에 있었을까?

송대 〈태평환우기(太平寰宇記)〉 내용에 따르면 '무후의 집은 (성도)부에서 서북으로 조금 떨어져 있었으며 오늘날 승연관이며, 사당은 관 안에 있다.'라고 한다. 송대 위료옹은 〈학산집·성도조진관기(鶴山集·成都朝眞觀記)〉에서 '소성을 나와 서북쪽으로 조진관이 있다. 관 안에는 좌측에 성모선사갈녀의 사당이 있고, 서편을 보면 제갈충무후사와 독서대가 있다. 예부터 전해져 내려오길 이곳이 바로 무후의 옛집이라고 한다.'라고 하였다. 게다가 조진관은 승연관에서 따서 이름을 지은 것이었다. 〈태평환우기〉에서는 또 '독서대는 장성문로 서쪽에 있었으며 오늘날 승연관이다.'라는 말이 있다.

송대 문헌자료에서 당송시기 사람들은 제갈량의 옛 저택에서 그리고 그의 독서대의 옛터에 그의 딸을 제사지내는 승연관(후에 진전관으로 이름이 바뀌었다)과 무후사를 지었다. 그 위치는 현재 성도부치소에서 서북쪽으로 조금 떨어져 있으며 장성문로 서쪽에 있다. 그렇다면 제갈량 옛집의 구체적인 위치는 현재 성도의 어느 지역인 것일까? 어떤 학자들은 제갈량의 옛집과 독서대 그리고 그곳에 지어진 승연관,

무후사는 분명 현 성도시내 서북쪽의 북교장 일대에 지어졌을 것이라고 말한다.

제갈량의 성내 거주 위치에 대해서는 위에서 이미 알아보았다. 사서 기록에 따르면 그는 성 밖에도 또 하나의 거처를 가지고 있었다.

제갈량은 〈자표후주(自表后主)〉에서 '성도에 800그루의 뽕나무를 가지고 있으며 척박한 땅 15경을 가지고 있다.'라고 하였다. 즉 성도 교구에 그는 농장을 하나 가지고 있었으며, '뽕나무 농장'이라고 칭했다는 것이다. 이것은 아마도 그가 작위에 봉해지면서 받은 상이거나 그가 봉록으로 구매한 밭일 것이다. 이것은 어느 지역에 있는 것일까? 당대 〈원화군현지(元和郡縣志)〉에서는 '제갈량의 옛집은 (쌍류)현으로부터 동북 8리 떨어진 곳에 있으며 지금은 갈맥이라고 부른다. 공명은 척박한 땅이 15경 있었으며 800그루의 뽕나무가 있었다고 하였다. 이는 바로 이 땅을 말하는 것이다.'라고 하였다. 하지만 이곳의 옛집 갈맥은 송명시기의 문헌에는 기재되어 있지 않다.

갈맥유지

오늘날 쌍류 갈맥의 모습

갈맥의 구체적 위치와 상황에 대해 오늘날 〈성도시지·문물지(成都市志·文物志)〉에서는 다음과 같이 말하고 있다.

'제갈량의 갈맥 유적은 쌍류현 금화향에 있다. 삼국시기 촉한 승상 제갈량을 연결시켜주는 옛집의 소재지이다.'라고 말하고 있다. 당대의 쌍류현은 오늘날의 치소(治所)다. '동북 8리'는 오늘날의 금화, 구강 두 개의 향이 접해 있는 갈맥촌이다. 천백여 년 동안 이곳에 와서 선현의 옛집 유적을 바라보고 간 사람들의 발길은 끊이지 않았다. 갈맥은 제갈의 뽕나무 밭과 밭 사이에 있는 작은 길을 가리킨다. 마을에는 우물이 하나 있는데 마을 사람들은 그것을 제갈정이라고 불렀다.'

갈맥은 제갈량의 옛집과 가산의 역사적 유적으로서 한 명의 충신 현상의 청렴결백함과 솔직함과 공정함을 기록하고 있다. 오늘날 갈맥은 〈문물지〉에 기재되어 있으며 보호를 받고 명기되어 대대로 전해지며 후세들에게 계시와 깨달음을 주고 있다.

제갈량의 성도시내 옛집의 규모가 어떠한지는 문헌자료에 기록이 남겨져 있지도 않고 관련된 유물도 없다. 그저 다음에 발굴되는 유물들로부터 알 수 있기를 희망할 뿐이다.

79
제갈량은 몇 명의 형제자매가 있었는지 관련된 사적이 있는가

제갈량이라는 이름을 말하면 모르는 사람이 없다. 하지만 그의 형제자매가 몇 명이 있었는지는 알고 있는가? 적지 않은 사람들이 이 질문을 듣는 순간 어리둥절해질 것이다. 사서에서는 명확하게 '제갈량의 형제자매는 총 5명이었으며, 형은 제갈근, 동생은 제갈균 그리고 두 명의 누나, 그리고 제갈탄이라고 불리는 사촌 동생이 있었다고 기록하고 있다.

제갈량은 14세라는 어린 나이에 부모를 여의고, 누나, 동생 제갈균 등 4명과 함께 숙부 제갈현을 따라 고향에서 남쪽 예장으로 내려와 떠돌다가 양양에 이르게 되었다. 17세가 되었을 때 숙부도 세상을 떠나고 그는 융중에서 밭을 갈구며 책을 읽고 스승을 뵙고 친구를 사귀었다. 이러한 생활은 유비의 삼고초려로 그가 산에서 나오기 전인 그의 나이 27세까지 계속되었다.

양양에 있던 초기 그의 두 누나가 시집을 갔다. 큰 누나는 괴기에게 시집을 갔다. 괴기는 서한대신 괴통의 후손으로 형주에서 조위에게 귀속된 뒤 방릉태수까지 관직을 지냈다. 그 후 유비는 한중을 평정하였고 맹달에게 방릉을 공격하라고 명령하였고 괴기는 맹달의 병사들에게 죽임을 당하였다. 둘째 누나는 방산민에게 시집을 갔다. 방산민은 방덕공의 아들로 방덕의 당형이었다. 그 후에 조위 측에서 중용이 되었으며 황문리부랑까지 관직을 지냈다.

아우 제갈균은 유비가 삼고초려한뒤 제갈량을 따라 산을 나가 유비집단에 들어와 촉한에서 장수교위까지 관직을 지냈다.

형 제갈근은 〈삼국지〉에서도 전해져 내려오는 기록이 있다. 그는 비록 우수한 재능과 명성을 지녔지만 제갈량과 함께 논하기는 부족하였다. 하지만 그는 동오에서 책략을 세울 줄 아는 대신이었다. 역사에서는 제갈근을 '깊은 생각을 갖고 있는 용모를 지녔으며, 우아한 옷을 입은 사람이며, 손권이 그를 중용하여 큰일이 생기면 그에게 자문을 구하였다.'라고 기록하고 있다. 그는 자신의 마음과 책임을 다했다.

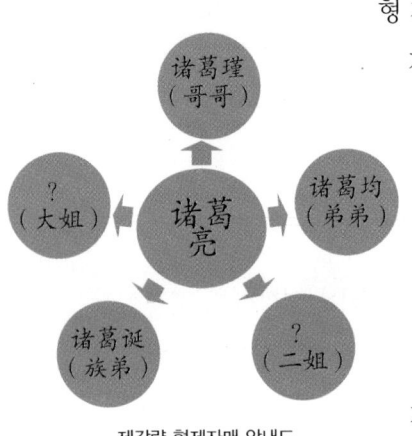

제갈량 형제자매 안내도

손권을 만났을 때 일 처리에 오류가 있음을 발견하고 간언하는 말을 격하고 솔직하게 말하지 않고 완곡하게 돌려 전하였다. 만약 손권과 의견이 부합하지 않으면 다른 이야기로 화제를 이끌었으며 유추의 방식으로 간언하고자 하는 목적을 달성하였다. 손권은 그의 이러한 처세법에 매우 만족하였다. 손권이 황제가 되었을 때 제갈근을 대장군, 좌도후에 임명하였고 예주목을 겸임하게 하였다. 이로써 그는 동오의 중신이 되었다. 제갈근은 소박하게 생활을 하였으며 무척 근검절약하였다. 사서에서는 그가 소박하게 장례를 지내길 원하여 '소박한 관과 검소한 의복을 입히고 모든 일에서 절약을 하라고 유언을 남겼다.'라고 하였다. 그러면서 그의 품덕과 기풍, 그리고 엄격한 규칙으로 사람들에게 높이 평가되었다고 칭찬하고 있다.

제갈량의 사촌 동생 제갈탄은 〈삼국지〉에서도 그 이야기를 전하고 있다. 그는 관직을 사공까지 지냈으며 삼공의 반열에 들었다. 역사에서는 그가 무척 엄격하고 강인한 의지를 지녀 큰 명망을 가지고 있었다고 말하고 있다.

제갈량의 형제들이 삼국의 각 지방에 있었던 사실에 대해 사서와 문헌 기록에서는 칭찬 일색이다. 〈세설신어·품조(世說新語·品藻)〉에서는 '제갈근, 아우 제갈량 그리고 아우 제갈탄은 모두 명성을 가지고 있었고 각자 다른 나라에 있었다. 이로 인해 한 시기에 '촉에는 용이, 오나라에는 범이, 위나라에는 개가 있었다.'고 할 수 있겠다. 제갈탄은 위와 하후현에서 모두 명성이 있었으며 제갈근은 오나라 조정에서 그의 큰 그릇에 감탄하였다.'라고 하였다. 〈삼국지·제갈근전〉에서는 〈오서〉를 인용하여 '(제갈)근은 대장군이고 아우 제갈량은 촉의 승상, 족제 제갈탄은 위나라에서 명성이 있었다. 한 가족이 세 나라에서 모두 이름을 날리니 천하의 영예로다.'라고 하였다.

제갈형제들은 각자 위·촉·오 삼국에서 각자의 명성을 날려 큰 공을 세웠다. 이는 세대를 거쳐 전해져 내려오는 미담이다.

〈삼국연의〉에서 갑자기 나온 제갈량은 제갈근과 함께 평범하고 하는 일이 없던 문관이었다. 삼국연의에서는 제갈량의 누나와 아우들은 다루지 않아 제갈량 혼자 특출나게 보이는 효과가 있었다.

80
제갈량의 부인은 누구일까

제갈량의 자손 삼대는 모두 훌륭한 인재들을 탄생시켰다. 이러한 사실을 보면 사람들은 자연스럽게 그의 아내는 어떤 사람일까를 생각하게 된다. 제갈량의 아내는 미녀였을까?

제갈량은 산동 낭사의 한 세족 집안에서 태어났다. 사서에서는 '제갈량은 어려서부터 다른 사람 중에서도 뛰어난 인재였다. 영웅의 그릇을 가지고 있었다. 키는 8척이었고 용모는 무척 준수했다.'라고 기록하고 있다. 이처럼 훌륭한 청년이라면 우리도 그를 감히 지금 이 시대의 미남이라고 부를 수 있을 것이다.

게다가 제갈량은 다른 사람보다 뛰어난 두뇌를 가지고 있었다. 그는 자신을 관중과 악의에 비교할 만큼 난세를 평정하고자 하는 큰 뜻이 있었다. 그의 배움을 향한 큰 뜻은 형주의 대명사 방덕공과 사마의도 높게 샀다. 그리하여 '와룡'이라는 아름다운 이름을 가지게 되었던 것이다.

와룡 제갈량의 재능에 대한 미담은 형주의 명사 황승언의 주의를 끌었다. 그는 제갈량의 이름을 듣고 흠모하여 그를 사위로 맞이하고자 하였다. 그래서 직접 방문하여 여러 아가씨가 흠모하는 미남과의 혼사를 결정해버린 것이다. 〈삼국지·제갈량전〉에서는 〈양양기〉를 인용하여 당시 황승언이 네 마디를 하자 제갈량이 바로 고개를 끄덕이며

황승언(공명 장인)이 공명에게 딸을 소개하다. (陳榮 그림)

허락했다고 기록하고 있다. 과연 어떤 말이었을까? '군자가 부인을 선택한다는 이야기를 들었소. 제게 못난 딸이 하나 있소. 머리카락은 노랗고 피부는 까맣지만 지혜로움은 당신과 무척 어울릴 것이오.'

  이 말을 자세히 살펴보면 당시의 남신 제갈량은 선택할 수 있는 여자들이 많았다는 것을 알 수 있다. 하지만 황승언은 대담하게 자신의 딸이 못생겼다고 이야기한다. 게다가 못생긴 부분에 대해서 자세히 이야기한다. 분명 제갈량이 외모를 조건으로 삼지 않는다는 것을 알고, 자신의 딸의 지혜로움에 상당히 자신이 있었기 때문일 것이다. 사실 오늘날의 심미적 기준에서 봤을 때 황씨의 딸은 못생겼지만, 패션감각은 있는 사람이었다. 머리카락을 염색하지 않아도 천연 노란색이었을 뿐만 아니라 피부도 건강한 갈색이었다. 하지만 이러한 외모적인 부분들은 모두 부차적인 것들이었다. 중요한 것은 지혜로움이 그와 어울린다는 것이었다. 이 한마디가 바로 제갈량이 자신의 평생 반려자를 고르는데 큰 작용을 했다. 혼사가 성사되고 이웃 사람들의 의혹은 풀리지 않았다. 모두 비웃으며 '공명의 부인 선택은 바로 추녀였다.'라고 소문을 냈다.

    외모와 재능을 겸비한 인재 제갈량의 부인은 사실 사람들이 사랑하는 미녀가 아니었다. 오히려 '추녀'라고 불릴만한 여자였다. 제갈량의 부인을 민간에서는 황옥영이라고 불렀다. 문헌자료와 희극에서는 모두 그녀의 재능을 특별히 언급했다. 송대 범성대의 책에서는 다음과 같은 이야기를 기록하고 있다. 제갈량이 융중에 있을 때 자주 그를 방문하는 친구가 있었다. 그는 매번 부인에게 면을 빻아 손님에게 대접하라고 분부했다. 그녀는 항상 순식간에 면을 가루로 빻았다. 제갈량은 그 빠른 속도에 놀라 한 번은 주방에 가서 확인을 해보았는데, 여러 개의 목인이 보리를 베어 운반하고 빻는 것을 볼 수 있었다. 제갈량은 내심 탄복하여 부인을 만나 가르침을 구하였다. 들리는 말에 의하면 제갈량은 북벌 때 목우유마를 창조해 냈다고 하는데, 이 역시 이 기술을 응용한 것이었다. 이 외에도 경극 중에는 〈제갈량초친(諸葛亮招親)〉이라고 부르는 극이 있는데, 황승언이 제갈량의 재능과 식견이 훌륭함을 칭찬하며 자신의 딸과 혼인을 허락하는 이야기를 다루고 있다. 제갈량은 또한 옥영의 박학다재함을 듣고 두 사람이 아름다운 인연을 맺는다는 이야기다. 제갈량의 부인은 총명하고 지혜로웠고, 살림살이에 능했다. 이는 제갈량의 자손 중에서 훌륭한 인재배출이 많이 되었다는 사실과 뽕나무 농장의 관리에서 그 사실을 확인할 수 있다. 그녀는 비록 약간 '못생겼지만' 이 못생긴 외모도 그녀의 지혜를 가릴 수는 없었다. 오늘날의 말로 풀이해 보면 내면의 아름다움이야말로 진정한 아름다움이라는 것이다. 제갈량은 다른 사람들보다 지혜로웠을 뿐만 아니라 심미관도 다른 사람들보다 뛰어났던 것이다.

중국의 봉건사회에서 능력 있는 남자와 아름다운 여자는 아름답고 원만한 기준으로 여겨졌다. 제갈량은 이러한 전통을 어기고 '지혜로움이 서로 어울리는' 여자에게 장가를 가, 현명한 부인의 내조를 받았다. 한 시대의 현상 제갈량은 혼인과 가정에서의 가치 취향도 찬미 받을만 하다.

81
제갈량의
자손들은 누구일까

제갈량의 장남인 제갈첨 부자는 서기 263년에 나라를 위해 목숨을 바쳤다. 그렇다면 그는 다른 자손들이 있었을까? 그들의 상황은 또 어떠했을까?

우선, 양자 제갈교와 그 후손이 있었다. 일찍이 제갈량에게 자식이 없을 때 그는 형 제갈근의 둘째아들 제갈교를 그의 양자로 삼았다. 제갈교와 그의 형 제갈각은 당시 명성이 높았다. 제갈교의 재능은 비록 형에 미치지는 못했지만 품행에 있어서는 형보다 뛰어났다. 후에 그는 촉나라에서 부마도위 직을 맡아 제갈량을 따라 한중으로 북벌을 떠났고, 건흥 6년(228년)에 세상을 떠났다. 그 당시 그의 나이 25세였다. 제갈교의 아들 제갈반은 익무장군으로 임명되었다. 오나라에서 죽임을 당한 제갈각도 자손이 없었는데, 제갈량은 또 한 명의 친아들이 있었다. 그래서 제갈반은 제갈근 다음의 후계자 신분을 회복하였다. 하지만 제갈반 역시 일찍 죽음을 맞이하였다. 그의 아들 제갈현은 촉에 머무르며 돌아오지 않았다. 촉한이 멸망된 후 제갈량의 손자 제갈경과 함께 하동군으로 왔다. (치소는 오늘날 산서 운성이다) 그 후 제갈량 후예의 상황에 대해서는 명확히 알려진 바가 없다.

둘째, 장자 제갈첨과 그 후대이다. 제갈첨은 그의 장자 제갈상과

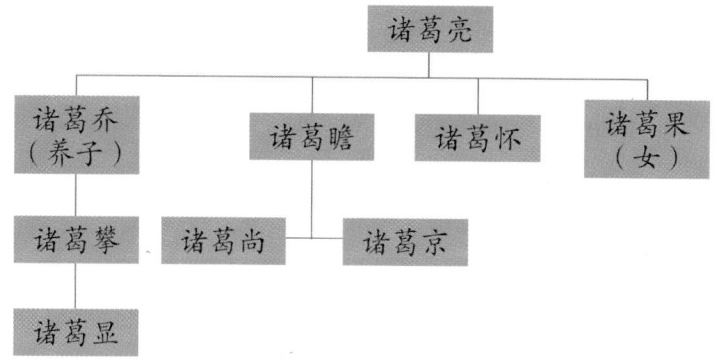

제갈량후계 자손 안내도

함께 면죽에서 전사하였고 그의 둘째 아들 제갈경은 나이가 어려 전투에 참가하지 않아 살아있었다. 제갈경의 자는 행종으로 그는 촉이 멸망한 다음 해(264년) 하동군으로 거처를 옮겼다. 진무제는 '제갈량은 촉에서 마음과 힘을 다하였으며 그의 아들 제갈첨은 전쟁때 의로움을 위해 전사하였으니, 천하의 가장 아름다운 이야기이다.'라고 하였다. 이로 인해 제갈경은 미현령으로 고용되었다. 정치적 업적이 있었기 때문에 나중에는 강주자사까지 관직을 지냈다. 그 후예들은 제갈량 후예의 시조로 번영하였다.

셋째, 세 번째 아들 제갈회다. 〈제갈씨보〉 기록에 따르면 제갈량의 세 번째 아들 이름은 제갈회였다고 한다. 진나라 진시 5년(269년), 태부 왕람이 조정에서 한대 명신의 후예를 고용하여 경성으로 데려와 관직을 주어야 한다고 건의하였다. '공명의 후예가 홀로 남아 이르지 못했습니다. 알아보니 셋째 아들 회가 있다고 합니다. 공차를 보내 그에게 관직을 내리십시오.'라고 하였다. 하지만 회는 '신의 집은 성도에 있으며 800그루의 뽕나무와 척박한 땅 십오경을 가지고 있어 의식에 부족함이 없이 여유롭습니다.'라고 하며 거절하였다. 조정은 본래 제갈회에게 작위를 내리고 싶어했으나 그는 부친이 남긴 재산이 있어 자급자족할 수 있다고 말하였다. 또한 재능이 없어 나라를 위해 할 일이 없으니 집에서 늙기를 원하며 작위를 내리는 것을 사절한다고 하였다. 진무제는 그의 요청을 기쁘게 받아들였다. 그의 자손에 대한 상황은 확실히 알려진 바가 없다.

넷째, 딸 제갈과이다. 제갈량의 딸에 대한 내용은 송대 위료옹 〈조진관기(朝真觀記)〉에서 살펴볼 수 있다. 책에는 '소성 서북으로 나가면 조진관이 있다. 관의 좌측에는 성모선사승연갈녀의 사당이 있다. 오래전부터 무후에게 딸이 있어 집에서 구름을 타고 가벼이 걸어다녔다고 하였다.'라고 기록되어 있다. 이 딸의 이름은 제갈과였다. 이름을 이렇게 지은 이유를 〈선감(仙鑒)〉에서는 그녀는 신선의 묘술을 부리는데 능해 '필히 신선의 과일을 증명하기 위해 이름을 과라고 지었다.'라고 하였다.

이로 보아 양자든 친자식이든 제갈량의 '명리를 쫓지 않는 담백하고 깨끗한 뜻과 조용히 뜻을 널리 펼치는' 가풍의 훈도로 그들의 품행은 모두 단정하였다는 것을 알 수 있다. 그들 중 일부는 나라를 위해 충성을 다하였으며 일부는 부귀를 탐하지 않았고 일부는 사람을 돕는 것을 기쁨으로 여기는 인재들이었다.

사서 〈삼국지〉와 〈진서〉에서는 제갈량 형의 자손으로 제갈현이 있었고 동생 제갈균의 자손은 없었다고 기록하고 있다.

82

제갈량의 자손은 왜
그의 양측에서 함께
합동 제사를 지내는 것일까

　제갈량전 내부 좌우 양측에는 그의 아들 제갈첨과 손자 제갈상의 조각이 놓여 있다. 왜일까? 왜냐하면 그들은 나라를 위해 충성을 다해 '대호아손(大好兒孫)'이라고 칭송받기 때문이다.

　제갈첨은 서기 227년에 태어났다. 당시 제갈량의 나이는 47세였다. 아들을 얻기에는 이미 나이가 많았다고 할 수 있었다. 사서의 기록에 따르면 제갈첨은 어렸을 때부터 다른 사람들보다 총명하였고 기억력이 무척 좋았으며 특히 서예와 그림에 능했다고 한다. 제갈첨이 8살일 때 그의 부친 제갈량은 그가 너무 조숙할까 걱정하고 커서는 큰 그릇이 되지 못할까 두려워하였다고 한다. 이에 제갈량은 특별히 아들을 위해 〈계자서〉를 작성하였다. 책에서 그는 '명리를 쫓지 않는 담백하고 깨끗한 뜻과 조용히 뜻을 널리 펼친다.'라는 명언으로 아들이 부지런히 공부하여 뜻을 넓게 가질 것을 고무하였다. 즉 아들이 담백하고 조용한 마음가짐을 가지고 자기 수양에 힘쓰기를 바랐던 것이다. 제갈량이 세상을 떠난 이후 제갈첨은 아버지의 이러한 교훈을 마음에 깊이 새겨 부지런히 공부하였고 많은 책을 섭렵하였다. 그의 나이 17살 때 후주 유선이 그에게 공주를 보냈다. 또한 그에게 기도위라는 직위도 하사하였다. 이후 그는 꾸준히 승진하여 상서부사, 군사장군까지 관직을 지냈으며 부친이 과거 관직을 지냈던 직무도 맡았다. 그가 재임하던 기간 백성들은 제갈량의 은혜에 감사하고 그를 기념하기 위해, 제갈첨도 함께 추종하고 그에게 높은 평가를 했다. 조정에서 좋은 정책을 반포할 때마다 사실 제갈첨이 건의하거나 창도한 것이 아닌데도 백성들은 달려가며 '제갈후가 한 것이다.'라고 외치며 좋은 일들을 모두 그가 한 것처럼 여겼다.

서기 263년 위나라 대장 등애가 촉나라를 공격해 음평을 몰래 건너 경곡도에서 바로 촉나라 복지로 쳐들어왔다. 제갈첨과 아들 제갈상은 부대를 이끌고 부성엄진에서 대기를 하고 있었다. 위나라 군대와 교전을 하던 중 제갈첨이 격패를 당하여 부대를 이끌고 면죽으로 퇴각하였다. 이때 등애가 제갈첨에게 편지를 써 항복을 권하였다. '만약 당신이 항복한다면 내가 특별히 조정에 부탁하여 당신을 낭사왕에 봉하도록 하겠습니다.' 제갈첨은 이 편지를 받고 크게 노하여 등애가 보낸 사자를 죽이고 비분에 차서 '나는 안에서는 황호를 제거할 수 없고, 밖에서는 강유를 제압할 수 없으며, 진군은 하였으나 국토를 수호할 수 없었다. 이러한 세 가지 죄가 있는데 내가 어찌 돌아갈 면목이 있겠는가?'라고 말하였다. 아들 제갈상과 함께 전쟁터에서 죽을때까지 수비를 하겠다고 맹세하고

제갈첨 인물도

제갈상 인물도

는 위나라 군과 생사를 다투는 전투를 하다 전사하였다. 소문에 의하면 제갈첨과 제갈상 부자 두 사람은 두 다리가 모두 흙 안에 묻혀 있었다고 한다. 이는 자신들이 이 국토에서 한 발자국도 후퇴하지 않겠다는 의지를 표현하고, 이로써 뭇 장수들을 격려하기 위함이었다고 한다. 하지만 유리한 지형을 잃어 촉나라 군대는 큰 패배를 하고 말았고, 부자는 전쟁터에서 함께 죽음을 맞이하고 만다. 당시 제갈첨은 37세였으며 제갈상은 20세가 채 되지 않았었다.

　제갈량이 병으로 북벌 전선에서 세상을 떠났고, 자손들도 모두 어린 나이에 나라를 위해 몸을 바쳤으니, 그야말로 삼세대를 잇는 충신이라고 할 수 있겠다. 이로 인해 조손삼인이 한 사당에서 사람들에게 추앙받고 있는 것이다!

관습에 따르면 중국 사당에서는 일반적으로 조상의 위패와 도상만을 모시고, 가문과 조상을 빛낸 자손들은 들이지 않는다고 한다. 제갈의 조상과 자손을 한 사당에 들이고 함께 제사를 지낸 것은 인정에 의한 것이었다. 유비전, 관우편전, 장비편전도 모두 이러하다.

83
제갈량의 후손은
아직도 존재하는가

　제갈량의 후손은 아직도 존재할까? 당연히 있다. 그의 자손 제갈첨, 제갈상이 전사한 뒤 그의 다른 손자 제갈경은 나이가 어려 전쟁터에 나가지 못했다. 그는 충성스런 병사의 후예라는 이유로 조정에서 존중을 받아 현령, 자사의 관직을 지냈다. 그의 자손들도 계속 번영을 해왔다.
　그렇다면 제갈량의 후예는 지금 어디에서 살고 있는가? 현재 주로 모여사는 곳은 절강 란계시 제갈근 제갈촌이다. 이 외에도 산동 기남 제갈촌, 광서 양삭 주채촌 등지에서도 제갈씨족의 후예가 살고 있다.
　중국 고대에는 가문을 무척 중시했고, 가보 편찬을 무척 중요하게 여겼다. 제갈량 일족에 관해 여러 부의 〈제갈씨종보〉가 지금까지 존재하고 있다. 그중에서도 란계 제갈종씨가 편집한 〈제갈씨종보〉가 가장 오래된 것이다. 이 책은 가장 처음 남송초기에 편집되었고 제갈희맹에 의해 주관되었다. 16번의 편집을 거친 후 이 가보는 현재 20권 39책으로 편찬되었으며 제갈량의 후예들이 천 년동안 옮겨다녔던 상황에 대해서 아주 상세하게 기록하고 있다.
　〈제갈씨종보〉의 기록에 따르면, 서기 920년 전후 제갈량의 14세손 제갈리는 절강 주창현령이었다. 그래서 그곳에 정착하게 되었고 절강 제갈량 후예의 시조가 되었다. 현재 그들은 절강의 건덕, 란계, 용유 삼현과 이웃하고 있는 11개 촌에 살고 있다. 약 8000여 명의 사람들이 있다. 그중 제갈리의 후예 제갈대사(제갈량의 27세손)는 원대 중후반기(약 1300년 전후) 고륭에 거주하였으며 이 당시 인구가 크게 늘어났다고 한다. 명대 후기 고륭진은 제갈진으로 이름을 바꾸었다. 현재 제갈진의 제갈촌은 전국에서 제갈량의 후예들이 가장 많이 모여사는 곳이 되었다. 총 2500여 명, 약 50대손의 후예들이 그곳에서 살고 있다.

제갈량 후예가 모여사는 제갈촌은 독특한 특색을 가지고 있어 '제갈팔괘촌'이라고도 불린다. 그곳에는 승상사당과 제갈대공당이 있다.

제갈대사라는 사람은 풍수에 능하여 고륭을 거주지로 선택하였다. 음양팔괘와 제갈팔진의 구도를 혼합하여 제갈촌을 구궁팔괘형으로 만든 것이다. 이 마을은 여덟 개의 작은 산들에 둘러싸여 있으

제갈 후예 제사 대전 (난계 제갈마을 제공)

제갈마을에서 구궁팔괘로 배치되는 민거 안내도

며, 촌락의 구조는 마치 팔진도 같다. 마을에는 종지라고 하는 못이 있는데 이 못이 바로 핵심이다. 이 못의 주변은 대공당, 숭신당, 회덕당, 경여당, 돈후당, 조기당, 상지당 등 수십 개의 명청 건축으로 둘러싸여 있다. 8개의 작은 골목이 종지를 기점으로 밖으로 뻗어 있으며 골목 사이에는 아주 좁은 연결 통로가 있다. 골목 사이사이에는 천만여 개의 집이 촘촘하게 분포되어 있다. 전체 마을의 구성은 마치 거미줄과도 같고, 하나의 미로처럼 팔괘형을 나타내고 있다. 이로 인해 '제갈팔괘촌'이라고 불리게 되었다. 이 마을은 독특한 구성과 정교한 청명시대의 건축으로 인해 중국전국중점문물 보호단위로 지정되었다.

  승상사당은 명나라 만력 시기에 건축되기 시작하였다. 현재는 1400㎡의 면적을 차지하고 있으며 대문에는 '승상사당'이라는 편액이 걸려 있고 전의 정중앙에는 제갈량 좌상이 놓여 있으며 양측에는 제갈량 후예 중 과거 조정에서 뛰어난 사람으로 표창이 되었던 인물들의 위패가 모셔져 있다.

  제갈대공당은 제갈 후예들이 선조에게 제사를 지내는 곳이며, 종친들이 가족 일을 상의하고 연락하고 활동하는 곳이다. 건축은 오중으로 되어 있으며 약 700㎡의 면적을 차지하고 있다. 10m 높이의 중루식 문청의 상인방에는 '칙정상의지문(敕旌尚義之門)'이라고 쓰여 있는 편액이 걸려 있다. 양측의 분홍색 벽에는 해서체로 2m 크기나 되는 '충(忠)'과 '무(武)' 두 글자가 쓰여 있다. 이는 제갈량의 품덕과 공적을 아주 잘 드러내 보인다. 당 안에는 〈계자서〉가 있으며, 제갈량의 화상을 모시고 있다. 명가정년 농력 4월 14일은 제갈량의 생일이며 8월 28일은 그의 기일이다. 그래서 매년 성대한 제사를 지금까지 거행하고 있다. 후예들은 조상에 대한 제사를 통해 제갈량을 그리워하며 선조의 뛰어난 덕행을 계승하고 있다.

  절강 란계 제갈량 후예는 〈계자서〉를 〈제갈씨종보〉의 맨 앞에 배치하였다. 그리고 대공당 안에 이를 새겨두어 대대손손 가훈으로 삼았다. 그들은 선조의 가르침을 가슴에 새기고 살아가고 있다.

84
무후사전 앞에 놓여 있는
정과로는 어느 시대의 문물인가

중국의 사당은 전 앞에 모두 향로를 설치해 두었다. 중국인의 민속, 종교, 제사 활동에서 그것은 일종의 빠져서는 안 되는 제물도구였다. 성도 무후사 소열전 앞에도 구룡삼족정식의 철향로가 놓여 있으며 공명전 앞에도 사족비천 철로가 놓여 있고, 혜릉침전 앞에도 하나의 구름 무늬가 새겨진 쌍이삼족정식 철향로가 놓여 있다. 이것들은 어느 시대의 문물인 것일까?

〈묘지(廟志)〉에 기재된 내용에 따르면 무후사의 소열전과 공명전 앞에 놓인 향로는 도인 장청야의 주도로 건륭년(1736~1795년) 사이에 주조된 것이라고 한다. 그리고 혜릉침전 앞의 향로는 사천포정사 동순이 도광 7년(1827년)에 기부하여 주조한 것이라고 한다.

문헌의 기록을 살펴보면 당시 이 세 개의 철향로는 꽤 무게가 나가도록 주조되었다. 소열전 앞에 놓인 철로는 3척의 높이에 둘레가 8척이나 되었으며 무게가 800여 근이나 되었다고 한다. 공명전 앞에 철로는 4척의 높이에 7척의 둘레, 600여 근의 무게가 나갔다고 한다. 혜릉침전 앞에 철향로는 3척의 높이에 6척의 둘레, 무게는 700여 근이었다고 한다.

그러나 여러가지 역사적 원인으로 앞의 세 향로는 현재 존재하지 않는다. 지금 혜릉침전, 소열전, 공명전 앞에 놓여 있는 철로 된 재질의 향로는 모두 명나라 시대의 기물이다. 1973년 사천성 박물관에서 들여 온 것이다.

제갈량전 앞에 있는 사족비천 철로

성도 무후사의 두 문으로 들어가보면 시선은 푸른 돌이 용으로 조각된 단지로 향한다. 그 후 시선을 끄는 것은 소열전 앞에 놓여진 구룡삼족정식의 철향로다. 용의 머리를 하고 있는 정족은 세 마리의 용과 구름 무늬를 한 고복을 받치고 있다. 정복 위에는 복잡한 무늬의 경부와 양층의 입구가 있으며 경부에는 팔괘무늬가 주조되어 있고 그 사이에는 법기가 끼어져 있다. 양층의 입구를 따라 한 층에는 잡보문과 또 한 층에는 전지문이 새겨져 있다. 정복 동서 외측은 용무늬로 된 두 개의 귀가 있고 앞발이 입구를 따라 붙잡고 있으며 뒷발은 정복을 밟고 있

유비전 앞에 있는 쌍룡이 철정

다. 용의 머리는 목을 길게 빼고 입을 벌리고 있다. 여기서 눈을 올리면 '업소고광'이라는 글자가 있는 편액과 유비의 금신조각상을 볼 수 있다. 아주 고귀하고도 장엄한 광경이다.

전자와 비교해 보면 공명전 앞에 있는 사족비천철로는 더 생동적이라고 할 수 있다. 철로의 두 귀는 군복을 입고 있는 사람 모양의 무사이다. 손은 입구 가장자리를 쥐고 있으며 발은 정복을 받치고 있다. 자세히 살펴보면 두 무사의 표정이 아주 생동적이다. 마치 은밀하게 힘을 써서 향로를 고정시키고 있는 것 같은 느낌이다. 화로의

무늬는 역시나 복잡한데, 사족은 구름 무늬로 장식을 하고 있고, 경부는 뿔이 없는 용 무늬로 한 층을 장식, 꽃 무늬로 두 번째 층을 장식하고, 복무는 구름무늬, 따리를 틀고 있는 용 무늬, 비천인물 등의 무늬들이 새겨져 있다. 입구를 따라서는 잡보법기들이 주조되어 있다. 멀리서 그것을 바라보면 무사들이 마치 두 명의 책을 읽는 아이들처럼 보이는데, 이것은 제갈량이 많은 책을 두루 섭렵하고 다른 사람보다 비범한 지혜를 지녔던 특징들과 약속이나 한 듯 일치하니, 그야말로 아름다운 오해라고 할 수 있겠다.

혜릉으로 발걸음을 옮기면 능 앞에 있는 침전이 보인다. 이는 명대 운문쌍이삼족정식 철향로인데, 짐승의 다리, 고복, 계제형직경, 쌍층구연을 가지고 있다. 향로 안을 자세히 살펴보면 세 개의 둥그런 물건을 볼 수 있는데, 중간에 철못이 도드라져 있는 것이 보인다. 묵동색의 철정 뒤에는 짙은 회색의 혜릉 무덤이 있는데, 아침 햇살 속의 안개 속에서 보면 희미하면서도 장엄한 분위기를 풍긴다.

건륭년 시기에 주지도인 장청야는 바로 공명전에 철로를 주조하자는 최초의 소망을 품게 되었고, 실제로 날아다니는 분화보초를 모아 제사를 지낼 때 존중의 의미를 더했다. 지금 보수되어 설치된 세 개의 명대 철정로에서는 분향을 하지는 않는다. 하지만 예기에 담겨 있는 제사의 의미는 아직도 존재하고 있다. 또한 기형과 건축의 완벽한 융합으로 무후사 사당에 있어 없어서는 안될 존재가 되었다.

보통 보이는 향로는 일반적으로 철 재질이거나 동으로 된 재질이다. 대부분 정사각형이거나 원형이다. 정사각형은 사족을 가졌고 원형은 삼족을 가져 '정'이라고도 불렸다. 사람들이 제사를 지낼 때 세 개의 향을 공경의 태도로 바치며 향로 안에 꽂아 추모와 존경의 의미를 표하였다.

85

무후사의 편련은 왜
대부분 두보의 시구에서 가져온 것일까

　성도 무후사의 대련과 편액들은 모두 여행객들의 주의를 끈다. 많은 편액과 대련들 속의 문구는 모두 두보의 영찬시편에서 유래한 것이다. 이로써 두보의 제갈량에 대한 평가가 높았고 추모하는 뜻이 깊었으며 이에 영향도 가장 컸음을 알 수 있다.
　지금까지 성도 무후사에 걸려 있는 각종 편액 중 두보의 영찬시구를 사용한 것은 12폭 정도 된다. 이는 무후사에서 가장 사람들의 주목을 받는 중요한 문화적 특색이 되었다. 그 이유는 무엇일까?
　두보가 제갈량을 찬미한 시편은 아주 많다. 사람들의 입에도 자주 오르내리며 후세에 아주 깊은 영향을 끼쳤다. 〈촉상〉, 〈무후묘〉, 〈팔진도〉, 〈제갈묘〉, 〈고백행〉, 〈영회고적오수〉의 시편들과, 〈상경옹청수무후묘〉 등 18수의 공명을 예찬하는 시편이 있는데, 이는 중국 시가에서 창작된 수량도 많을 뿐 아니라 가장 많이 낭송되는 시들이다. 이는 거의 보기 어려운 현상이라고 할 수 있겠다.
　천백여 년 동안 두보의 공명을 예찬한 시는 다른 문학 예술 형식으로 제갈량을 기념하는 사당에 융합되었다. 그리고 편액과 대련 등의 문화적 유산을 통해 성도 무후사의 문화적 내적 의미를 풍부하게 해 주었고 많은 사람의 사랑을 받았다.

두보시의화 "금관성외백상상"(陳子莊 그림)

편액 중에는 '명수우주(名垂宇宙, 청·과친왕애신각라·윤례서)', '개제노신(開濟老臣, 청·주회반제)', '선주무후동궁(先主武侯同宮, 청·완안숭실서)', '만고운소일우모(萬古雲霄一羽毛, 현대인 서비홍서) 등이 있다.

영련 중에는 '이려윤심수, 약정지휘, 기근삼분흥패업; 위오편정치, 영회광복, 유여양표견신심. (伊呂允堪儔, 若定指揮, 豈僅三分興霸業; 魏吳偏並峙, 永懷匡復, 猶餘兩表見臣心. 청·송가발 제)' '유덕여현, 가이복인, 삼고빈번천하계; 여어득수, 소자래허, 일체군신제사동.' (惟德與賢, 可以服人, 三顧頻煩天下計; 如魚得水, 昭茲來許, 一體君臣祭祀同, 청·장유섬 제)' '제갈대명수우주, 원융소대출교형. (諸葛大名垂宇宙, 元戎小隊出郊烱, 이름 실전)' '백중지간견이려, 지휘약정실소조. (伯仲之間見伊呂, 指揮若定失蕭曹, 현대인 풍관부서)' '삼고빈번천하계, 일번오대고금정. (三顧頻煩天下計, 一番唔對古今情, 상련은 두보의 시를 인용하였음. 현대인 동필무서)' '제갈대명수우주, 종신유상숙청고. (諸葛大名垂宇宙, 宗臣遺像肅清高, 현대인 심이묵서)가 있다.

이 외에도 두보의 공명을 찬양하는 시구로 명명된 '청리관(聽鸝館)'과 '벽초원(碧草園)', '향엽헌(香葉軒)' 등의 정원이 있다. 관에 보관되고 있는 문물 중에도 이 두보의 시에 관한 서예작품들과 시의화 등이 대량 있다. 그중 적지 않은 문물들이 국가등급문물로 지정되었다. 저명한 화가 진자장의 대형국화 〈금관성외백삼삼(錦官城外柏森森)〉도 성도 무후사 박물관의 가장 진귀한 보물 중 하나이다.

공명전 문미위에 있고 두보시에 나온 "제갈대명수우주"란 편액

두보는 공명을 찬양하는 시편을 쓴 동시에 그에게 더 이상 더 할 수 없는 아주 높은 평가를 했다. 이 평가는 심지어 사학가 진수를 넘어선다. 그리하여 제갈량을 고대 일류 신하 이윤, 여상과 같은 급으로 승격시켰다. 이를 나타내는 문구들이 '제갈대명수우주', '만고운소일우모', '백중지간견이려', '공개삼분국' 등이다. 이러한 간단명료한 찬양사와 평가들은 비록 과학적인 근거의 역사적 평가는 아니지만, 모두 역사에 근거를 두고 있으며 이로 인해 후세들의 제갈량에 대한 이미지와 인식에도 아주 큰 영향을 미쳤다.

두보의 공명을 찬양한 시구는 성도 무후사의 편액, 대련의 주요 내용이 되었다. 이 내용도 성도 무후사의 역사 연혁을 이해하고 무후사의 문화적 의미를 풍부하게 해 주는 아주 진귀한 자료들이다. 이 편액들에 걸린 구절들은 지금까지도 여전히 삼국 문화 영역에서 찬란한 빛을 반짝이고 있으며 후세들에게도 찬양받고 있다.

86

무후사의 편액과 대련 중 왜 '마음을 공략하다(攻心)'라는 말이 가장 유명할까

성도 무후사에는 현재 46폭의 대련과 38개의 편액이 있다. 모두 청나라 및 근현대에 쓰인 것이다. 후대 사람들은 이러한 독특한 특색을 가지고 있는 문학예술 형식을 사용해 삼국 영웅들을 기리고 찬양하였다. 그중에서도 어떤 문구가 가장 유명할까? 당연히 제갈량전에 걸려 있는 '공심(攻心)'이라는 대련이다. 대련의 전문은 다음과 같다.

能攻心則反側自消, 從古知兵非好戰;
不審勢即寬嚴皆誤, 后來治蜀要深思。

전투를 할 때 사람의 마음을 공략하는 전술을 펼치면 반란이 자연스레 사라질 것이다. 예로부터 지금까지 진정으로 전쟁할 줄 아는 사람은 무력만으로 승리를 거두지 않았다. 시기를 잘 살피지 않고 관대하거나 엄격한 정치를 펼치는 것은 잘못을 불러 일으킬 수 있다. 앞으로 촉을 통치하는 자는 이 정치적 치국의 도리를 깊이 깨달아야 할 것이다.

이 대련이 유명한 이유는 제갈량의 촉나라 통치 성공 경험 중 '공

공명전의
대문 기둥에 있는
"공심" 대련

심'과 '상황파악'이라는 깊이 깨달아야 할 문제를 제기하고 있기 때문이다.

그렇다면 '공심(攻心, 마음을 공략하는 것)'과 '심세(審勢, 상황파악)'라는 말은 어떤 이야기를 가지고 있을까?

'공심'은 제갈량이 한 남정 군사 활동의 가장 큰 특징이라고 할 수 있을 것이다. 서기 225년, 제갈량이 남정을 하여 반란군을 평정하러 가기 전, 마속이 '마음을 공격하는 것을 우선으로 하십시오. 성을 공략하는 것은 그 다음입니다. 심전을 우선으로 하고 병전을 다음으로 하십시오. 사람들의 마음을 모두 설복시킬 수 있기를 바랍니다.'라고 건의하였다. 이에 제갈량은 남중을 안정시키는 문제를 비교적 잘 해결할 수 있었다. '공심'은 무력으로 문제를 해결하는 것을 강조하지 않고 사람의 근본을 중시하여 마음을 설복시켜 근본을 치료하여 목적을 달성한다.

'심세(審勢)'는 제갈량의 나라 통치에 있어 가장 큰 특징이라고 할 수 있었다. 상황파악을 잘 하는 것은 정치의 방침을 정확하게 제정하기 위한 전제이다. 촉에 들어온 뒤 제갈량은 〈촉과〉를 제정하여 법을 엄격히 시행하였다. 하지만 일부 사람들의 반발과 반대가 일어났다. 법정은 그 중 가장 격렬히 반대한 사람 중 한 명이었다. 그는 원래 촉나라의 관원이었다. 유비에게 몸을 의탁한 뒤 촉군태수라는 관직을 지냈다. 법정은 제갈량의 엄격한 치법기국의 조치에 대해 불만을 느끼고 있었다. 그래서 그는 한고조 유방이 관문에 들어왔을 때 그저 백성들에게 '약법삼장'을 약속하며 형법을 관대하고 간단하게 하겠다고 하였다. 그리고 제갈량에게 형법을 행함에 있어 좀 느슨하게 하기를 권하였다. 제갈량은 '당신은 하나만 알고 그 다음의 것은 모르는군요! 진나라 조정은 폭학무도함 때문에 모진 법령을 시행하였고 백성들의 원한을 사 와해되었지요. 고조는 이러한 상황에 따라 시기에 알맞은 법을 제정하여 관대한 법도로 민심을 얻고 큰일을 성취하고자 하였소. 하지만 유언, 유장 두 부자는 다스리는 데 법도가 혼란하여 갖은 폐단이 발생하였지만 지금은 상황에 따라 엄정한 법으로 상과 벌을 내려 촉나라를 잘 통치할 수 있었소!'라고 말했다. 제갈량은 정확하게 형세를 파악하고 있었으며 상황에 따라 법을 공정하게 집행하여 촉나라를 청렴하고 질서정연하게 통치할 수 있었다.

이 대련은 청나라 광서 28년(1902년), 사천 염차사 조번에 의해 쓰인 것이다. 그는 이 대련으로 당시의 사천 총독 잠춘훤에게 간언을 하였으며 촉나라를 통치한 제갈량을 배워 상황을 잘 살피고 사람들의 마음을 공략해야 한다고 하였다.

삼국의 역사는 1700여 년이나 되었다. 조번이 이 대련을 쓴지도 약 백여 년이 지났다. 이 대련 속의 문장이 전하는 역사적 깨달음은 지금까지도 여전히 눈부신 전통문화 속에서 반짝이고 있다.

1958년 모택동 주석이 성도에 와서 회의를 열었을 때 이 대련 앞에서 발걸음을 오랫동안 떼지 않았다. 십 년 후 그는 또 사천 주정으로 온 동지에게 이 대련을 언급한 적이 있다. '공심'이라는 대련은 사람을 중시해야 한다는 철학적 의미를 포함하고 있으며, 지금은 여행객들이 무후사를 다녀갈 때 반드시 둘러보는 랜드마크가 되었다.

87

유비는 봉절에서 병으로 서거하였는데 왜 성도까지 운반되어 안장되었을까

서기 223년 4월 24일, 유비가 백제성 용안궁에서 서거하였다. 그곳은 오늘날의 중경 봉절이다. 〈삼국지 선주전〉에는 '5월 자궁이 용안에서 성도로 돌아오니, 소열 황제라고 부르다. 가을 8월, 혜릉에 안장되다.'라고 기록되어 있다.

오늘날 성도 무후사에 있는 유비 능묘-혜릉은 여전히 잘 보존되어 있다. 1700여 년 전 제갈량은 모든 노력을 다해 유비의 시신과 영구를 천 리나 먼 곳에 있는 봉절에서 성도로 다시 운반한 뒤 안장하였다. 많은 여행객이 왜 이렇게 했는지 궁금해 한다.

사실 이유는 아주 간단하다. 이것은 한대 이후 예의제도에서 엄격하게 규정되어 있는 것이었다. 〈속한례의지하(續漢禮儀志下)〉에서는 한나라 황제는 죽은 뒤 반드시 경성에 '대상'이라는 각 환절을 거쳐야만 흙에 안장될 수 있다고 규정하고 있다. 이로 인해 유비의 시신과 영구가 성도로 다시 운반되어 안장되어야 했던 것은 제갈량에게 있어서 촉한왕조의 유일한 또한 필연적인 선택이었다.

먼저 황후, 황태자 및 많은 황자, 황녀들은 반드시 서거한 시신의 영혼 앞에서 걸으며 통곡을 하는 예를 지내야 했다. 이는 하늘로 간 부군에 대한, 부왕에 대한 슬픈 마음을 나타내는 것이었다. 이 외에도 조정 문무 백관들도 현장에 직접 와서 사망한 군왕을 애도하며 '통곡하는 예'를 지내야 했다. 유비가 서거했을 때 황후 오씨와 태자 유선, 그리고 조정의 백관 대신들은 대부분 성도에 있었다. 이런 상황에서 제갈량은 반드시 유비의 영구를 성도로 옮겨 와서 예제예의에 따라 일을 처리해야만 했을 것이다.

그리고 '통곡을 하는 예'를 지낸 후에는 '입관'의 예를 진행해야 했다. 대렴(大殮)은 죽은 황제의 시신을 관에 넣는 의식이었다. 이때 황제의 가족과 친척들, 문무 백관들은 모두 현장에 와서 구체적인 장례 일을 맡은 집사대신이 근신들의 도움을 받아 옥규, 옥장 등 필수적으로 함께 묻혀야 할 물품들을 영구에 함께 넣고 입관을 진행해야 했다. 그 후 황태자가 단독으로 애도를 표하며 통곡을 하는 예를 행해야 했다. 이러한 일련의 일들은 반드시 황궁에서 진행되어야만 했다. 촉한의 황궁은 성도에 있었으니, 이 역시 제갈량이 반드시 유비의 시신을 성도로 다시 운반해 와야 하는 가장 큰 이유였다.

〈삼국지·제갈량전〉 한 부분
(毛氏汲古閣本, 明崇禎十七年版)

셋째, 선왕이 입관된 후, 바로 그 시신과 영구 앞에서 백성들을 향해 신황제가 자리에 오르는 의식을 거행해야 했다. 이러한 즉위 의식은 첫째로 정권이 끊임없이 이어진다는 것을 상징하는 것이었다. 즉 국가는 하루라도 군주가 없어서는 안 된다는 의미였던 것이다. 둘째로는 신황제 왕권이 선부의 손에서 계승된 것이니 정당한 명분이 있으며 합법적이라는 것을 상징하는 것이었다. 즉, 만약 유비의 시신이 성도로 다시 돌아오지 않으면 유선은 황제의 자리에 오르기가 어렵

혜릉으로
향하는 통로

게 되는 상황이었던 것이다. 국가 정권의 연속성을 고려해 유비의 시신을 성도로 다시 운반해와 안장하는 것은 필연의 선택이었다.

한조, 황실의 장례는 번잡하고 불필요한 예절의식들을 가지고 있었다. 이 중 하나도 대충 처리해서는 안되었다. 유비, 제갈량이 개창한 촉한기업은 한조의 제도를 물려받아, 국호가 '한'이었을 뿐만 아니라 황제의 성도 유씨었다. 심지어 유통되는 통화도 모두 '한초' 오수전으로 회복하였다. 어찌 선조의 예법이라고 예외가 있었겠는가? 두 한의 황제가 죽은 뒤 모두 국가의 수도나 그 부근에 안장되었고, 유비도 자연히 이에서 예외가 될 수는 없었다. 이로 인해 유비는 비록 봉절에서 서거하였음에도 불구하고 제갈량은 필히 그 시신을 성도로 다시 운반해 와서 안장을 할 수밖에 없었다. 이래야만 예제예의에 부합하는 것이었다. 이는 전혀 의심할 만한 여지가 없는 행동이었다.

중국은 예의를 중시하는 나라였다. 역사적으로 민간의 혼례와 장례, 경조사들은 모두 일정의 예의 규범을 가지고 있었다. 반드시 예에 따라 행해야 했고 지금까지도 그러하다. 제왕의 장례, 능원의 건축이 제대로 된 상황이라면 반드시 엄격하게 예제예의에 따라 집행되어야 했다. 이것은 역사적인 지식이자 예의상식이라고 할 수 있다.

88

유비의 시신은 어떻게
성도로 운반되어 안장된 것일까

사서에는 '서기 223년 4월 유비가 백제성에서 병으로 세상을 떠났고, 5월 자궁이 용안에서 성도로 돌아와 가을 8월 혜릉에 안장되었다.'고 기록하고 있다. 중경 봉절에서 성도까지의 거리는 약 천 km 정도 된다. 유비의 시신이 들어 있는 관은 어떻게 운반된 것일까?

천백여 년 동안 역대 관신들은 혜릉과 소열묘를 보호해 왔다. 무수한 문인들이 방문하여 역사를 그리워하며 감동적인 시편들을 남겼다. 1961년 3월 4일 중국은 유비 능과 묘 그리고 무후사를 중국 전국중점문물보호단위로 지정하였다. 생각하지 못했던 것은 일부 사람들이 혜릉의 진위에 대해 의문을 제기했다는 것이다. 그것은 1961년 9월이었다. 곽말약 선생이 봉절을 지나가던 중 '유비는 여름에 죽었기 때문에 시신을 보존하기가 어려웠을 것이다. 게다가 봉절에서 성도까지의 길은 멀고도 험난했을 것이다. 당시의 조건으로는 유비의 시신을 아마 성도까지 운반하지 못했을 것이다. 그러니 유비는 봉절에 묻혔을 것이다.'라고 언급하였다. 이후 곽말약 선생은 다시 이 의견을 피력하지는 않았지만, 유비의 시신이 성도로 운반되었는지에 대한 문제를 둘러싸고 여러 사람이 논쟁을 펼쳤다.

하지만 대량의 역사 문헌 자료들도 증명하고 있으며 많은 전문가

붉은 담장 사이의 길, 혜릉으로 향하여…

도 충분한 이유를 들어 유비의 시신이 정상적으로 운반되었을 것이며 확실히 성도에 운반되어 안장된 것이라고 주장하고 있다.

먼저, 황제는 죽은 뒤 반드시 도성 혹은 그 부근에 안장되어야 한다는 것이다. 이는 한대 예제예의 규정이었다. 이러한 역사적 예시는 아주 많다. 촉한도 역시 이에서 예외는 아니었다. 촉한도 분명 유비의 시신을 성도까지 다시 운반해와서 안장했을 것이다.

둘째, 시신의 부패방지에 아무 문제가 없었다는 것이다. 일찍이 서한에서 중국 시신부패방지 기술은 어느 정도 높은 수준에 이르렀다는 것이 발견되었다. 한나라시대 장례제도에 따르면 천자의 관은 자목을 사용해 세심하게 만들어지는데 이로 인해 '자궁'이라고 불리게 되었다고 한다. 또한 관의 바깥에 덮개가 있어 총 3층으로 구성되어 있었으며 관과 뚜껑 사이에는 목탄 등 부패를 방지하는 재료를 채워 넣었다는 것이다. 〈한서〉에서는 많은 황제가 죽은 뒤 수십, 수백 일이 지난 뒤에 안장되었다는 역사적 사실들이 기록되어 있다. 이는 당시 시신 부패방지 기술이 아주 완벽했다는 사실을 설명해 준다. 또

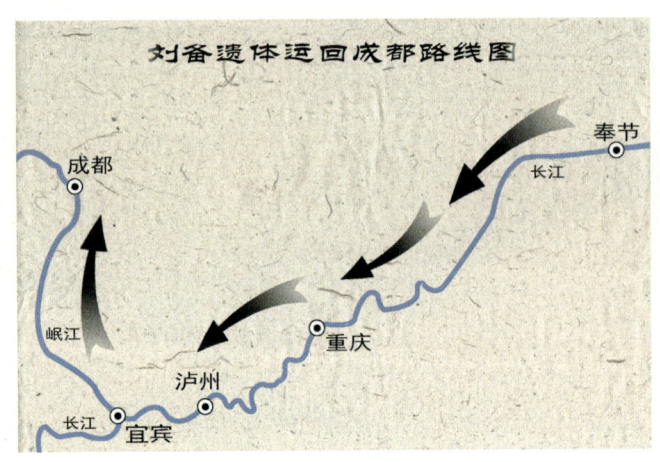
유비 유체를 성도로 운반하는 노선도

한 장사 마왕퇴 한묘 주인의 시신도 이천여 년이나 썩지 않고 제대로 보존된 것이 발견되었다. 이는 부패방지 기술이 아주 높은 수준에 이르렀다는 사실적인 예이다. 이로 인해 삼국시기 유비의 시신도 분명 완벽한 부패방지 처리를 했다는 것이다.

셋째, 봉절에서 성도까지의 교통은 아주 잘 뚫려 있었다는 것이다. 역사적으로 민강, 장강의 수로는 사천 성도의 물자를 연결해 주는 주요 통로였다. 삼국은 촉오 연맹으로 사자들이 빈번하게 왕래하였는데 이 역시 모두 수로를 따라 왕래한 것이었다. 이로 인해 '만리교'라는 유적도 남아 있다. 당대 시인 두보는 초당에서 '창에 서령 천추 설이 머금어 있고 문에는 동오에서 만리를 온 배들이 정박해 있는 모습'을 보고 이를 시로 표현했다. 한당시기에는 성도에서 민강, 장강을 통해 강남으로 가는 것이 흔한 일이었으며 수로가 아주 잘 뚫려 있었다는 것을 알 수 있다.

제왕의 관은 비교적 무거웠기 때문에 선박을 이용해 운송하는 것이 가장 안전한 방식이었을 것이다. 제갈량은 유비의 자궁이 용안에서 배에 오르는 것을 잘 지켜보았을 것이고 유비의 시신은 장강을 따라 강주(오늘날 중경시 중구), 강양(오늘날 사천 노주), 북도(오늘날 사천 의빈)를 거쳐 다시 민강으로 결국 성도로 돌아왔을 것이다. 전체 이동 길은 약 이천리정도 되었을 것이다. 이런 국가적 대사는 분명 밤낮을 서둘러 길을 갔을 것이고 매일 7-800리 정도는 갔을 것이다. 속도도 정상 범위에 속했다. 그리고 시신 운반에는 1개월이라는 시간이 걸렸을 것이다. 이는 사서에서 언급하고 있는 4월 봉절에서 출발하여, 시신은 5월까지 성도로 운반되었다는 기록과 부합한다.

당시 제갈량은 예제예의를 엄격히 따랐다. 전국의 힘을 운용하여 밤낮을 달려 선제의 시신을 경성 성도로 잘 호송하였을 것이다. 그리하여 8월, 유비는 융중하게 남교 혜릉에 안장되었다.

송대 육유의 〈입촉기〉, 명대 조학전의 〈촉중명승기〉 등에서는 촉나라의 명승고적을 기록하고 있는 저작이다. 하지만 봉절 유비 능에 대한 기록은 없다. 유비의 시신이 성도로 운반되어 안장되었던 사실은 의심할 여지가 없는 것이다.

89

유비 능에는
처와 첩이 같이 안장되었는가

유비의 능은 한 사람의 무덤이 아니라, 부부가 함께 안장된 묘이다. 유비 능에는 유비 사망 전과 후로 죽은 두 부인이 매장되었다. 이는 〈삼국지〉에서 아주 분명하게 기록되어 있다. 한 명은 감부인이고, 감황후라고 칭했다. 또 한 사람은 오부인이고, 목황후라고 칭했다.

감부인에 관해 사적에서는 그녀는 미천한 신분 출신이며 피부가 무척 부드럽고 희었으며 무척 요염한 모습을 지닌 아름다운 아가씨였다고 기록하고 있다. 뿐만 아니라 그녀는 아주 부드럽고 어진 여자였으며 대국적인 측면에서 상황을 바라볼 줄 알았다고 한다. 유비는 그녀로 하여금 나랏일도 자주 다스리도록 하였고, 이에 그녀는 유비를 잘 내조한 현모양처라고 불린다. 또한 그녀는 유비의 아들 유선을 낳았고, 이로 인해 유비의 그녀에 대한 사랑은 배가 되었다.

장판파 전투에서 감부인과 아들 유선은 조운의 보호로 죽음을 면할 수 있었다. 오래지 않아 그녀는 목숨을 잃었고 형주 강릉에 안장되었다.

감부인의 이장은 유비가 병중에 있을 때 이루어졌고, 합장은 유비가 병으로 서거한 뒤 이루어졌다.

유비가 황제가 된 후, 형주를 되찾고 관우의 복수를 하기 위해 병

〈삼국지 · 이주비자전〉 한 부분(毛氏汲古閣本, 明崇禎十七年版)

사를 이끌고 오나라를 토벌했다. 역사에서는 이것을 효정전투라고 부른다. 이 전쟁은 유비의 참패로 끝났다. 나이를 먹어 기력이 쇠한 유비는 백제성으로 후퇴하였고 10개월 후 병으로 세상을 떠나고 만다. 길고 상대적으로 여유로웠던 시간 속에서 전투와 명예도 모두 한 쪽으로 제쳐두었을 때 유비는 가족들이 그리워지기 시작한다. 자신의 처와 가족들이 네 번이나 적군에게 포로가 되어 적의 전리품이 되었던 사실을 생각하니 마음 속에서 그를 따라 남과 북을 전전하며 일찍이 세상을 떠난 아내와 첩들에 대해 부끄러운 마음이 솟구쳤다. 그래서 '장무2년, (감부인을) 황사 부인이라고 칭하고, 촉으로 이장하였다'. 이 명령은 그가 당시 어떤 마음이었는지를 충분히 드러내 준다.

예상치 못하게 감부인의 이장이 이루어지던 도중 유비가 병으로 세상을 뜨고 만다. 그래서 제갈량은 유선에게 상서를 올려 그녀를 소열황후로 추봉하고 〈시경 대차〉 중의 '다른 방에 있지만 죽어서는 같은 동굴에 함께 한다.'는 문구를 인용하여 부부를 합장하자고 건의

301

감부인 인물도 - 〈삼국연의〉(淸康熙年兩衡堂刊本)

를 올린다. 유선은 이에 동의를 표한다.

오부인은 유비가 익주를 얻고 손부인이 동오로 돌아간 뒤 군신들이 새로운 부인을 들이기를 권해 만난 사람이다. 오부인은 원래 익주목 유언의 아들 유모의 부인이었는데 유모가 죽은 뒤 과부로 살고 있었다. 유비가 오부인을 들였을 때는 54세였다. 오부인은 젊고 아름다웠다. 그녀는 부인, 한중왕왕후, 황후, 황태후로 책봉되었고 유비와 함께 10여 년(214~223년)을 생활한다. 유비가 죽은 뒤 22년 후(245년)에 그녀도 세상을 뜬다. 사서에서는 '혜릉에 합장되었다.'라고 기록하고 있다.

유비의 일생의 부인과 첩, 황후와 후궁은 사서에 기록된 미, 감, 손, 오부인 4명이었다. 다른 여자가 있었는지는 알 수가 없으나 유비의 아들과 딸들이 모두 다른 어머니였다는 사실을 살펴보면 분명 몇 명이 더 있었을 것이다. 미, 손 두 부인은 그의 형제들이 유비에게 바친 것이었다. 이는 일종의 정치적 행위였다. 많은 처와 첩 중에서 감부인과 오부인은 아마도 유비와 가장 감정이 좋았던 부인들이었을 것이다. 이로 인해 왕후로 책봉되었을 것이고, 전기에 기록되었고, 유비와 함께 합장되는 대우를 받았을 것이다.

유비 능에 합장된 부인은 감과 오, 두 부인이다. 이 사실은 유비의 부인에 대한 감정의 중요성과 마음 깊은 곳에서 그녀들에게 가지고 있었던 부끄러운 마음을 돌려서 보여주는 것이다. 진수는 경전 속 문구를 인용하여 감, 오 두 부인의 전기 마지막 부분에 이렇게 평론을 적었다. '부부가 있어야만 부자가 있을 수 있다. 부부는 사람과 사람 관계의 시작이라고 알 수 있다. 두터운 감정 역시 부부를 초월하는 관계는 없을 것이다.'

유비 능에는 감, 오 두 부인이 합장되었다. 이는 유비, 제갈량과 촉한 조정이 인륜도덕과 부부 감정을 무척 중요시했다는 사실을 알려준다.

90
유비 능의 봉토와 규모는 왜 이렇게 작은 것일까

유비 능은 사당의 본관 건축 서측에 있다. 봉문 봉토는 원형인데, 마치 흙더미가 쌓여있는 것만 같다. 높이는 12m다. 사방으로 180m의 고리모양의 벽돌들이 둘러싸고 있다. 무덤의 남쪽 방향에는 궐방식의 건축이 문의 역할을 하고 있으며 주변에는 벽들이 둘러싸고 있다. 궐방의 정중앙에는 '한소열황제지릉'이라는 묘패가 상감되어 있으며 이는 청나라 건륭 53년(1788년)에 지어진 것이다. 궐방 밖에는 침전이 있으며 그 뒤로 신도, 문청, 조벽이 있어 소규모의 능원 건축을 형성하고 있다. 토지가 차지하는 면적은 10묘(畝)가 되지 않으며 약 6000여 m^2 정도 된다.

제왕릉원으로서 유비 능의 봉토와 건축은 다른 제왕들의 능원과 비교했을 때 무척 작은 듯하다. 예를 들어 진시황릉은 능원이 차지하는 토지 면적만 49km^2이다. 능총의 높이는 51m이다. 한무제 유철의 무릉과 능총의 봉토 높이는 46.5m이다. 당태종 이세민의 소릉은 소원의 주변 둘레만 60km이다. 동시에 당의 몰락 후 조그만 영토에 안거했던 전 촉 황제 왕건의 영릉의 능총 봉토의 높이는 15m 직경은 80여 m 정도였다. 유비 능과는 비교할 수 없는 크기였다. 왜 유비능원의 규모는 이처럼 작은 것일까? 왜냐하면 유비, 제갈량이 근검절약하는 것을 솔선하며 소박하게 안장해 달라고 유훈을 남겼기 때문이다.

유비가 소박한 장례를 원했다는 것에 대한 자료는 하나밖에 없다. 제갈량은 '선제가 임종 전 유언을 남겼는데 장례를 치룰 때 태종교문 황제의 모범대로 처리하도록 하고 적당한 개혁을 하도록 했다.' 태종교문황제는 서한 문제 유항이다. 그가 장례에 있어 간략하게 요구한 바는 무엇이었는가?

혜릉의 봉토

유항은 일생을 근검절약하며 살았다. 후하게 장례를 치르는 것이 풍습이 되었던 진한시대에 절약하는 장례인 절장을 주장하였다. 그

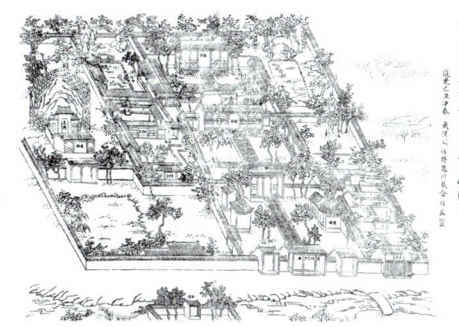

淸道光年〈소열충무능묘지〉전도

는 '능원은 산을 능으로 삼으며 봉우리가 솟지 않도록' 요구하였고 '땅에는 봉토가 없도록' 하였다. 순장품은 모두 토기를 사용하도록 하였고 '금은동으로 장식품을 넣지 말도록' 하였다. 〈유조〉에서 그는 '호화로운 장례는 파산과 무거운 의상으로 생명을 상하게 한다. 나는 그것을 취하지 않겠다.'라고 하며, 호화로운 장례 즉 후장과 장시간 복효를 하는 것을 반대하였다. 이로 인해 조정에서는 그에게 소박한 장례인 박장을 시행하였고 상례에도 대폭 개혁을 진행하였다. 그래서 사마천은 그를 '인애로운 군왕'이라고 칭하였다.

문제 유항의 박장과 상례 개혁은 동한전기의 제왕들의 본보기였다. 광무제 유수는 임종 전 '상례는 모든 것을 문제(유항)가 했던 대로

하고, 반드시 간단하게 진행하여 낭비하지 않도록 하여라.'라고 유언을 남겼다. 그 이후의 명제 유장, 장제 유달도 유서 중에서 '장례는 선제 구제에 따라 진행하며 간략하게 행하여라.'라고 강조하였다. 그들의 능총은 모두 높지 않고 능원도 크지 않다.

삼국시기 조조는 사치스러운 것을 반대하고 박장을 행하였다. 그는 유언 중에서 '서문 표사 서원 위를 수릉으로 삼거라. 높기 때문에 그것을 기본으로 삼고 봉토를 두지 않고 나무도 심지 말라.'고 요구하였다. 또 '만약 꺼리지 않는다면 시시때때로 염을 하여라. 금, 귀걸이, 진주, 옥, 동, 철로 된 물건들은 모두 보내지 말도록 하여라.'라고 강조하였다. 능총과 봉토가 없었기 때문에 지금까지도 그의 능묘는 어디에 있는지 알 수가 없는 상태이다.

제갈량도 절약과 검소한 생활을 숭상하여 박장을 요구하였다. 역사에는 '제갈량은 한중 정군산에 안장해달라. 산을 무덤으로 삼아 총은 관이 들어갈 정도면 족하다. 복장은 검소하게 하고 기물들은 들이지 말라.'고 유언을 남겼다. 현존하는 무후묘의 묘총 높이는 4m, 직경은 21m이다. 보통 사람들의 분묘와 다를 바가 없다.

유비는 문제 유항의 박장의 주장을 따르라고 요구했고, 동한 전기 제왕의 장례의 소박한 풍습을 계승하여 박장을 행하는 제갈량도 이에 자연히 그에 따라 장례를 거행하였다. 그리하여 유비혜릉의 능총 봉토는 높지 않은 것이고, 원래도 현존하는 능원의 규모와 큰 차이가 없었다. 이는 전혀 이상할 바가 없는 일이었다.

▋ 동한 말년 무덤을 도둑질하는 일이 성행하였다. 그 당시는 전쟁으로 시기가 혼란했기 때문이었다. 아마도 이런 일들이 바로 유비, 조조 같은 사람들이 박장을 주장했던 원인이었을 것이다. 하지만 박장 시행은 주로 그들이 하늘의 뜻이나 귀신을 믿지 않았고, 초연하게 죽음을 맞이하여 사치스럽게 낭비되는 것을 싫어했기 때문이었다.

91

유비 능은 도굴을 당한 적이 있는가

유비 능은 지금까지 일천칠백여 년의 역사를 지니고 있다. 유비의 묘는 도굴을 당한 적이 있을까? 답은 그렇다이다. 그저 도굴에 성공을 하지 못했을 뿐이다. 왜 이렇게 말을 하는 것일까? 당대 단성식(?~863년)의 〈유양잡조(酉陽雜俎)〉라는 책에는 유비 능의 도굴된 이야기를 기재하고 있다.

책에서 언급한 내용은 다음과 같다. 최근 일부 도적 무리가 유비 능에 와서 구멍을 내서 묘 안으로 진입하였다. 안에는 등을 밝게 비추어 놓았는데, 두 사람이 안에서 바둑을 두고 있는 것이 발견되었고, 십여 명의 시위들이 좌우에 열을 서 있었다. 도적들은 너무 놀라서 황망히 무릎을 꿇고 사죄하였다. 바둑을 두던 사람 중 한 사람이 머리를 돌려 '뭘 좀 마시겠소?'라고 물었다. 그리고는 도적들에게 각각 한잔의 음료를 주었다. 그것을 다 마시고 그들은 옥대 몇 개를 부탁하였다. 왜냐하면 도적들에게는 빈손으로는 돌아갈 수 없다는 규칙이 있었기 때문이다. 옥대를 주고, 그들에게 빨리 나가라고 명령하였다. 도적들이 묘 밖으로 나오니 음료는 옻 같은 것이었고, 입은 모두 붙어 버렸다. 그리고 옥대는 거대한 뱀으로 변해 허리를 둘러싸고 있었다. 다시 뚫었던 구멍을 보니 이미 구멍이 사라지고 없었다. 묘총은 완전 처음의 모양처럼 되어 있었다.

이 이야기는 다른 문헌자료에도 기록되어 있다. 그저 세세한 부분들이 다를 뿐이다. 묘 안에서 바둑을 두고 있었던 두 사람에 대해 어떤 문헌에서는 명확하게 관우와 장비였다고 말한다. 그리고 도적에게 어떤 음료를 주었는지는 어떤 문헌은 술이었다고 말하고 있다.

확실히 이것은 아주 황당하고도 기괴한 이야기이다. 하지만 외면의 모습을 비추어보면 그것이 전달하고 있는 정보는 최소 세 가지 정도로 추려볼 수 있을 것이다. 하나, 과거 도적이 유비 능을 도굴하러 간 적이 있었다. 둘, 도굴은 성공하지 못했고, 묘실도 파손되지 않았다. 도적들은 아무 수확도 없었다. 셋, 세상 사람들에게 유비 능에는 신기한 일이 일어나니 건들지 말 것이며, 만약 건드릴 경우 벌을 받게 된다고 경고하는 것이다.

사실 유비 능은 신기하지 않다. 그는 사람들의 존중을 받았던 사람이었을 뿐이다. 그에게는 천하의 영웅이라는 칭호가 있다. 사학가 진수, 상거는 그를 위한 전기를 쓴 뒤 그에게 높은 평가를 했다. 송원시대부터 시작, 희곡, 소설 속에서 과장된 묘사로 인해 그는 중국

혜릉 가을의 모습

봉건 황제 중 인의 군주의 모범이 되었다. 이로 인해 천여 년 동안 유비는 사회 각계각층의 존중을 받았고 유비 능묘도 비교적 좋은 보호를 받아 왔다. 비록 현존하는 자료는 전면적이지 못하지만, 오늘날도 여전히 유비 능묘는 보호를 받고 있다.

혜릉 신도에 있는 길조 짐승

남조 제고제 소도성(서기 479~482년 재위)은 과거 익주 자사부단에게 명령하여 혜릉능원과 소열묘를 보수하라고 명령한 적이 있다고 한다.

당대 이회는 서기 847년~859년 검남서천절도사, 성도윤으로 임명되었다. 그는 남제시기 보수를 한 유비능묘가 너무 작다고 생각해 '개조를 하여 수능호를 세우고 사시에 제사를 지냈다'. 그는 유비능원을 확장하였고 유비 묘를 위한 수능호를 설치하여 일년사계의 제사와 제전을 규정하였다.

송, 명시대 진행되었던 유지보수와 보호에 대해서는 아주 분명하게 기록이 남겨져 있다. 명나라 말 장헌충이 촉을 공격해와 성도가 크게 피해를 보았다. 하지만 유비능에는 어떠한 손상도 입지 않았으며 도굴되지도 않았다고 한다. 이로 인해 유비능은 지금까지 완전한 모습으로 보존될 수 있었고 위대한 명승고적이 될 수 있었다.

옛사람들은 죽음을 삶과 같이 여겼다. 죽은 후에 장례를 치르면 종종 수장품을 함께 묻었다. 이로 인해 묘를 도굴하는 현상이 발생했다. 이로 인해 많은 제왕, 신사, 부자들의 능묘가 도굴되었다. 또한 이로 인해 생동감 있는 도굴에 관한 이야기들이 나올 수 있었다.

92

'혜릉'은 유비 능의 공식적인 칭호다
무슨 뜻일까

유비 능은 일반 사람들이 부르는 말이다. 유비 능의 정식 명칭은 '혜릉'이다. 왜 혜릉이라고 부르는 것이며, 무슨 뜻을 지닌 것일까?

중국 고대는 예의를 중시하였고 존과 비를 따졌으며 등급제도가 무척 엄격하였다. 지고지순한 제왕으로서 그들의 의식주행은 모두 일련의 전문 용어와 도구들이 있었다. 능은 바로 제왕분묘를 가리키는 전문용어였다. 사서의 기록에 따르면 '진나라에서는 천자의 총을 산이라고 불렀고 한나라에서는 능이라고 불렀다.'고 한다. 한나라 시대부터 시작해 천자의 분묘가 '능'이라고 불리기 시작한 것이다. 이는 제왕능묘와 관련이 있는 것이었다. 예를 들어 능호, 능원, 능묘, 능침 등의 용어는 여기서 나온 것이었다.

이로 인해 고대 제왕들의 분묘는 분이나 묘라고 불리지 못하고 반드시 '능'이라고 불러야 했다. 이것이 바로 제도가 되었다. 염제릉, 황제릉, 망제릉 등을 예로 들 수 있겠다. 그리고 〈익법(謚法)〉에 따라 불리던 예의가 시행된 후 그것의 정식 명칭은 ○○릉이 되었다. 예를 들어 한고조 유방의 묘는 장릉이라고 불렸고 한무제 유철의 묘는 무릉이었고, 광무제 유수의 묘는 원릉으로, 한헌제 유협의 묘는 선릉으로 불렸다. 위나라 무제 조조의 묘는 고릉, 오나라 대제 손권의 묘는 장릉으로, 서진 무제 사마염의 묘는 준양릉으로 불렸다. 그래서 유비의 묘는 혜릉으로 불렸다. 이것은 예제예의가 요구한 것이었고, 이렇게 하는 것이 당연한 일이었다.

그렇다면 '혜릉'은 무슨 뜻일까?

중국 고대에 제왕, 장수, 대신, 왕후와 비들은 공훈을 세우거나 절의가 있는 사람이면 죽어서 그를 위한 독자적인 칭호를 부여하였다. 유비의 '소열'이라든지 제갈량의 '충무후' 등이 그것이다. 이러한 칭호는 '익호'라고 불렸고, 이러한 익호를 지어주는 규정을 '익법'이라고 불렀다. 익법은 주대에 생겨났는데, 진시황이 그것을 없앴다가 서한 초 다시 회복되었다. '익호'를 주는 목적은 두 개가 있다. 첫째는 '존비를 구분하기 위해서'였다. 일반 사람들은 익호를 가질 수가 없었다. 두 번째는 '악을 징벌하고 선을 권장하기 위해서'였다. 익호는 죽은자가 평생 행했던 일들에 따라 좋은 의미를 줄지 나쁜 의미를 줄지가 결정되었다. 이로 인해 '익'자는 아름다움, 평범함, 악함 세 가지 종류로 나뉘며, 익호는 칭찬, 연민, 비하의 세 가지 종류로 나뉜다. 황제의 익호는 예관에 의해 정해졌으며 황제 자리의 계승자가 참가한 상황에서 가장 존경을 받는 대신에 의해 언덕에서 하늘에 제사를 지내는 의식을 하며 하늘이 내리는 '익'호라고 여겼다. 일반적으로 한 자 혹은 두 자이며, 당대 이후 그 자수가 많아졌다.

유비가 죽은 뒤, 그의 익호는 '소열'로 부여되었다. 〈익법〉에 따르면 '용모가 아름답다고 하여 소라고 일컬었고', '덕을 쌓

혜릉에 있는 "천추름연"란 편액

은 일이 명백하다하여 소', '그 성망이 널리 퍼졌다하여 소', '백성들을 편안하게 한 공적이 있다하여 열', '덕과 존귀한 업적을 모두 행했다하여 열'이라고 하였다 한다. 이 익호에는 유비의 품덕과 광대한 한 조기업의 공적을 칭찬하는 뜻이 있다. 그리고 유비 능에 지어준 익자는 바로 '혜'였는데, 이는 〈익법〉에 따라 '부드러운 성격으로 백성들에게 자애롭게 대해 혜'라고 하였으며, '백성들을 사랑하고 좋아하여 혜'라고 일컬었다고 한다. 이 '혜릉'의 '혜'자는 그의 품덕에 편중이 되어 있는 글자였으며 유비의 인자함과 백성을 사랑하는 마음을 칭찬하는 것이다.

그래서 유비 능은 '혜릉'이라고 불렀다. 또한 전통문화의 예의를 담고 있으며 전통문화의 가치 취향을 전달하고 있는 것이다.

촉한의 대신들도 익호를 가지고 있었다. 제갈량의 익호는 '충무후'였고 관우는 '장무후', 장비는 '환후', 마초는 '위후', 조운은 '순평후', 황충은 '강후'였다. 하지만 그들의 분묘는 모두 능이라고 불리지 않고 그저 묘라고만 불렀다. 무후묘, 장비묘, 조운묘 등을 그 예로 들 수 있을 것이다. 관우만이 황제로 추봉되어 묘를 관릉이라고 불렀지만, 그에게는 익자가 없었다.

93

혜릉신도에 돌조각은
왜 귀여운 것일까

　혜릉신도의 오늘날 규모는 사람들이 생각하는 제왕묘도만큼 웅장하지 않다. 오히려 약간 작다. 양쪽 방으로 이루어진 건축 사이에 돌로 된 길이 협소하게 놓여져 있다. 남쪽에는 조벽, 문청이 있고 북쪽으로는 침실, 묘궐과 연결되어 있으며 성도 무후사에서 가장 오래된 유적-혜릉묘총과 통해 있다.

　이처럼 '작은' 신도에 있노라면 그것이 대표하는 건축공간의 의의를 느낄 시간조차 없을지도 모른다. 대칭 배열된 기린, 석마, 옹중 이 세 개의 돌 조각에 매료되어 그것들이 너무 귀엽다고 여기게 될 것이다. 심지어 적지 않은 어린 관중들이 이곳에 있는 옹중의 조형을 보고 만화 캐릭터 '울트라맨'과 닮았다며 좋아했다. 또한 많은 사람들이 인터넷에 이 돌조각의 귀여운 사진들을 올려 인기를 끌었다.

　즐거운 공유와 동시에 사람들은 의문을 던진다. 이 혜릉신도에 있는 돌조각 조형은 천 년 동안 이런 모양이었을까? 왜 이렇게 다른 것들과는 다르게 귀여운 모양일까?

　시간은 촉한 장무3년(223년)의 가을로 거슬러 올라간다. 승상 제갈량의 주도 하에 한조열 황제 유비의 자궁은 소열황후 감부인의 영구와 혜릉에 합장되었다. 22년 이후, 목황후 오부인도 능묘에 안장되었다. 동한시기에는 고대 능침제도가 완벽하게 확립된 단계였다. 능 앞에 신도석각을 설치하는 예의도 이에 따라 점차 성행하게 되었다. 제갈량은 유비의 한제 계승을 보좌하였다. 촉한제후들이 합장된 혜릉도 반드시 엄숙한 석각 호위들이 있는 신도가 있어야 했다.

그러나 그 후 천칠백여 년의 시간동안 혜릉과 그 능원의 건축들은 왕성한 시기와 쇠락의 시기를 모두 겪었다. 남조시기에는 능원이 유지보수되었으며, 당조시기에는 향불이 왕성하였다. 명나라 전란 시기에는 비록 능묘는 이전과 같은 모습을 유지했지만 능원의 건축물은 이미 많은 시간을 겪은 뒤였다.

그래서 남송 시인 육유가 바람이 부는 추운 겨울에 혜릉을 방문하여 신도를 느릿느릿 거닐면서 본 것이 바로 '시든 풀에 누워있던 옹중'과 '흙에 뒤덮인 마궐과 말의 굴레'라는 적막한 풍경이었다. 청나라 시대 혜릉신도의 석각 기린이 아직도 존재하였었는데, 그래서 당시 사람들은 혜릉을 방문했을 때 대련 속에 남아 있던 '석린고도'라는 말에 감탄하였다. 그리고 근대에 이르기까지 모든 신도 석각은 그 발자취를 감추었고, 희미한 기억으로 남게 되었다.

혜릉과 능원 건축의 구조는 주로 청나라 강희제 7년(1668년)에 확립

혜릉 신도

되었고 이후 조금씩 재건되었다. 현재 보이는 신도와 석각은 1990년대 중반에 박물관에서 관련 문헌 자료에 따라, 고대 능침 제도를 참고하여 복원한 것이다. 당시 건축 공간과 신도 크기에 제한을 받아 석각의 부피는 본래 크기에서 축소될 수밖에 없었다. 선도 최대한 부드럽게 표현하여 우리도 모르는 사이에 귀여운 시각적 효과를 부가하게 된 것이다.

오늘날 옅은 푸른 이끼와 물 흔적이 점점 신도 석각에 물들어 시간의 흔적과 더불어 시간의 야속함을 더하였다. 가을이 되면 황금빛으로 물들어진 은행잎이 바닥에 떨어져 있는데, 가끔 외계인이 출몰한 것 같은 느낌이 들기도 한다. 사람들은 이 길지 않은 공간에 서서 변화하면서도 멈춰 있는 형태를 꿰뚫어 보며 시간의 연속성을 이해하고 역사의 기억을 더듬어볼 것이다.

신도에 있는 석상

신도는 묘 앞에 놓인 큰 길이다. 이 길은 신령이 다니는 도로이다. 제릉 앞에 석각을 세우는 것은 동한 때부터 시작되었다. 광무제 유수릉 앞에 석상이 놓여 있다. 남경 부근의 남조 제후왕후릉묘에는 31개의 석각이 현존한다. 대부분 기린, 천록이며 국보로 지정되었다. 신도에 석각을 놓아 상서로운 기운이 가득하며 사악한 기운을 내쫓고자 하였다.

94
'백삼삼(柏森森)'은 어떻게 무후사의 상징적인 경관이 되었는가

'승상의 사당은 어디 있는가, 금관성 밖 잣나무 숲만 빽빽하네.'
두보가 쓴 이 시 구절을 읽을 때마다 성도 무후사의 수묵화 한 폭이 머릿속에 떠오른다. 화폭에는 짙은 푸른 빛의 하늘이 우뚝 솟아 있고 오래된 잣나무들이 빽빽하게 들어서 있고 사당은 보이는 듯 보이지 않는 듯 숙연한 기분이 들고 넋을 잃은 듯 마음이 끌린다.
성도 무후사의 옛 잣나무에는 깊은 역사가 있다. 여러 종류의 문헌에서는 잣나무는 공명이 손으로 직접 심은 것이라고 기재하고 있다. 나무를 심을 때 제갈량은 건재했다. 자연히 그를 기념하는 사당도 없었을 것이다. 그렇다면 왜 천백여 년 이후 빽빽이 들어선 잣나무 숲이 성도 무후사의 상징이 된 것일까?
소열제 유비가 죽음을 맞이했을 때 제갈량은 혜릉과 능원의 건축을 담당하였다. 유비의 유언에 따라 제갈량과 대신들은 능원에 잣나무를 심어 그에 대한 그리움을 표현하고자 하였다. 이삼백 년 후 유비 능원의 잣나무는 점점 울창해졌고, 어떤 가지들은 마치 용과 뱀이 서로 엉켜있는 모양을 이루었다. 이때 혜릉과 선주묘 옆에 무후사가 생긴 것이다. 군신들의 능과 사당이 서로 의지하고 울창한 옛 잣나무가 함께 하나의 신기한 경관을 형성하여 관신 문인들의 추봉을 받았다.

 당시가 융성하던 시기에 이곳은 관신 사인, 시인 묵객들이 앞다투어 방문하여 쉬어가는 명승지가 되었다. 사람들은 무후, 중무후에게 공경을 표하며 지붕 위에 앉아있는 새마저도 사랑하였다. 그리고 당시 제갈량이 직접 심었던 옛 잣나무는 우연한 인연으로 사람들에게 제갈량을 떠올리는 감정의 상징이 되어버린 것이다. 또한 이 잣나무는 시문에서 무후사를 서술하는 데 중요한 경관으로 서술되었다. 두보의 시 외에도 이상은이 와서 쉬어갔을 때도 〈무후사고백(武侯祠古柏)〉이라는 글을 썼고, 시인 단문창은 〈무후묘고백명(武侯廟古柏銘)〉이라는 시를 사당의 돌에 새겼다. 송나라 시대 육유의 집에는 무후사 고백도가 숨겨져 있었는데, 이로 인해 〈고백도발(古柏圖跋)〉이라는 시를 지었다. 전황은 〈고백기(古柏記)〉를, 범진은 〈무후묘백(武侯廟柏)〉이라는 작품을 저술했다. '빽빽한 잣나무라는 뜻을 지닌 백삼삼(柏森森)'이라는 글자는 무후에 깊게 새겨져 낙인이 생겼고, 이는 성도 무후사의 일종의 상징이자, 하나의 문화 부호가 되었다.

 당나라 말기, 잣나무가 점점 시들었으나 나뭇가지의 형태는 남아

성도 무후사에 있는 고측백나무

있었다. 송나라 시대에 들어 그 나뭇가지와 잎이 다시 살아나니, 옛날의 기운을 그대로 가지고 있었다.

명나라 시대, 사람들은 옛 잣나무의 영기를 칭찬하며 그것을 점차 신격화시켰다. 옛 잣나무의 전설에 관한 이야기들도 이에 많이 생겨났다. 그중에서도 명나라 가정년 시기에 전해지던 이야기가 있다. 당시 풍청이라는 관원이 있었는데, 촉나라에 와서 경성의 건칭궁을 시공하는 데 좋은 나무를 고르고 있었다. 그는 사당에 있는 옛 잣나무를 베고 싶었으나, 하늘에서 갑자기 떨어진 새들이 요란스레 울어 그 나무를 베는 것을 포기하였다는 이야기이다.

이 외에도 옛 잣나무의 신기한 이야기는 정식으로 명확하게 기재되었다. 저명한 의학가 이시진은 〈목초강목(本草綱目)〉에서 특별히 이 옛 잣나무 잎으로 약을 만들었던 일을 언급한다. 그 약의 맛은 달고 맛있었으며, 보통의 잣나무와는 달랐다고 기재되어 있다.

안타까운 것은, 명나라 말기의 화재로 잎이 무성했던 이 옛 잣나무는 결국 시들어 현재는 존재하고 있지 않다.

청나라 강희년에 능묘가 재건되었을 때를 시작으로, 건륭, 도광년까지 이 사당을 지키는 사람들은 옛날의 '고백삼삼(古柏森森)'의 잣나무가 울창한 경관을 다시 재현시키기 위해 사당에 잣나무를 계속해서 심어왔다. 오늘

〈무후사도〉(吳一峰 그림)

날의 사당 관리자는 1960년대부터 시작하여 지금까지 계속해서 잣나무를 심으며 과거의 경관을 살리고자 노력하고 있다.

계속해서 잣나무를 심어온 결과 지금은 점점 울창한 모습을 보인다. 사당의 벽을 따라 시선을 돌려보면 울창하게 푸른 모습을 볼 수 있을 것이다. 옛사람들이 잣나무를 고상한 기개에 비유했듯, 빽빽한 잣나무를 보면 충신 현상 제갈량의 초연한 덕품을 느낄 수 있다.

유비는 유언에서 장례를 치를 때 서한 문제 유항의 방식대로 하라고 지시하였다. 유항의 패릉은 '분을 세우지 않았지만', 묘에 '잣나무를 심었다'. 이로 인해 제갈량과 군신들은 유비의 능원 근처에 잣나무를 심었다. 이 잣나무들은 후에 유비 능묘와 성도 무후사가 모두 가지고 있는 특징이 되었으며, '잣나무가 울창한 모습인 백삼삼(柏森森)'이라는 말은 성도 무후사의 경관을 가리키는 일종의 상징적인 언어가 되었다.

95

무후사의 식물은
어떠한 특수한 의미가 있는가

　무후사에서 가장 유명한 식물은 두보 시인이 쓴 '울창한 잣나무'일 것이다. 이 외에도 아주 많은 종류의 식물이 무후사에서 삼국영웅에 대한 추억과 찬양을 계승하며 사계절마다 다른 경관을 만들어내고 있다. 그 식물들을 몇 가지 나열해 보면 다음과 같다.

　고결한 백목련.

고사에 있는 옥난 피는 모습

　햇볕이 따뜻한 봄 3월의 승상 사당에는 갖가지 꽃들이 앞다투어 핀다. 대청까지 거닐다 보면 얼굴에 불어오는 봄바람에 은은한 향기가 나는데, 공기 중에 있는 듯 없는 듯한 꽃 향기가 사람들의 발걸음을 멈춘다. 제갈량전 앞 만개한 목련 나무 아래에는 고개를 들어 꽃을 감상하는 사람들로 가득하며 모두 발끝을 세워 이 우아한 꽃 향기를 깊이 들이마시고자한다. 손을 뻗어 손끝이 나뭇가지 끝에 있는 꽃잎을 만지려고도 한다. 전통 문화에서 목련은 '옥처럼 깨끗하고 얼음처럼 푸르다.'라는 뜻을 지니며 고상한 품격을 상징한다. 눈앞에 가득한 하얀 목련은 청문 위에 있는 '만고운소일우모(萬古雲霄一羽毛)'라는 편액과 어울려 제갈량의 숭고함과 초범한 모습을 더욱 도드라지게 한다.

믿음을 지키는 황갈수.

여름의 무후사는 사람들에게 시원한 느낌을 준다. 사당 안에 있으면 하늘에 있는 해를 가려주는 황갈수, 뜨거운 햇볕을 막아주고 땅에는 별이 떨어져 있는 것 같은 그림자를 드리운다. 발달된 뿌리는 소박하고 검푸르며 사당과 함께 어울려 눈이 부시게 빛난다. 무성한 나뭇잎들이 거의 무후사의 대문을 덮을 것처럼 건축과 하나가 된 모습이다.

이 황갈수는 형제들의 믿음을 지키는 정을 가리키는 상징이다. 전설에 따르면 황갈수와 야자수는 원래 서로 의지하는 친구였다. 그런데 가뭄으로 인해 그들은 밖으로 나가 물을 찾아보기로 한다. 두 형제는 물을 찾으면 제일 처음으로 상대방에게 알려주기로 약속하였다. 만약 이 약속을 지키지 않으면 몸이 능지처참 되는 벌을 받기로 하였다. 얼마 뒤 황갈수가 물을 찾은 뒤 약속대로 가장 높은 산 정상에 올라가 산 정상의 바위에 자신의 나무뿌리를 단단히 묶은 뒤 나뭇잎들을 흔들어 자신의 형제에게 이 사실을 알려주었다. 그래서 사람들은 이 황갈수를 신용을 지키는 것의 상징으로 여겼다. 그러나 야자수는 이 맹세를 잊어버려 사람들은 야자수를 칼로 잘라 능지처참하여 벌을 내렸다. 뿌리가 깊고 잎이 무성한 황갈수는 사람들로 하여금 유비, 관우, 장비가 죽을 때까지 함께 하던 형제의 정을 떠오르게 한다.

계수나무와 연꽃으로 그리워하는 마음을 보내다.

금빛 가득한 가을인 8월은 성도 무후사에서 기후가 가장 좋은 계절이기도 하고, 무후사에서 계수나무 꽃과 연꽃이 가장 만개하는 시절이기도 하다. 제갈량전 서측 연못에 만개한 연꽃, 연못 주위에 있는 금빛, 은빛, 붉은빛의 계수나무들은 나뭇가지가 가득하며 그 향기가 십리까지 퍼진다. 연꽃의 숨겨진 뜻은 청렴, 계화나무꽃은 부귀를 의미한다. 제갈량은 평생을 주공을 모시며 청렴하게 살았다. 223년 8월, 그는 오장원에서 계화나무 꽃향이 퍼지던 계절에 병으로 세상을 떠났다. 무후사에 연꽃과 계화나무꽃을 심는 것의 의미는 제갈량을 찬미하고 그리워하는 뜻을 지닌다. 오늘날 사람들은 여전히 무후사에 날리는 연꽃과 계화나무꽃의 향기를 맡으며 그 당시 비범한 세월을 추억하며 그 당시의 삼국 역사를 풍미해본다.

고사에 있는
해당화 피는 모습

붉은 해당화.

겨울, 북방이 은백색으로 덮이는 시기, 천부지국의 성도는 여전히 푸르른 울창한 모습을 지닌다. 봄이 다가올 때 쯤 무후사에 있는 해당화가 만개하여 불처럼 아름다운 꽃송이가 봄계절을 가장 아름답게 장식한다. 마치 이 모습이 붉은 묵은해를 보내고, 붉은 새로운 봄을 맞이하는 것 같다.

해당화가 질 때 목련의 꽃송이가 나뭇가지에서 조용히 얼굴을 드러낸다. 가지각색의 식물들이 차례로 꽃을 피우고 지는 모습이 매년 반복되는데, 이는 사람들에게 제갈량과 촉한 영웅을 떠올리게 해 주며, 사당의 봄, 여름, 가을, 겨울을 더욱 아름답게 해 준다.

중국 전통 문화에서 식물은 의인화 되어 사람의 절개, 품덕의 특징이 부여되었다. 이로 인해 '세한삼우'의 송, 죽, 매가 생겼고, '화중사군자'인 매, 란, 죽, 국이 생겨났다. 다양한 식물들이 원림의 산수에 융합되면서 중국 원림 문화의 독특한 풍경을 형성한다.

96

무후사는 왜
'희신방(喜神方)'이 되었는가

    무후사에서 봄에 가장 인기 있는 경치 좋은 곳은 어디일까? 그곳은 바로 '희신방(喜神方)'이라는 세 글자가 큰 돌에 새겨져 있는 곳이다. 사람들이 몰려 서로 발꿈치를 들며 '희(喜)'자를 만져 행운을 가져오려는 모습을 볼 수 있다. 이러한 장면은 '신희방' 시리즈 이벤트 중에서 절대 놓쳐서는 안 되는 아름다운 풍경이라고 할 수 있겠다.

    '유희신방(游喜神方)'에서 '희신(喜神)'은 사람들에게 길함, 기쁨, 지혜를 가져다주는 신기한 종이를 말한다. '희신방'이라는 것은 바로 이 '희신'이 소재하는 방향을 가리킨다. 전통적 방위 관념에서 남쪽은 운이 좋은 방향이었다. 즉 희신이 있는 방향이었다. '유희신방'은 바로 백성들이 희신이 있는 방향으로 돌아다니며 한 해 동안 좋은 운만 따르기를 바라는 것이었다. 중국 고대의 민속으로서 '유희신방'은 송나라 시대까지 거슬러 올라가는 몇백 년의 역사가 있다. 청나라 중기, 말기, 성도 사람들은 무후사의 유희신방 민속을 점차 형성하였으며, 이는 '출행', '출천방'이라고도 불렸다. 청나라 시대, 민국시대에도 한 시대를 풍미하던 민속이었다.

    그렇다면 무후사는 어떻게 '희신방'이 된 것일까? 고대부터 무후사는 삼국의 숭고하고 성스러운 곳이었으며, 마침 성도 남쪽 근교에 있어 희신 '남쪽'이라는 행운이 깃든 방향과도 부합하였다. 이에 촉나라 백성들은 이를 희신의 방향으로 여겼다. 무후사에서 모시고 있는 촉한의 영웅 유비, 관우, 장비, 제갈량은 백성들의 마음 속에서 충성, 의리, 재신 및 지혜의 신이었을 뿐만 아니라, 춘절 기간에는 '희신'으로 추대되었다. 그래서 신춘절기가 되면 성도 사람들은 모두 남문으로 나갔다. 모두 어르신을 모시고 아이를 데리고 무후사를 방문하여 유비, 관우, 장비와 제갈량에게 절을 올리며 한 해 동안 평안하기를 기도하였다.

어린이 길신들이 여행객에게 새해인사

1998년초 성도 무후사 박물관에서는 중국에서 가장 처음으로 '유희신방' 민속 활동을 회복시키고, 그것을 무후사에서 춘절기간동안 진행하는 중요한 정기 이벤트로 만들었다. 2005년부터 성도대묘는 무후사 원림구역에서 개최되었다. '유희신방' 민속 활동도 자연히 대묘 행사 속으로 융합되어, 매년 무후사에서 열리는 중대한 활동이 되었다.

매년 설날이 되면, 삼의묘 앞에서 새로운 한 해의 첫 번째 종소리가 울린

외국인 여행객들이 길신석을 만지며 즐거워하고 있다.

다. 그리고 '행복하고 무사하기를 바랍니다', '한 해 평안하세요.'라는 신년 인사들이 이곳 저곳에서 들리며 '유희신방' 활동도 정식으로 시작된다. 음력 정월 초하루, '유희신방'이라고 불리는 고대 제사를 모

방하는 공연이 대문에서 서막을 올린다. 고대 제사를 모방하여 하늘을 흔들 것 같은 징과 북 소리와 함께 위풍당당한 촉한 장사 대열이 나타난다. 유비, 관우, 장비, 제갈량이 문신과 무장 무리들을 이끌고 화려하게 나타난다. 희신 제갈량이 두루마리를 펼치면 노래 소리로 '유희신방' 활동이 정식으로 시작되었음을 알린다. 그리고 108명의 제사 대오들이 위풍당당하게 각 건물들을 지나, 삼의묘 앞 광장으로 와서 세 가지 희생물을 바치고 분향을 하고, 비단과 술을 바친다. 무후 선현들에게 절을 올리고 촉나라의 번영을 위해 기도를 한다. 문무재신도 십이지신을 데리고 사람들에게 새해 복을 기원한다. 시에서 가장 귀엽고 복스러운 '소희신'을 뽑아 복을 뿌리며, 전통 설 활동에 활기를 불어넣기도 한다.

오늘날의 '유희신방' 활동은 성도의 설에 복스러운 기운과 즐거운 분위기를 더욱 더해 주고 있다.

중국의 전통문화에는 풍부한 민속 풍습들을 포함하고 있다. 유희신방과 대묘회는 그중 하나라고 할 수 있다. 사람들이 송구영신을 하는 설날이 되면 이 활동을 통해 명절의 즐거움을 함께 즐기고 마음속으로 한 해의 복을 기원한다.

97

촉한의 영토는 얼마나 컸으며, 얼마나 많은 인구를 가지고 있었을까

삼국에서 촉한의 영토는 얼마나 컸으며 얼마나 많은 인구를 가지고 있었을까? 역사적 상식을 갖춘 사람으로서 이 문제를 확실히 하는 것은 필수적인 일이다.

촉한의 영토에 관해 이야기해 보자면, 먼저 삼국의 분포부터 살펴볼 필요가 있다. 동한 말기, 중국 전국의 지역은 주, 군, 현 세급에 따라 관리 행정 구역이 나뉘었다. 그 당시 중국 전국은 총 13주, 105군, 1180현으로 구성되어 있었으며, 밖으로 종속되어 있던 서역이 있었다. 삼국이 정립되어 있던 강역이 기본적으로 안정을 찾았을 때 조위는 예, 기, 연, 서, 청, 양, 병, 유의 팔주와 사예교위 총 9개의 주를 가지고 있었고, 밖으로 종속되어 있었던 서역도 가지고 있었다. 중국의 북방지역과 황하유역은 기본적으로 조위 정권에 속했으며, 그 점거 면적도 가장 컸다. 손오는 그 다음이었다. 그는 양, 형 두 주의 절대 부분을 차지하고 있었고, 전체 교주를 차지하고 있어 장강 중하 구역을 위주로 점거하고 있었다. 촉한은 단지 익주 한 주의 땅만 가지고 있었으며, 이곳은 오늘날의 사천, 운남, 귀주, 삼서성 남부와 중경시를 가리킨다. 삼국 중에서 촉한의 땅이 가장 작았다.

익주는 총 37군, 174현으로 구성되어 있었으며, 치소는 오늘날의

삼국정립약도 (《중국역사지도집》에서)

성도에 있었다. 동쪽으로는 사천과 호북 인근 지대였으며, 무산 일부분을 포함하고 있었다. 북부는 진령이남까지였으며, 오늘날의 섬서한중과 감숙의 휘현, 문현일대이다. 서쪽으로는 오늘날의 사천 아파주 송반현까지이다. 남부는 운남, 귀주 및 광서 인근지역을 포함하며 대부분 소수민족들이 모여사는 곳이다. 제갈량이 남정을 하던 이야기는 바로 이 지역에서 발생했다. 익주 북쪽에 있던 진령은 방어막으로서 조위를 막았고, 동쪽은 장강을 따라 손오의 위협으로부터 대항했다. 이로 인해 제갈량은 〈융중대〉에서 유비에게 익주는 '천부지국, 옥야천리'의 땅이라고 말하였으며, 이곳을 촉한 집단의 전략적 기지로 삼을 것을 건의하였다.

촉한의 인구는 삼국 중 가장 적었다. 동한지방정부에서 전문적으로 통계만 담당하던 '계리'가 있었는데, 그는 정기적으로 본지의 호구와 땅 등 관련 수치를 모두 통계하여 중앙에 보고하였고, 중앙에 있는 전문 기구가 이를 모두 종합하였다. 사서의 기록에 따르면 동한 말기 순제영화 5년(140년), 중국 전국에는 970만 호, 4915만 명이 있었다고 한다. 동한 말기 장기간 지속된 전란과 심각한 재해로 인해 인구의 90%가 급격하게 감소되었다. 삼국 정립 후 약간 회복이 되었으나 동한 말기 20%의 수준까지는 도달할 수 없었다. 삼국 말기 각국이 멸망하던 때 통계 수치를 전리품으로 상납하였다. 정사의 기재에 따르면 촉한이 멸망하던 때 오직 28만 호, 94만 명의 사람들만 남아 있었다고 한다. 이는 손오가 멸망하던 시기의 52만 호, 230만 명에 비해 반도 되지 못하는 수치였다. 조위가 멸망하던 시기의 66만 호, 443만 명과 비교했을 때 사분의 일 정도 되는 수치였다. 전체 삼국의 인구를 합하면 총 146만 호, 767만 명의 사람이 있었다. 각국의 군대 수량은 기본적으로 본국 인구의 십분의 일 정도였다. 촉한이 멸망하던때 전국 군대는 10만여 명밖에 되지 않았는데, 이는 손오가 멸망하던 시기의 군대 23만 명이라는 수치의 반이었다. 조위 군대의 수치는 비록 문자로 기록되지는 않았지만 위 비례에 따라 계산을 해 보면 약 44만 명 정도 되었을 것이다. 손오의 군대보다 두 배 정도 많았고, 촉한보다는 네 배나 많은 수치이다.

촉한은 삼국에서 영토가 가장 작고 인구도 가장 적은 국가였다. 하지만 유비는 평민의 신분으로 가문을 일으키고 제갈량, 관우, 장비, 조운 등의 영웅들을 거느리고 드높은 역사를 만들었다. 아무리 힘든 고비라도 굽히지 않고 적극적이고 진취적인 정신으로 후세의 추앙을 받았다. 영토의 크기와 인구의 많고 적음은 모든 것을 결정하지 못한다.

당나라 정치가 비도는 〈삼절비(三絶碑)〉에서 다음과 같이 말했다. '구주의 땅 중, 위가 7을 가지고 있으며, 우리는 그중 1도 가지고 있지 않다. 우리는 외지고 황량한 곳에서부터 큰 뜻을 펼치며 국경으로 나가 적들과 맞서 싸웠다.'라고 외친 제갈량의 큰 포부와 적은 군대로 큰 군대에 맞서 싸웠던 진취적인 정신에 대해 크게 칭찬하였다.

98

유비, 관우, 장비, 제갈량의
친척 관계는 어떠했을까

유비, 관우, 장비는 형제처럼 친했다. 유비와 제갈량은 마치 물과 물고기의 관계처럼 절친했다. 사람들이 생각하지 못하는 것은 바로 그들이 후에 모두 친척 관계가 되었다는 사실이다. 왜 이렇게 말하는 것일까? 왜냐하면 〈삼국지〉 및 비송의 해석에 따르면 유비의 자손과 제갈량, 관우, 장비, 마초, 비의 등의 아들 자손들과 혼인의 관계를 맺었다고 한다. 지금부터 유비의 자손들부터 이 이야기의 실마리를 하나씩 풀어가 보자.

유비의 아들 유선은 먼저 '장비의 장녀를 태자비로 받아들였고', 후에 그녀를 황후에 책봉하였다. 그녀가 죽은 뒤 그의 여동생이 또 유선의 아내가 되어 황후로 책봉되었다. 장비의 딸들도 모두 유선의 아내가 되었고, 향후 황후가 되었다.

그렇다면 유비의 손자와 손녀들의 혼인 상황은 어떠했을까? 아주 복잡했다. 하나하나씩 풀어나가 보자.

관흥은 관우의 아들이었는데 젊어서 죽음을 맞이하였다. 그의 아들 관통은 공주와 인연을 맺었으며, 호분중랑장까지 관직을 지냈다. 즉 관우의 손자와 유비의 손녀가 부부가 되었고, 유비와 관우가 친척 관계가 되었다는 것이다. 만약 이 공주가 장비의 딸과 유선이 낳

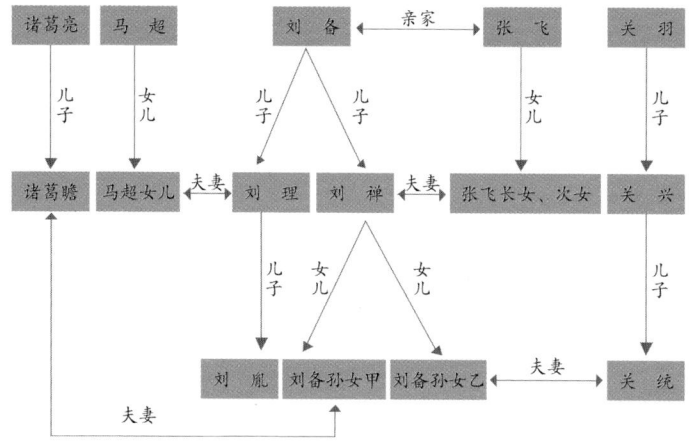

촉한시대 영웅들의 혼인 친속관계 안내도

은 자식이라면, 유비와 관우, 장비가 모두 한 가족이 된 것이라고 할 수 있을 것이다.

제갈량의 아들 제갈첨은 '17세의 나이에 공주와 연을 맺었다.', 그는 어린 나이에 유선의 딸을 아내로 맞이하였다. 이렇게 되면 유비의 손녀가 제갈량 아들의 부인이 된 것이었다. 이 공주는 유선과 장비의 딸이 낳은 딸이었는지, 아니면 유선이 다른 첩과의 관계에서 낳은 딸이었는지는 사서에 기록되어 있지 않아 알 길이 없다. 만약 유선과 장비의 딸이 낳은 딸이었다면, 제갈량의 며느리가 장비의 외손녀가 되는 것이다. 그렇다면 제갈량과 장비가 친척 관계가 되는 것이고, 유선과는 아들딸의 친가가 되는 것이었다.

'마초는 딸을 안평왕 유리에게 점지해 주었다'. 안평왕 유리는 유선의 서제였다. 건흥8년(230년) 안평왕으로 책봉되었고 그는 마초의 딸을 아내로 맞이한다. 이때 마초는 이미 죽은 상태였다. 유리에게는 윤이라고 불리는 아들이 있었는데 이 아들이 마초의 외손자였는지는 알 수가 없다. 이렇게 되면 마초는 유비, 유선 혹은 장비와 친척 관계가 되는 것이다.

비의에게는 아들과 딸이 있었다. 그의 아들은 이름이 공이었다. 그는 유선의 딸을 아내로 맞이하였다. 그리고 비의의 '장녀는 태자 첨의 첩'이 되었다. 비의는 아들과 아들의 혼인으로 인해 유선과 친척이 되었으며 그들의 관계는 더욱 친밀해졌다.

촉한 군신의 자녀들 사이에 혼사가 이루어지는 것은 아주 보편적인 일이었다. 앞서 말한 이야기들은 모두 사서에서만 기록되어 있는 것들이다. 하지만 유비의 자손과 제갈량, 관우, 장비, 마초, 비의 등 대신 장군의 자손 간에는 아주 복잡한 통혼이 있어 사람들을 놀라게 한다. 이러한 현상으로 보았을 때 그들의 자손들도 힘을 발휘하여 혼인이라는 수단으로 자신이 속한 집단의 기득 이익을 공고히 하려고 했다는 것을 알 수 있다. 혈연과 친정이라는 관계를 이용하여 촉한 집단과 계속해서 새로운 유대를 만들어나갔다. 혼인을 일종의 정치적 수단으로 여기는 것, 이것 또한 중국 고대의 혼인 풍속과 관념이었기 때문에 전혀 이상한 일이 아니었다.

중국 고대 상층 사회의 혼인은 주로 정치 동맹을 체결하거나 가족의 세력을 확대하기 위한 일종의 수단으로 사용되는, 일종의 정치적 행위였다. 그렇기 때문에 혼인 당사자들과의 관계는 극히 적었다. 사서에서 '납', '상', '배' 등의 글자로 혼인 관계를 소개하는 것들이 이런 상황을 증명하는 것들이다. 삼국시기에는 이러한 일들이 비일비재하게 일어났으며, 위나라 오나라에도 혼인을 통한 동맹 현상이 존재했다.

99
촉한 영웅의 묘지를
얼마나 알고 있는가

소열전에는 촉나라 황제 유비의 조각상을 모시고 있고 동서편전에는 관우, 장비 그리고 그들의 자손 조각상들이 있다. 동서양랑에는 촉나라의 문관 무장 28명의 조각상도 배열되어 있다. 촉한 군신들은 살아서 의리로 모여 의리로 전투에 함께 참여하였으며 죽어서도 함께 제사를 받고 있다. 영웅들은 자신들의 마음 속에 있는 신념을 위해 일생을 바쳤다. 하지만 웃음을 머금고 죽은 영웅이든, 한을 품고 죽은 영웅이든, 그들은 모두 죽어서 깊은 황토에 묻혔다. 그렇다면 어떤 촉한 영웅들의 묘지가 아직까지 남아 있는 것이며, 사람들의 마음 속에서 회고되고 있는 것일까?

먼저 오호상장의 관우, 장비, 조운, 마초, 황충이 어느 곳에 안장되었으며 분묘가 존재하는지를 알아보도록 하자.

관우, 머리는 낙양에 몸은 당양에 묻혀 두 개의 분묘가 존재한다. 낙양 관림은 '관제총'이라고도 불리는데 이곳은 관우의 머리가 묻힌 곳이다. 하남 낙양시 남교에 능 앞에 묘지가 하나 있다. 바로 그곳이다. 이는 중국의 전국 중점 문물 보호 단위로 지정된 곳이다.

1 방통사(사천 나강현)
2 장완묘(사천 면양)
3 자룡묘(성도대읍)
4 마초묘(산서 면현)

당양관릉: 관우의 몸이 묻혀 있는 곳이다. 호북 당양 고장향 능 앞에 묘지가 하나 있다. 이 역시 중국의 전국 중점 문물 보호 단위로 지정된 곳이다.

장비묘: 사천 랑중시 안에 있다. 묘 앞에는 항후사가 있다. 중국 전국 중점 문물 보호 단위로 지정되었다.

조운묘: 사천 대읍현 은병산 자락에 있다. 묘비에는 '한순평후조운묘'라고 쓰여 있다. 묘 앞에는 자룡묘가 있다. 성급 문물 보호 단위로 지정되었다.

마초묘: 두 곳이 병존하고 있다. 한 곳은 섬서 면현 노성향 마공사촌이며, 이곳은 시급 문물 보호 단위로 지정되었다. 또 한 곳은 사천 성도시 신도구 계림향 마초촌이다. 이곳은 현재 훼손되었으며 지명만 존재하고 있다.

황충묘: 성도시 금우구 영문구 황충소구에 있다. 이곳은 현재 훼손 되었으며 지명만 존재하고 있다.

나머지 무장 중에서는 어떠한 인물들의 묘총이 있을까?

강유의관총: 사천 검각현 검문관에 위치

왕평묘: 원래는 사천 남충시 고평구 영안향 임강촌 봉황산에 있었으나 파괴되었다. 후에 시 공원 안에 재건되었다.

향총묘: 사천 성도시 성북공원 안에 있었다. 지금은 존재하지 않는다.

장의묘: 섬서 남정현 백향가에 있다. 시급 문물 보호 단위로 지정되었다.

문신들의 분묘는 현재 어떤 것들이 있을까?

방통묘: 사천 라강현 백마향에 있다. 묘 앞에는 정후사가 있으며, 전국 중점 문물 단위로 지정되었다.

장완묘: 사천 금양시 서산에 있으며, 묘 옆에 장공후사가 있다. 성급 문물 보호 단위로 지정되었다.

비의묘: 사천 광원시 소화고성 서문 밖에 있다.

이 외에도 등애묘, 마대묘, 제갈교묘, 위연묘 등이 있다.

시간은 흐르고 영웅들은 세상을 떠났다. 하지만 그들의 웅장한 일생은 지금까지도 후세들의 마음 속에서 잊혀지지 않고 있다. 성도 무후사의 문신무장랑을 천천히 거닐면서, 혹은 그들의 묘 앞에서 그들을 회고하며 사람들은 그들의 인생을 다시 한번 돌아보고 삼국 영웅들의 풍채를 다시 한번 추억하곤 한다.

삼국 유적 중에서 가장 많이 보존되어 있고, 사람들이 가장 많이 잊지 못해 찾는 곳은 바로 촉한의 유적이다. 촉한 군신 능묘의 보존 상태가 좋은 것이나, 보호 단위의 급이 높은 것이 이 사실을 증명해 준다.

100
삼국시기의 '명함'은 어떤 모습이었을까

명함은 현대 사회에서 사람과 교제를 하는 데 광범위하게 사용되고 있다. 그것은 바다를 건너 중국으로 들어온 물건일까? 아니다. 일찍이 진한시기, 중국의 선조들은 '명함'을 사용하기 시작했다. 그 당시에는 '명알(名謁)' 혹은 '명자'라고 불렀을 뿐이었다.

삼국 사서에서는 '편담백자(遍談百刺)'라고 불리는 고사를 기재하고 있다. 조위 대장 하후연에게는 하후영이라고 불리는 신동 아들이 있었다. 그의 아들은 7살 때 문장을 썼으며 매일 많은 문장을 암송하였고 한 번 본 것은 잊어버리지 않았다. 위문제 조비가 이 이야기를 들은 후 그를 초대했다. 당시 초대된 손님만 수백 명이었는데, 규칙에 따라 모든 사람은 자신의 명자를 위에 보고해야만 했다. 명자 위에는 자신의 출생지와 이름을 적었다. 손님들은 먼저 명자를 하후영에게 가져와 한 번 보여주었는데, 그가 그 명함에 있던 손님들을 모두 잊지 않고 그들 한 명 한 명과 이야기를 나누며 수백 명이나 되는 사람들의 고향과 이름을 모두 정확하게 기억하였다. 위 문제는 이에 매우 놀랐다. 이 이야기에서 쓰인 '명자'는 당시에 '작리자'라고 불렸는데, 사실 이것이 바로 그 당시 쓰였던 명함이었다.

중국 최초의 '명함'은 '알(謁)'이라고 불렸는데, 진한시기에 만들어졌다. 한나라 말 다른 종류의 명함 '자(刺)'가 출현하였는데, 그 재질은 모두 목판이거나 죽간이었다. '알'과 '자'는 도대체 어떤 모양일까? 1984년 안휘 마안산시에서 발굴된 동오장군 주연묘에서는 목자와 목알의 실물이 출토되어 사람들에게 이에 대한 해답을 안겨주었다. 목알과 목자는 모두 얇은 나무판으로 제작되었다. 길이는 24㎝로, 같은 묘에서 출토된 칠 척의 길이 24㎝와 같았다. 자의 너비는 3.4㎝, 두께는 0.6㎝였다. 알의 너비는 9.5㎝, 두께는 3.4㎝였다. 알의 너비는 자의 세 배 정도가 되었고 두께는 자

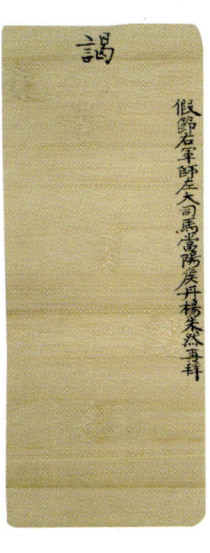

저자인 방북진이 방제한 주연묘의 목제 명자와 명알 (현대의 명함)

의 여섯 배 정도 되었다. 이로 보아 알의 부피가 자보다 훨씬 컸었다는 사실을 알 수 있었다.

그렇다면 알과 자의 용도는 무엇이 달랐던 것일까? 주연묘에서 출토된 명자, 명알은 그 내용이 달랐다. 자 위에 쓰여 있었던 내용은 다음과 같았다. '제자 주연이 두 번 절하고 안부를 물었다. 자는 의봉이라고 하였다.' 그리고 알 위에 쓰여 있었던 내용은 다음과 같았다. '가절우군사 좌대사마 당양후단양 주연이 두 번 절하다.' '가절', '우군사', '좌대사마'는 모두 관직의 이름이다. '당양후'는 작위의 칭호이며 '단양'은 고향의 지명이다. 알의 정중앙에는 단서체로 '알' 자가 쓰여 있었고, 상문과 연결되어 읽을 수 있었다. 즉 누가 재차 찾아와 방문하기를 청한다는 이야기이다. 두 개의 크기와 내용을 비교해 보면 자의 부피는 작고 내용에서 쓰인 어휘들도 비교적 공손하고 간단하며,

관직이나 봉직을 쓰지 않고 아랫사람이 윗사람이나 선배를 뵐 때 쓰였다는 것을 알 수 있다. 반면 알의 부피는 컸고, 쓰이는 어휘는 비록 겸손해 보이기는 하지만, 비교적 형식과 예를 차려 복잡하며, 같은 직급이나 동년배를 만날 때 쓰이거나 공식적인 자리에서 교제할 때 쓰였다는 것을 알 수 있다.

명자, 명알은 고대 사람들이 사교활동을 할 때 쓰이던 물건이었다. 상급 선배 혹은 동년배 사이에 구분이 있었기 때문에 부피의 크기가 달랐고 안에 적는 내용도 다르고, 명칭도 달랐다. 이렇게 작은 것에 서조차 예의와 예절이 드러나는 것을 보면, 예의지국 중국이 얼마나 대단한지 느낄 수 있을 것이다. 이렇게 작은 명자, 명알도 사실은 간단하지 않았다.

무후사의 삼국 문화 진열실 안에는 주연묘에서 출토된 명자, 명알 들이 전시되어 있다. 이 책의 독자들은 한 번 가서 그 진면목을 살펴보시길 바란다.

오늘날의 명함은 자신의 직업과 직위, 연락처와 주소 등을 상대방에게 알려주는 도구로 쓰이는데 고대의 명함은 자신의 신분, 직위, 처지 등에 맞게 안에 적는 내용도 다르고, 명칭도 달랐다. 대인관계에서 예의와 예절을 갖춘 도구로 쓰였다.

후 기

이 책의 작가들은 대부분은 젊은 전문가들이다. 그들은 오랜 시간 동안 무후사 박물관에서 일했던 문화박람 전문 인재들이다. 그들의 주요 임무는 관람객들에게 해설을 해 주는 것이다. 오랫동안 해설을 해 주면서 관람객들이 품었던 각종 의문으로, 그들은 삼국 문화를 깊게 탐구하였고 무후사에 내포된 풍부한 전통문화적 의미를 탐구하고자 하였다. 이렇게 탐구한 지식이 나날이 쌓였고, 그들의 소양도 크게 향상되었을 뿐만 아니라, 그들은 일하면서도 즐거운 나날을 보낼 수 있었다. 그들은 본인들이 가지고 있던 지식을 다른 사람들과 공유하고 싶어 했다. 이 책에 담겨있는 전체 내용을 책으로 편집, 출판한 일은 바로 이러한 장기적인 노력이 합쳐 만들어진 것이다.

이 책은 목차를 만들고 출판하는 과정에서 성도시 위선전부로부터 중요하게 평가되었고 큰 지지를 받았다. 또한 아주 긍정적이고 큰 의미와 가치를 지니게 되었다.

성도전매집단, 성도시대출판사의 따뜻한 도움에 성도 무후사박물관의 전폭적인 지지와 박물관 소장 자료 제공에 도움을 주심에 무한한 감사의 인사를 드린다.

또한 이 책의 편집자와 작가들은 우리에게 보여준 여러분들의 격려와 긍정, 도움으로 한국어판을 발간하게 되어 다시한번 깊은 감사의 인사를 드리며, 이 책을 존경하는 한국 독자들에게 바친다.

2017년 10월
중국 성도에서 편집자

지은이

담양소(譚良嘯)

제갈량과 삼국문화의 연구에 40여 년을 몰두하여 왔는데 이에 적지 않은 공적과 영향을 갖고 있는 학자이다. 현재 성도(成都:청두)시 제갈량연구회의 부회장이며, 성도(成都:청두) 무후사박물관학술위원회 위원, 연구원이며 국무원의 특수수당이란 대우를 받고 있는 전문가이다. 중국 충칭(重慶)에서 태어났으며 사천대학 역사과를 졸업하였다. 가얗매광자제학교에 배치되어 글을 가르쳤고, 1974년에 성도(成都:청두) 무후사로 재발령되었다. 2001년에 영령박물관의 관장으로 임명되었다.
저서로는 《방고화공명》, 《제갈량치촉》, 《팔진도와 무우류마》(논문집), 《천하영웅유비》, 《와룡부패-제갈량성공지미》, 《삼국문화고금담》, 《삼국시기과학기술탐구》, 《삼국연의대사전》(농백준〈沈伯俊〉과 합편) 등 십여 편이 있으며, 또 수십 편의 학술논문도 발표하였다. 한국어와 일본어로 번역된 그의 저작과 문장을 해외에서도 적지 않게 찾아 볼 수 있다.

방북진(方北辰)

중국 성도 출생. 서안교통대학 전기공정계 본과를 졸업하였고, 사천대학 역사계 위진남북조사 연구생이 되었다. 역사학 박사를 취득하고 사천대학에서 교수를 역임하였으며, 국가급 명예 칭호인 '특출난 공헌을 한 중국 박사'라는 칭호를 얻어 국무원의 특수 보조금을 받았다. 중앙공영채널 중앙방송 백가강단 '삼국명장' 프로그램에서 강연을 하였다.
유럽과 한국에서 초청 학술 강연을 하였고 중국연수 미국 학자들을 지도하였다. 한성교원출판집단의 초청을 받은 수석 전문가이며 대형 도서 한문판 〈도문삼국연의〉의 편집, 출판을 지도하였다. 오랜 기간 동안 성도무후사박물관 학술위원으로 지냈으며 집필한 부문, 영련도 성도무후사박물관에 비치되어 있다.

저서
《위진남조강동세가대족술론(魏晉南朝江東世家大族述論)》(박사논문), 태북문진출판사, 1991년
《손권신전(孫權新傳)》, 태북세계문물출판사, 1989년
《사마의신전(司馬懿新傳)》, 태북국제문화출판회사, 1990년
《조비신전(曹丕新傳)》, 태북국제문화출판회사, 1991년
《원소신전(袁紹新傳)》, 태북국제문화출판회사, 1991년
《유비신전(劉備新傳)》, 태북군옥당출판사, 1991년
《여포신전(呂布新傳)》, 태북국제문화출판회사, 1992년
《삼국지주역(三國志注譯)》(3권), 섬서인민출판사, 1995년
《삼국경쟁 묘책모음(三國競爭妙計錦囊)》, 대중문예출판사, 2005년
《삼국지전본신역주(三國志全本新譯注)》(3권), 섬서인민출판사, 2012년
《유비: '자주 패하던' 영웅(劉備: "常敗"的英雄)》, 북경대학출판사, 2013년
《손권: 반만 뛰어난 군주(孫權: 半生明主)》, 북경대학출판사, 2013년
《조비: 문학의 천재(曹丕: 文豪天子)》, 북경대학출판사, 2013년
《원소: 서출의 맹주(袁紹: 庶出的盟主)》, 북경대학출판사, 2013년
《여포: '무적'의 실패자(呂布: "無敵"的失敗者)》, 북경대학출판사, 2013년
《사마의: 누가 삼국을 종료시켰는가?(司馬懿: 誰結束了三國?)》, 북경대학출판사, 2013년
《삼국명장 – 한 역사학가의 랭킹(三國名將——一個曆史學家的排行榜)》, 북경대학출판사, 2014년
《한 성도학자의 훌륭한 삼국(一個成都學者的精彩三國)》, 성도시대출판사, 2016년

옮긴이

김은주(金恩周)

한국 서울 출생, 한국 경희대학교 석사
중국 사천대학교 문학박사과정 재학중
현재 중국 사천외국어대학교 성도캠퍼스 한국어과 교수
중국 전자과기대학교 항공분원, 사천사범대학교 국제교육처 한국어 강사

〈김선생한국어〉 교재 시리즈 저자
중국현대문학연구 및 다수의 논문과 중국문학자료 번역

위조관(魏祖寬)

중국 사천 출생, 중국 절강대학교 학사
한국 인하대학교 박사, 인하대 강사
한국 KAIST방문학자 역임
현재 중국 전자과기대학교 교수
다수의 논문과 여행분야 관련 자료 번역

무후사, 그 안에서 본 三國志

초판 1쇄 발행 _ 2017년 11월 15일

역　자 · 김은주 · 위조관
발행인 · 정현걸
발　행 · 신아사
인　쇄 · 토탈프로세스
주　소 · 서울특별시 은평구 통일로 59길 4 2층(122-826)
전　화 · (02) 382-6411　팩스 · (02) 382-6401
홈페이지 · www.shinasa.co.kr
E-mail · shinasa@daum.net
출판등록 · 1956년 1월 5일(제9-52호)

ISBN: 978-89-8396-240-9 (03820)

정가 14,000원